뇌연집

이 책은 2020년도 정부(교육부)의 재원으로 한국고전번역원의 지원을 받아
수행된 '권역별거점연구소협동번역사업'의 결과물임.

This work was supported by Institute for the Translation of Korean Classics - Grant funded by the Korean Government.

한국고전번역원 한국문집번역총서/이화여자대학교 한국문화연구원

뇌연집 6
雷淵集

남유용 지음 이은영 옮김
南有容 이주해

일러두기

1. 이 책의 번역 대본은 한국고전번역원에서 간행한 한국문집총간 제217~218집 소재 《뇌연집(雷淵集)》으로 하였다. 번역 대본의 원문 텍스트와 원문 이미지는 한국고전종합DB(http://db.itkc.or.kr)에서 확인할 수 있다.
2. 내용이 간단한 역주는 간주(間註)로, 긴 역주는 각주(脚註)로 처리하였다.
3. 한자는 필요한 경우 이해를 돕기 위하여 넣었으며, 운문(韻文)은 원문을 병기하였다.
4. 맞춤법과 띄어쓰기는 한글 맞춤법과 표준어 규정을 따랐다.
5. 이 책에서 사용한 부호는 다음과 같다.

( ) : 번역문과 음이 같은 한자를 묶는다.
〔 〕: 번역문과 뜻은 같으나 음이 다른 한자를 묶는다.
" " : 대화 등의 인용문을 묶는다.
' ' : " " 안의 재인용 또는 강조 문구를 묶는다.
「 」: ' ' 안의 재인용을 묶는다.
『 』: 「 」 안의 재인용을 묶는다.
《 》: 책명 및 각주의 전거(典據)를 묶는다.
〈 〉: 책의 편명 및 운문·산문의 제목을 묶는다.

차례

뇌연집 제13권

제발 題跋

기 記

뇌연집 제14권

기記

뇌연집

제12권

序서

태화의 《낭중집》 서
太華閬中集序

금상 3년(1727)에 태화공(太華公)[1]께서 기사관(記事官)으로서 숙고(肅考 숙종) 시대의 역사를 집필하였는데,[2] 나아갈 때는 반드시 먼저 하고 물러날 때는 반드시 나중에 하면서 말씀하시기를,

"신이 선왕께 보답하는 일 중 다행히 이 일 하나가 남아 있을 뿐인데, 감히 태만히 할 수 있겠습니까?"

하였다. 이윽고 숙고에게 득죄하여 숙고께서 등용되지 못하던 대신(大臣)[3]이 와서 사서 집필하는 일의 총재관(總裁官)이 되자 공은 병을 이유로 사직하였고, 여러 차례 기용하였어도 더욱 완강히 드러누운 채 일어나지 않았다. 이 일이 알려지자 하옥하여 죄를 다스렸는데, 공은 그 죄를 당당히 말하면서 굽히지 않았다.[4] 그러나 주상께서는

1 태화공(太華公) : 남유용의 형인 남유상(南有常, 1696~1728)이다. 자는 길재(吉哉), 호는 태화자(太華子)이다. 1727년(영조3) 성균시에 장원하여 효장세자(孝章世子)가 성균관에 입학할 적에 장명유생(將命儒生)이 되었고, 그해 증광문과에 을과로 급제하였다.

2 기사관(記事官)으로서……집필하였는데 : 남유상은 춘추관 기사관으로 《숙종실록》의 편찬에 참여하였다.

3 숙고에게……대신(大臣) : 이광좌(李光佐, 1674~1740)를 가리킨다. 본관은 경주. 자는 상보(尙輔), 호는 운곡(雲谷)이다. 소론의 대표적 인물로 남유용을 위시한 노론과 대립하였다.

4 이윽고……않았다 : 《영조실록》 3년(1727) 9월 1일에 "실록랑(實錄郎) 남유상·신만(申晩)이 이광좌가 총재가 되면서부터 병을 핑계하고 출사하지 않다가 금부(禁府)의

끝내 공을 낭주(閬州 전라남도 영암)로 귀양 보냄으로써 대신을 두둔하였다.

공은 본래 병치레가 잦아 한 달이면 한두 차례 병이 도지곤 하였고, 병이 도질 때마다 꼭 위급한 지경에 이르렀다. 낭주는 먼바다의 이남과 높은 고개 바깥에 끼어있어서, 지독한 안개와 자욱한 장기(瘴氣) 속에 봄부터 겨울까지 옷도 입지 않은 채 지내는 고장이라 죽지 않으면 병에 걸렸다. 이에 공을 사랑하던 사람들은 모두 공이 그곳으로 가게 된 것을 슬퍼하면서 혹여 돌아오지 못할까 두려워하였다.

공은 떠나간 뒤 한 달이 넘어서 내게 편지를 보내와 말하였다.

"내 이곳에 와서 아무런 할 일이 없기에 한자(韓子 한유(韓愈))의 책을 읽고 있는데, 불골(佛骨)을 논한 표문(表文)[5]을 읽을 때면 그 씩씩함에 슬퍼하지 않은 적이 없고, 조주(潮州)에서 감사를 올린 표문[6]에

추문(推問)을 받았다. 이때 이르러 이수해 등도 병을 핑계하고 사진(仕進)하지 않자, 이광좌가 초기(草記)로 죄줄 것을 청하였기 때문에 이 명령이 있은 것이다."라는 내용이 보인다.

5 불골(佛骨)을……표문(表文) : 한유(韓愈)가 지은 〈부처의 사리 맞이하는 것을 간하는 표문[諫迎佛骨表]〉을 말한다. 한유는 헌종(憲宗)이 서역에서 부처의 사리를 들여오려고 하자 이 표문을 올려 불교를 배척하는 내용을 적었는데, 그 결과 황제에게 득죄하여 광동(廣東) 조주 자사(潮州刺史)로 폄적되었다.

6 조주(潮州)에서……표문 : 〈조주 자사로서 감사를 표하는 표문[潮州刺史謝上表]〉을 말한다. 이 글에서 한유는 자신의 처지를 하소연하면서 "넘실대는 바다가 하늘에 닿고 독한 안개와 장기가 아침저녁으로 가득합니다. 젊어서부터 병이 많던 신은 이제 겨우 쉰이 넘어 머리도 새도고 이도 다 빠져 오래 살기 어려운데, 거기다 지극히 중한 죄를 지어 멀고 험악한 곳에 처하게 되었으니, 살 날이 얼마 남지 않을 것 같습니다." 운운하였는데, 이 대목을 보고 말한 듯하다.

이르러서는 또한 그 쇠락함에 가슴이 아프지 않은 적이 없다. 그러나 세상에서 공을 탓하는 사람들 또한 지나치다. 공은 평생토록 주공(周公)과 공자와 맹자의 도로써 자부하면서, 그 도는 반드시 한 번 펼쳐져서 온 천하가 그 은택을 입게 될 것이라고 여겼다. 대저 천금(千金)을 지닌 집안의 자식도 외려 그 몸을 아낀다[7]고 하였거늘, 공이 가진 것이 어찌 다만 천금에 그칠 뿐이겠느냐. 조주는 사람 살 곳이 못 되고 공은 또한 늙었기에, 마침내 죽어 그 도가 끝내 천하에 행해지지 못할까 봐 두려웠을 터이니, 이로 인해 서글퍼지는 마음을 어찌 그칠 수 있었겠느냐. 비록 그렇기는 하지만 공이 말한 '도가 행해지는 것과 행해지지 못하는 것'이 사람에게 달려 있겠느냐? 하늘에 달려 있겠느냐? 공이 천명을 즐거워하지 못한 것이 이와 같으니, 성인의 도와는 또한 그 거리가 멀다.

소씨(蘇氏 소식(蘇軾))는 그렇지 않아, 굳세고 강함이 늙을수록 더해갔다. 다만 명절(名節 명예와 절조)을 좋아함이 너무 심한 것이 괴이할 뿐이다. 대저 신하가 임금을 섬김에 과오가 있으면 바로잡아야 하는 법이니, 간언이 받아들여진다면 신하와 임금에게 모두 행운일 것이요, 받아들여지지 않아 득죄한다면 불행일 것인데, 어찌 죄를 영광이라 여기면서 희희낙락 스스로 좋아할 수 있단 말이냐? 그러니 그의 일생의 대부분의 대목은 모두 명예를 위하여 한 것일 뿐, 진실한 신하의 마음 씀이 아니었다. 하지만 지금의 상황을 가지고 살펴봄에 명절을 지키며 스스로 기뻐하는 자 또한 얻기 쉽지 않으니, 더욱

7 천금을……아낀다 : 《한서》 권49 〈원앙전(爰盎傳)〉에 "천금을 가진 집안의 자식은 마루 끝에 앉지 않는다."라는 말이 있다.

슬퍼할 만하구나."

나는 답장을 보내 "공의 말씀이 옳습니다."라고 하였다. 다시 그 편지를 친구들에게 보이자 모두 말하기를,

"공이 곧 돌아오시려나 보다. 그 말이 하늘의 뜻을 편안히 여기고 운명에 순응하고 있으니, 그 중심이 온전한 것이다. 그 중심이 온전한 자는 천둥 우레도 그 기백을 두렵게 하지 못하고 추위와 더위도 그 기운을 움직이지 못하며, 장기와 염병 등 온갖 삿되고 더러운 것들도 그 진심을 흔들지 못하는 법이니, 공은 아무 근심 없겠다."

라고 하더니, 그해 11월에 과연 성은을 입어 풀려나게 되었다.

공은 낭주에서 늘 책을 읽으면서 시는 더 이상 짓지 않았는데, 간혹 이런저런 흥이 일어 시를 지은 것을 '낭중집'이라 명하였으니, 대략 몇몇 편이 수록되어 있다. 그 시는 모두 뜻을 적은 것으로, 두려워하지도 않고 꾸미지도 않으면서 스스로 유유자적하였다.

공이 일찍이 내게 서문을 지어달라 부탁하였으나 그러겠다고 해놓고서 미처 쓰지 못하고 있다가 돌아가신 지 4년이 흘러 공의 문집이 장차 간행되려 할 때야 비로소 서문을 지어서 그 책에 아울러 싣는다. 이 책을 읽을 수 있는 사람이라면 공의 뜻을 가히 알 수 있으리나, 공의 뜻이 여기에 그쳤다고 생각한다면 공을 아는 사람이 아니다. 여기에 입각하여 크고 먼 데까지 미루어 나아가되, 공의 쓰임이 끝까지 가지 못한 점을 묵묵히 생각하여 터득해야만 비로소 공을 안다고 할 수 있을 뿐이다.

《췌언》 서
贅言序

내가 일찍이 흩어진 원고들을 모아 기록하여 여덟 편(編)으로 만들고 태화(太華 남유용의 형인 남유상)에게 산삭(刪削)을 부탁하였더니 걸러내고 열의 예닐곱만 남겨놓았다. 그 후에 저술이 조금씩 많아졌으나 돌아봐도 질정을 받을 곳이 없기에 다만 그 목차만을 정리해 상자에 보관하면서 식자(識者)의 감정을 기다리고 있다.

정자(程子)께서 말씀하셨다.

> "요즘 사람들은 책을 막 쥐자마자 문장을 우선시하여, 평생토록 지은 글이 걸핏하면 성인보다도 많다. 그러나 그런 글은 있다 해도 보탬되는 바 없고, 없다 해도 빠진 바 없으니, 바로 쓸모없는 군더더기 말〔贅言〕인 것이다."[8]

나는 문장을 지을 때마다 이 말을 되뇌면서 두려워하였다. 그러나 뜻을 세운 것이 높지 못하여 대도(大道)에 나아가지 못하고 있는 데다가, 기운도 허약하여 병까지 잘 걸리는 바람에 뜻이 날로 황폐해지고 학업이 날로 퇴보하고 있다. 종종 필묵의 힘을 빌려 스스로 즐겨보지만, 내면에 온축해놓은 것이 순정하지 못하고 밖으로 펼쳐진 것이 정밀하지 못한 탓에, 세상에 쓰이기에도 적합하지 못하고 또 후세에 전하기에도 부족하니, 이른바 '있다 해도 보탬되는 바 없고, 없다 해도 빠진

8 요즘……것이다 : 《하남정씨문집(河南程氏文集)》 권9에 수록된 〈주장문에게 주는 답장〔答朱長文書〕〉에서 인용하였다.

바 없다'라는 말과 이만저만 가까운 것이 아니다.

지금 나의 책에 이름 붙이기를 '췌언'이라 한 것은 그 부끄러움을 적은 것이요, 또한 스스로 힘쓰기 위함이기도 하다. 훗날 사우(師友)의 도움을 입어 마침내 나의 뜻을 이루게 된다면, 이 책을 장차 회록(回祿)[9]에게 주어 하자를 씻어내고 때를 벗겨내리니, 그때 새롭게 거듭날 것을 도모한다 하여도 또한 늦지 않을 것이다. 일단 적어둔다.

9 회록(回祿) : 전설 속의 화신(火神)이다. 화재를 달리 이르는 말이다.

한·위·진 시선 서

漢魏晉詩選序

나는 젊어서 태화자(太華子 남유용의 형인 남유상(南有常))에게서 시를 배웠다. 태화자가 일찍이 소나무 아래서 쉬고 있었는데 바람이 불어오자 기쁜 듯 나를 돌아보며 말하기를,

"너는 저 바람을 아느냐? 바람은 공중에서 노닐다가 물(物)에 닿은 연후라야 소리를 내는데, 그 바람을 맞은 물(物)의 성질이 굳세면 그 내는 소리가 고요하면서도 맑다. 시 또한 이와 같다."

라고 하였다. 나는 이 말을 참 좋아해서, 매번 시를 지을 때마다 마음이 소나무 아래 서 있지 않은 적이 없었다.

유긍선(兪兢善)은 시 짓는 것을 내게서 배웠다. 내가 한(漢)나라 위(魏)나라 이래 진(晉)나라에 이르기까지, 무릇 154편의 시를 가려 뽑았더니 또 내게 서문을 지을 것을 청하였다.

아아! 그대가 시 짓는 도(道)에 대해 듣고 싶다면, 나는 이미 태화자의 말을 가지고 그대에게 고했네. 그대는 배움을 풍성하게 함으로써 바탕을 채우고, 외부에 의해 감응하는 물(物)이 내 마음을 가벼이 움직이지 못하게 하면 된다네.

옛날 순임금과 고요(皐繇)가 서로 창화하여 노래한 것[10]도 몇 마디

10 순임금과……것 : 순임금이 신하인 고요와 창화한 시가를 〈갱재가(賡載歌)〉라고 한다. 순임금이 시가를 지어 고요에게 권면하자, 고요가 뒤이어 시가를 지어 임금을 권면하였다.

말에 그칠 뿐이며, 은(殷)나라 사람은 질(質)을 숭상하여[11] 그들이 남긴 송(頌)도 12편에 그칠 뿐이었네.[12] 성주(成周 서주) 시대에 《시》가 크게 드러났으나 이를 산삭(刪削)하여 300편으로 만들었네. 공자 이전에 또 몇 편이나 있었는지는 알 수 없으나, 어찌 그리 많았겠는가? 한나라 위나라에 이르러 지리멸렬해지고 진(晉)나라에 이르러 음미(淫靡)해졌으며, 그 밑으로는 시가 많아질수록 참됨은 더욱 멀어지고 거짓됨은 날로 불어났네. 그대는 시를 가려 뽑을 적에 많이 뽑으려 힘쓰지 마시게. 군자의 말씀이 많으시던가? 많지 않다네.

11 은(殷)나라……숭상하여 : 《논어》 〈위정(爲政)〉에 "은나라는 하나라의 예를 인습하였으니 손익을 알 수 있으며, 주나라는 은나라의 예를 인습하였으니 손익을 알 수 있다."라고 보인다. 주자는 《집주(集註)》에서 "하나라는 충을 숭상하고 상나라는 질을 숭상하고 주나라는 문을 숭상함을 이른다. [夏尙忠, 商尙質, 周尙文.]"라고 하였다.

12 송(頌)도……뿐이었네 : 《시경》의 상송(商頌)을 가리킨다. 상송은 원래 12편이 있었으나 지금은 다섯 편만 남아 있다.

김생 명자 서
金生名字序

기자(箕子)의 도(道) 중에 큰 것은 〈홍범(洪範)〉에 드러나 있고 작은 것은 팔조(八條)에 드러나 있으나[13] 그 가르침은 하나이다. 팔조가 펼쳐진 이래로 동국의 백성들은 점차 예의에 젖어 들어 선왕(先王) 때의 관복을 입었고,[14] 변두(籩豆)에 갖추어 먹고 마셨으니,[15] 그 풍속이 본디 삼방(三方)[16]과 달랐다. 이러한 풍속을 수천 수백 년 동안 지켜오다가 삼국시대에 이르러 전쟁이 자주 일어나는 바람에 문술(文術)

13 기자(箕子)의……있으나 : 은나라가 망한 뒤에 기자가 주 무왕(周武王)을 위해서 치국안민의 도인 홍범구주(洪範九疇)를 전해주었으며, 그 뒤에 조선에 봉해져 동방에 와서는 팔조교(八條敎) 등을 세워 백성들을 가르쳤다는 기록이 있다. 《史記 卷38 宋微子世家》

14 동국의……입었고 : 《동국여지지(東國輿地志)》 권1 〈풍속〉 조에 보면, "《함허자(涵虛子)》에 이르기를, '사람들이 모두 신의를 숭상하고 유술이 돈독하여 중국의 풍조를 양성하였다.……의관과 제도가 모두 중국과 같으므로, 시서예악의 고장이요, 인의의 나라라고 불린다'라고 하였다."라는 기록이 나온다.

15 변두(籩豆)에……마셨으니 : 《후한서》 권85 〈동이열전(東夷列傳) 예(濊)〉에 "사람들이 결코 도둑질하지 않았으므로 문을 잠그는 법이 없었다. 부인은 정숙하고 신실하였으며, 먹고 마실 때도 각각 변두를 갖추었다."라는 말이 나온다. 대나무로 만든 그릇을 변(籩)이라고 하고, 나무로 만든 그릇을 두(豆)라고 한다.

16 삼방(三方) : 《한서》 권28 〈지리지(地理志)〉에 "동이(東夷)는 천성이 유순하여, 삼방의 저 너머 나라들과는 다르다. 그래서 공자가 도가 행해지지 않는 것을 슬퍼하며 배를 타고 바다에 나가 구이 땅에 살고 싶다고 했으니, 그것도 까닭이 있었던 것이다."라는 말이 보인다.

이 쇠미해졌는데, 그 사이 유자들이 전례(典禮)를 닦고 보완한 덕에 지금까지 유지되어왔으니, 어진 현자들의 교화가 원대하구나.

고려 태조가 삼한(三韓)을 통일할 적에 이르러 전쟁이 점차 그치고 중국의 서적이 조금씩 세상에 나오기 시작하자 여러 유자들이 경전 제도를 고찰하여 논할 수 있게 되었고, 고려 말에 이르러서는 문물이 점차 갖추어져 오랑캐와의 거리가 벌어졌다. 우리나라가 그것을 이어받아 그 빠진 것을 보태고 수정하였는데, 넓은 도를 지닌 배움 깊은 선비들이 이를 보익(輔翼)하여 밝게 다스림에, 기자의 도가 세상에 다시 행해지고 늠름히 중국에 다가가게 되었다. 황명(皇明) 때 외국 오랑캐 중 큰 나라가 십여 국이 있었는데, 오직 조선만이 예의로써 일컬어졌으니, 어찌 기자의 가르침으로 점차 연마하여 그렇게 된 것이 아니겠는가? 기자는 은나라 사람이고 공자 역시 "구(丘)는 은나라 사람이다."[17]라고 하였으니, 은나라의 덕이 후세를 적신 것이 성대하구나!

광산(光山) 김생(金生)[18]은 도에 뜻을 둔 자인데, 내게 이름을 지어 달라 청하면서 말하기를,

"사람에게 있어 귀한 바는 그 근본을 잊지 않는 것입니다. 저의 조상 중에 무릇 8대가 평장사(平章事)를 지내셨는데,[19] 우리 김씨들은 모

17 구(丘)는……사람이다 : 《예기》 〈단궁(檀弓)〉에 보인다.

18 광산(光山) 김생(金生) : 김순택(金純澤, 1714~1787)이다. 본관은 광산, 자(字)는 유문(孺文), 호는 설창(雪窓)·옥계(玉溪)·지소(志素)이다.

19 저의……지내셨는데 : 신라 신무왕의 셋째 아들 김흥광(金興光)을 시조로 하는 광산 김씨는 고려 때에 이르러 8명의 평장사(平章事)를 배출하였다. 이에 김흥광이 처음으로 자리 잡은 마을인 지금의 전라도 광주(光州)인 무진주(武珍州) 서일동(西一

두 그들의 후손입니다. 이 내용을 가지고 이름을 지어주십사 부탁드려도 되겠습니까?"

라고 하였다. 내가 말했다.

"훌륭하도다. 사람이 귀한 바는 그 근본을 잊지 않음이라. 세상에서 김씨를 중히 여기는 것이 어찌 그 가문이 크기 때문이겠는가? 김씨 중에 현자가 많기 때문이다. 그대의 조상 중 문원 선생(文元先生)[20]께서는 예(禮)에 조예가 깊었으니, 김씨 중에 현자가 많은 것은 실로 문원의 가르침이다. 문원의 학문은 이 문성(李文成 율곡 이이(李珥))으로부터 나왔고, 문성 이전에는 조 문정(趙文正公 조광조(趙光祖))이 있으며, 또 그 이전에는 정 문충(鄭文忠 정몽주(鄭夢周))이 있었는데, 문충의 학문은 기자에 근본을 두고 있다. 기자는 은나라에서 나왔으니, 청컨대 그대의 이름을 은택(殷澤)이라 하고, 자(字)를 유문(孺文)이라 하면 좋을 듯하다."

김생이 좋다고 하기에 서문을 짓는다.-'은' 자는 후에 '순(純)' 자로 바꾸었다.-

洞)의 이름을 평장동(平章洞)으로 바꾸었다.

20 문원 선생(文元先生) : 김장생(金長生, 1548~1631)이다. 본관은 광산. 자는 희원(希元), 호는 사계(沙溪). 시호는 문원(文元)이다. 예학의 태두로 평가되고 있다.

초상화 그리는 사람 박선행에게 준 서
贈寫眞者朴善行序

태어남이 있으면 반드시 죽음이 있고, 형체와 마음은 함께 소멸한다. 이는 유자(儒者)들이 하는 말이요 상리(常理)이다. 불자(佛者)들은 형체는 소멸되어도 마음은 소멸되지 않는다고 말하고, 선자(仙者 도교)들은 형체와 마음 모두 소멸되지 않는다고 말하는데, 이 둘 다 상리가 아니거늘 세상에서 괴이한 것을 좋아하는 자들은 간혹 이 말을 믿기도 한다.

초상화를 그리는 사람들이 하는 말 중에 간혹 "마음은 소멸되어도 형체는 소멸되지 않는다."라는 것이 있는데, 그 말은 더욱 신이하다. 내가 생각하기에, 초상화 그리는 사람이 그 기예를 극도로 다하면 귀와 눈이 마치 보고 듣는 것 같고, 입이 마치 말하는 것 같고, 머리카락이 마치 움직이는 것 같아, 백 대(代) 이후의 사람들로 하여금 마치 그 사람을 보는 듯 느끼게 할 수 있으니, 그들은 도(道)에 있어 또한 조화의 묘를 훔쳐서 도교·불교와 더불어 셋이 되었다고 말할 만하다. 비록 그렇다 하더라도 마음이 소멸되었는데 형체만 소멸되지 않은 것이 과연 그 사람에게 무슨 보탬이 될 것이며, 또한 후세에 무슨 도움이 되겠는가?

지금 또 한 사람이 있는데, 유자를 종주로 하고 불교와 도교를 통합하여 도(道)로 삼는다면, 이와 같은 것을 도라고 말할 수 있을까? 그 사람이 말하기를,

"유자들은 형체와 마음이 모두 소멸된다고 말하니, 이는 변치 않는

이치이다. 그러나 형체와 마음이 모두 소멸된다면, 후세 사람들로 하여금 어떻게 요(堯)임금과 순(舜)임금이 성인이고 걸(桀)과 도척(盜跖)이 광인인 줄 알게 하겠는가? 이에 말을 기록하고 일을 기록하는 학문이 생겨났다. 말과 일이 전해지면 그 마음도 전해지고, 형체도 간혹 이에 덧붙어 전해지게 된다. 《서경(書經)》의 두 편의 〈전(典)〉과 세 편의 〈모(謨)〉[21]는 이른바 형체가 소멸되어도 마음은 소멸되지 않는다는 것 아니겠는가? 〈향당(鄕黨)〉[22]은 이른바 형체와 마음 모두 소멸되지 않는다는 것 아니겠는가?"

라고 하였다. 이와 같은 사람이라면 이른바 유자를 종주로 하고 도교와 불교를 통합하여 도로 삼는다는 자가 아니겠는가?

군자가 귀히 여기는 바는 마음에 있지 형체에 있지 않다. 그 마음이 기왕에 후세에 전해졌다면, 그 형체는 전해져도 괜찮고 전해지지 않아도 괜찮다. 그러나 그 마음이 후세에 전해질 만하지 않다면, 그 형체만 홀로 전해져서는 안 된다. 그러므로 초상화를 그리는 사람의 도는 오직 초상화를 그리는 사람만이 전유할 뿐, 군자는 따르지 않는다.

호남(湖南) 사람 박선행(朴善行)은 초상화로 경사(京師)에 이름났는데, 나를 위해 초상화를 그리겠다고 청하였다. 나는 웃으면서 거절하며 말했다.

"내 형체가 전해질 만한 것이라면, 그대가 아니라도 장차 이를 형상

21 두……〈모(謨)〉: 두 편의 전은 〈요전(堯典)〉과 〈순전(舜典)〉을, 세 편의 모는 〈대우모(大禹謨)〉·〈고요모(皐陶謨)〉·〈익직(益稷)〉을 가리킨다.

22 〈향당(鄕黨)〉: 공문(孔門)의 제자들이 공자의 말과 행동을 모두 기록해서 후세에 남긴 편(篇)이다.

화하는 자가 필시 있을 것이니, 내 그대를 기다릴 필요가 무엇 있겠는가?"

그가 돌아가는 길에 그저 서문이나 지어서 준다.

〈신 유인 묘지〉 후서

申孺人墓誌後序

유인 신씨(申氏)는 원주(元州) 원경유(元景游)[23] 문중(文仲)의 처로, 홍문관 응교를 지낸 고(故) 신석(申晳)[24]의 딸이다. 나이 열여섯에 문중에게 시집와 원씨 가문에서 효로써 칭송받았으나 시집온 지 열두 해 만에 세상을 떴다. 문중의 형인 경하(景夏) 화백(華伯)이 그 묘지(墓誌)를 지었다.[25]

오호라! 세상에서 시부모에게 효를 다하였다고 칭송받는 사람들은 대개가 입과 몸을 편히 봉양한 것을 가지고 기뻐하나, 깊은 사랑과 독실한 공경에 있어서는 간혹 부족함이 있다. 그런데 내가 화백의 묘지를 읽어보니, 유인은 능히 예법으로 스스로를 지키고 시부모를 섬기면서 효를 다했다고 한다. 능히 예법으로써 지키고 효를 다할 수 있었다면, 유인의 효는 세속에서 말하는 효와 분명 다른 점이 있을 것이다.

삼대(三代 하(夏)·은(殷)·주(周)) 이후로 여자에게는 스승이 없었다.

23 원경유(元景游, 1708~1741) : 본관은 원주, 자는 문중(文仲), 호는 유안당(遺安堂)이다.

24 신석(申晳, 1681~1723) : 본관은 평산. 자는 성여(聖與). 신임사화로 관작을 삭탈당하고, 이듬해 선산으로 유배되어 그곳에서 죽었다.

25 경하(景夏)……지었다 : 원경하(元景夏, 1698~1761). 화백은 그의 자이고 호는 창하(蒼霞)·비와(肥窩)이다. 예문관 제학·청풍부사·부제학 등을 역임하였다. 원경하가 지은 묘지는 〈중수 신 유인 묘지(仲嫂申孺人墓誌)〉로 《창하집(蒼霞集)》 권8에 수록되어 있다.

우리나라 풍속에도 여자는 글을 읽지 않아 여자를 위해 스승을 두지 않으며, 또 시례(詩禮)[26]와 《소학(小學)》의 말씀도 익히지도 않았으니, 제아무리 명석한 지혜를 지녔다 하더라도 장차 어디로부터 예의를 배워 알 수 있었겠는가? 그러니 집에 있을 적에 가르침을 받지 못하고 시집와서 예의를 알지 못하는 것은 이치상 당연한 일이었다.

그런데 내가 들으니 유인은 어려서부터 반소(班昭)의 〈여계(女誡)〉[27]를 외웠고, 말할 때나 행동할 때나 반드시 옛날 어진 부인들을 본받았으며, 응교 곁에 있을 적에 늘 책 읽는 소리를 몰래 듣고 대의에 대략 통하여서 종종 함께 묻고 토론하면 막힘이 없는 것이 제법 들을 만하였다고 한다. 그러나 홀로 고요히 몸가짐에 조심하면서 마치 할 줄 아는 것이 없는 양 행동했다.

부모를 사랑하는 마음도 자랄수록 더욱 깊어져서, 부모가 병에 걸리기라도 하면 반드시 목욕한 후 귀신에게 기도했고, 응교의 상을 당했을 때는 곡하다가 번번이 기절하여 한참 후에야 소생하곤 하였다. 집에 있을 때의 가르침이 이와 같았기에 시집와서도 저와 같이 능히 예를 알 수 있었던 것이니, 이것이 어찌 하루아침에 억지로 힘쓴다고 능히

26 시례(詩禮) : 가정교육 또는 가학을 뜻한다. 공자의 아들 이(鯉)가 뜰에서 공자 앞을 빠른 걸음으로 지나다가 공자로부터 시(詩)와 예(禮)를 배웠느냐는 질문을 받고 또 그것을 왜 배워야 하는지에 대해 듣고서 물러나 시와 예를 배웠던 일에서 유래한 말이다. 《論語 季氏》

27 반소(班昭)의 〈여계(女誡)〉 : 후한의 반소가 지은 책으로 모두 7편으로 이루어져 있다. 여자가 출가하여 시부모와 남편을 섬기고 시댁과의 화목을 위해 해야 할 일체의 몸가짐 등을 서술한 책으로, 비약(卑弱)·부부(夫婦)·경순(敬順)·부행(婦行)·전심(專心)·곡종(曲從)·화숙매(和叔妹) 등의 내용으로 이루어져 있다.

해낼 수 있는 일이었겠는가?

세상 사람들은 자식이 있어도 가르치지 않다가 시집갈 때가 되면 반드시 고하기를, "시집가거든 시부모님께 순종하고 남편을 잘 공경해야 한다."라고 한다. 그러면 곧 응답하기를, "네!"라고 한다. 평소에 가르치지 않고서 잘하기를 바라는 것은 태만함이요, 평소에 가르침을 받지 않고서 잘하기를 기대하는 것은 망령됨이다. 나는 유인이 능히 가르침을 받은 후에 사람을 섬겨, 남의 아내 됨에 있어 부끄러움이 없을 수 있었던 것이 기쁘다. 또 응교가 능히 가르친 후에 시집보내 남의 아비 됨에 있어 부끄러움이 없을 수 있었던 것이 기쁘다. 이에 묘지 뒤에 이 글을 적어 문중의 부탁에 응한다.

〈이유안전〉 후서

李幼安傳後序

이유안[28]이 죽은 지 6년째 되던 해에 광산(光山) 김은택(金殷澤)[29]이 전(傳)을 지어 사대부 중 유안을 아는 자들에게 보여주었다. 그러나 내가 들은 바로써 보건대 그 내용이 상세하지 않은 것이 여전히 안타깝기에 따로 서술하여 빠진 것을 보충한다.

군은 어머니를 모시면서 그 뜻을 봉양하였고,[30] 아우인 침랑군(寢郎君)[31]과 서로 우애가 깊어서, 죽을 때까지 분가해 살지 않았다. 자신의 부인과 아우의 부인도 한 집에 기거하게 하면서 재산이 있건 없건 감히 너 나 구분하지 못하게 하였으며, 하녀들에게 감히 말을 어기지 못하도록 훈계하였기에, 규문(閨門)이 마치 사람이 없는 듯 고요하였다. 여동

28 이유안 : 이병태(李秉泰, 1688~1733)이다. 호조 참의로 있을 때, 노론 계열로 탕평론을 배척한 사건으로 파직되었다. 다시 우부승지에 임명되었으나 거절하였는데, 탕평책을 반대하는 뜻이라고 하여 왕의 노여움을 사서 합천군수로 좌천되었다가 풍토병에 걸려 임지에서 죽었다. 시호는 문청(文淸)이다. 황경원의 《강한집(江漢集)》 권14에 그의 〈신도비〉가 실려 있어 자세한 일생을 살펴볼 수 있다.

29 김은택(金殷澤) : 김순택(金純澤, 1714~1787). 22쪽 주18 참조. 김순택이 지은 이병태의 전(傳)은 《동산선생 주의(東山先生奏議)》에 부록되어 있다.

30 뜻을 봉양하였고 : 《맹자》 〈이루 상(離婁上)〉에 증자가 부친을 봉양할 때의 일과 증자의 아들이 증자를 봉양할 때의 일을 비교해 거론하면서, 효행은 비슷하지만 증자는 부모의 뜻을 봉양하였고〔養志〕, 증자의 아들은 부모의 몸만 봉양한 것〔養口體〕이라며, 진정한 효도는 뜻을 봉양하는 것이라고 하였다.

31 침랑군(寢郎君) : 이병항(李秉恒)을 가리킨다. 헌릉 참봉(獻陵參奉)을 지냈다.

생이 가난하여 집을 마련하지 못하자 군은 여동생을 데려와서 어머니 옆에 집을 지어주고는 여동생의 남편 대하기를 침랑군 보듯 하였다.

군은 처음 침랑이 되었을 때부터[32] 녹봉을 모두 어머니 계신 곳에 드리고서 부인이 사적으로 재물을 가지지 못하게 하였고, 전포(錢布)가 비록 전례에 따라 들어온다 하여도 모두 물리쳤다. 한번은 엄동설한에 어머니에게 겹두루마기가 없는 것을 염려하여 무명 몇 근을 받은 적이 있었는데, 얼마 있다가 후회하며 말하기를,

"옛날에는 받지 않다가 지금 와서 받는다면, 이는 내가 어머니의 뜻을 빼앗는 것이다. 어머니의 뜻은 곧 나의 뜻인데, 뜻을 달리한다면 무엇으로써 어머니를 섬기겠는가?"

라고 하고는 끝내 무명을 돌려주었다. 후에 안에 들어가 어머니가 기침하며 몹시 추워하는 것을 보고 군이 흐느끼자 어머니가 말했다.

"어찌하여 우느냐?"

군이 말했다.

"어머니를 추위 때문에 기침을 하게 만들었으니, 그러고도 어미에게 자식이 있다고 말할 수 있습니까?"

어머니가 말했다.

"네가 불초하다면, 내 몸을 비단으로 치장해준다 하여도 마음이 어찌 병들지 않겠느냐? 네가 어질다면, 내 비록 춥다 하여도 마음만은 흡족하지 않겠느냐?"

32 군은……때부터 : 황경원이 지은 〈신도비〉의 내용에 따르면 이병태는 28세에 진사에 합격하여 사릉 참봉(思陵參奉)에 보임되었다가, 평시서 봉사(平市署奉事)로 자리를 옮겼다.

모자는 마침내 서로 바라보며 웃었다. 식자들은 그 이야기를 듣고 군의 뜻을 슬퍼하면서 어머니를 어질다 여겼다.

군은 사람됨이 꼿꼿하며 엄격하여 티끌 하나도 불의(不義)로써 취하는 것이 없었다. 한번은 사람들과 어울려 술을 마시다가 이윽고 술이 어디서 났느냐고 물었다. 권귀(權貴)의 집에서 직접 내준 것임을 알고는 배가 아프다며 재빨리 뛰어가더니, 집으로 돌아와 소금물을 마시고 꽥꽥 술을 토해내고 한참이 지난 뒤에야 안정이 되었다.

합천(陜川) 군수로 있을 때는 사인(舍人)이 사전(私錢)으로 관시(官市)에서 베를 사서 옷을 지어 입은 일이 있었다. 군이 그 소리를 듣고 따져 묻자 사인은 사실대로 대답했다. 군은

"네가 나의 좌우에 있으면서 관시의 물건을 사사로이 사다니, 이는 나를 더럽히는 짓이다. 어서 옷을 시장 사람에게 돌려주어라."

라고 말하였다. 그런 다음 직접 모시 도포를 가져다가 사인에게 주면서,

"이걸 입고, 절대로 시장 사람에게 돈을 달라고 하지 말아라."

라고 하였다. 시장 사람이 사인에게 돈을 돌려주겠다고 한사코 청하였으나 사인은 끝내 감히 받지 않았다.

일찍이 사명(使命)을 받들고 외국에 나간 적이 있었다. 돌아오는 길에 친구의 집이 관도(官道)[33] 왼쪽으로 몇 리 우회되는 곳에 있어 그곳에 들르고자 하였는데, 감히 역마를 타지 못하고 걸어서 갔다. 저녁이 되자 친구의 말을 타고 돌아오다가 관도에 다다른 연후에야 역마를 탔다. 그가 법을 지키며 구차히 행동하지 않은 것이 대부분

33 관도(官道) : 국가에서 관리하던 간선길을 가리킨다.

이와 비슷했다.

군은 재능 있고 문장에 뛰어났다. 주상께서도 공의 청렴하고 공정함을 중히 여겨 조금씩 승진시켜 하대부(下大夫)[34]에 오르게 하였으며, 매우 마음에 들어 하며 임용하셨다. 그러나 집 문 앞에 찾아오는 거마(車馬)라곤 없었고, 가끔씩 다 해진 의관 차림으로 외출하곤 하였는데, 길잡이와 말 머리 사이 거리가 겨우 한 자밖엔 되지 않아, 간혹 군을 알아보지 못하고 모욕하는 자도 있었으나 태연자약하였다.

또 벼슬살이를 좋아하지 않아 관직에 제수될 때마다 번번이 거절하곤 하였기에 집안이 더 가난해지고 끼니를 거르는 일도 종종 있었다. 어떤 이가 군을 나무라며 말하기를,

"임금의 녹을 받지 않아 그 어미를 굶긴다면, 지조는 있다 하겠으나 그게 효(孝)인지는 잘 모르겠네."

라고 하였다. 군이 그 말을 듣고 탄식하며 말하기를,

"정말로 이러니저러니 말하는 사람들이 있네마는 내가 나의 어머니를 사랑하는 마음이 어찌 남들에 미치지 못하겠는가? 또한 깊이 분별하지 못하는 것이다."

라고 하였다.

내가 군과 막 알게 되어 아직 친해지지 않을 적에, 군이 나의 글을 구해 읽어보고 사람들에게 말하기를 '이것은 서한(西漢)의 문장이다.' 라고 하였다. 그 후 내가 상서(尙書) 유공(兪公 남유용의 장인 유명홍(兪命弘))의 영구를 묘지로 모시느라 밤에 남강(南江 남한강)에 이르렀을 때

34 하대부(下大夫) : 정삼품의 통훈대부부터 조봉대부에 이르는 당하관대부를 이르는 말이다.

군 역시 도착했는데, 어둠 속에서 나의 목소리를 알아듣고는 나의 자(字)를 부르며 말하기를,

"그대의 문장은 옛사람의 문장이네. 그러나 옛사람은 문장 이외에도 하는 일이 있었는데 그대는 문장 이외에 하는 일이 없으니, 끝내 옛사람에게는 미치지 못한다네."

라고 하였다. 나는 웃으며 말했다.

"그대는 문장 또한 사업이라는 것을 알지 못할 따름이라네."

얼마 있다가 군은 세상을 떠났다.

군은 신의(信義)로써 친구와 사귀었다. 군의 행적을 살펴보면 엄하고 차가워서 마치 범접할 수 없는 듯하지만 유독 신실하고 온순하고 겸양하였으며, 담소에 능하여 사람들이 곁을 떠나지 못했다. 그러나 도의상 불가한 일에 이르러서는 아무리 술 마시는 중이라 하여도 반드시 의연히 정색하였다.

군은 관리로 있으면서 은혜로운 정사를 펼쳤다. 합천의 백성들은 군이 세상을 떴다는 소식을 듣고는 집집마다 부의(賻儀)를 보내왔는데, 집안사람들은 군의 유의(遺意)를 받들어 사양하며 받지 않았다. 한사코 받아달라 청하여도 받지 않자 성대히 제수를 마련하여 군의 신위(神位)를 대문 아래 차려놓고서 제사 지내고 떠나갔다.

군이 세상을 뜬 뒤로 군을 헐뜯는 사람들이 더욱 많아져, 다들 군이 억지로 꾸몄으며 인정에도 가깝지 않다고들 말했다. 아아! 억지로 꾸미는 자는 한결같을 수 없고, 인정에 가깝지 않은 자가 어찌 사람을 얻을 수 있겠는가? 한결같고 또한 사람을 얻었거늘, 어디를 보아 그가 억지로 꾸몄고, 어디를 보아 그가 인정에 가깝지 않다는 것인가? 슬프구나! 세상 사람들은 남 비판하기만 좋아하고 자신을 돌아보지 못한다.

현학교조 서 기미년(1739)

縣學教條序 己未

영춘현(永春縣)[35]에 학교가 없어진 지 오래이다. 학교가 없는 것이 아니라 학교에 선비가 없으므로 학교가 없는 것이나 마찬가지가 된 것이다. 나는 이를 걱정하여 부로(父老)에게 물어보고 향당(鄕黨)에서 사람을 가려 뽑아, 수재(秀才) 십여 명을 얻어 학교에 거주하게 하였다. 학교에 선비가 있다 하더라도 재물이 없으면 무엇으로 이들을 기르랴? 이에 2만여 전(錢)을 모금하여 학교에 들인 후, 본전〔母〕을 두고 이자〔子〕를 불림으로써 희름(餼廩)[36]을 공급하였다. 선비를 기를 재물이 생겨났어도 한갓 기르기만 하고서 가르치지 않는다면, 이는 선비를 기르는 도리가 아닐 것이기에 교조(教條) 5장(章)을 서술하여 남겼다.

그 하나는 '재약(齋約)'이라 하였으니, 대개 〈여씨향약(呂氏鄕約)〉에서 취하여 증감한 것으로,[37] 벗들이 덕에 나아가고 학업을 닦는 요지를 말하고 있다. 그 하나는 '학규(學規)'라 하였으니, 전적으로 학문하는 순서를 말하고 있다. 그 하나는 '독법(讀法)'이라 하였으니, 온고지

35 영춘현(永春縣) : 지금의 충청북도 단양에 있던 현의 이름이다.

36 희름(餼廩) : 국자감의 학생들에게 주는 식료(食料)이다.

37 대개……것으로 : 〈여씨향약〉은 송나라 여대충(呂大忠)・여대균(呂大勻)・여대방(呂大防)・여대림(呂大臨) 사형제가 향약을 조직하고 그 규약을 기술한 것이다. 〈여씨향약〉은 4가지 강령으로 되어 있는데, 그 내용을 보면 덕업상권(德業相勸)・과실상규(過失相規)・예속상교(禮俗相交)・환난상휼(患難相恤)이다. 남유용의 '재약'은 이 네 강령을 그대로 가져왔다.

신(溫故知新)을 면려하고 있다. 그 하나는 '강의(講儀)'라 하였으니, 읍양진퇴(揖讓進退)의 예절을 익히게 하였다. 그 하나는 '유적(儒籍)'이라 하였으니, 선(善)을 드날리고 과오를 고치는 방법을 밝혔다.

글이 비록 간략하나 요지는 정확하다. 처음 가르치는 큰 방도에 있어 대략 그 대강을 들었으니, 제생(諸生)들은 다만 더불어 힘쓰도록 하라. 여기서 더 나아간 것은 내 일단 감히 말하지 않겠다. 훗날 제생들의 학문에 장차 성취가 있을 시, 분명 나의 뒤를 이어 말할 수 있는 자가 나올 것이다.

오호라. 배움은 진실로써 해야 한다. 배우지 않아 진실해지지 못하다면 배우고 난 뒤에 진실해질 수 있겠으나, 배울 때 진실로써 하지 못하다면 장차 무엇으로써 구제할 것인가. 군자의 길을 버리고 다시 소인으로 돌아갈 것이 뻔하다. 이것이 내가 크게 근심하는 바이니, 제생들이 어찌 서로 이로써 경계하지 않을 수 있겠는가.

기미년 12월 경신일에 소화(少華)가 쓰다.

첫째, 재약 一曰齋約

덕업으로써 서로 권면하다 德業相勸

덕(德)이란 선(善)을 보면 반드시 행하고, 선을 들으면 즉시 고치고, 부로(父老)를 존경하여 예우하고, 어린아이를 가르쳐 기르고, 웃어른을 공경히 모시고, 교유를 신중히 선택하고, 남을 위해 충성을 도모하고, 많은 이를 위해 일을 잘 성사시키고, 장자(長者)를 높여 읍양하고, 분쟁을 해결하고, 문학을 좋아하고, 재물을 물리치고, 가난한 이를 두루 돕고, 환란을 구제하는 것을 말한다.

업(業)이란 예(禮)·악(樂)·활쏘기〔射〕·말 몰기〔御〕·서예〔書〕·산수〔數〕[38]와 같은 것을 말한다. 《전(傳)》에 이르기를, "예악은 잠시도 몸을 떠날 수 없다." "예란 질서이고, 악이란 조화이다."[39]라고 하였다. 장유(長幼)와 존비(尊卑)에는 질서가 있어서, 조화가 생겨난 연후라야 한데 섞여 살아도 어지럽지 않다. 그러므로 예 중에서 질서보다 더 큰 것은 없다. 질서를 지켜 조화에 이른다면, 여기서 군자의 모습을 볼 수 있을 것이다. 옛사람들은 서적과 궤안 놓은 자리가 가지런한 것을 일러 '예'라고 하였고, 뒤죽박죽 질서를 잃은 것을 일러 '조화롭지 못하다〔不和〕'라고 하였다. 이로써 미루어보건대 일의 대소를 막론하고 예악이 없는 곳이 없으니, 어찌 반드시 옥백(玉帛)이라야 예가 되고, 종과 북〔鐘鼓〕이라야 악이 되겠는가.[40] 활쏘기와 말타기, 서예와 산수 역시 유자(儒者)의 일이다. 《예기(禮記)》에 이르기를, "활쏘기로 덕을 살핀다."[41]라고 하였고, 정자(程子)가 이르기를, "글자를 쓸 때 경건히 하는 것 또한 배움이다."[42]라고 하였으니, 어찌 힘쓰지 않을

38 예(禮)……산수〔數〕: 《주례》 〈대사도(大司徒)〉에 보인다. 유가에서 학생들에게 요구하는 여섯 가지 기본 재예, 즉 육예(六藝)를 말한다.

39 예악은……조화이다 : 인용한 두 구절 모두 《예기》 〈악기(樂記)〉에 나온다.

40 어찌……되겠는가? : 공자가 "예이다, 예이다 하지만 옥백(玉帛)을 이르는 것이겠는가? 악이다, 악이다 하지만 종고(鐘鼓)를 이르는 것이겠는가?"라고 한 말을 인용한 것이다. 《論語 陽貨》

41 활쏘기로……살핀다 : 《예기》 〈사의(射義)〉에 "활쏘기는 진퇴(進退)와 주선(周旋)이 반드시 예에 맞아야 한다. 마음이 바르고 자세가 곧아야 활과 화살을 잡을 때 바르고 안정되고, 활과 화살을 잡을 때 바르고 안정되어야 적중을 말할 수 있다. 활쏘기는 덕행을 살필 수 있다."라고 하였다.

42 글자를……배움이다 : 정명도(程明道)가 한 말이다. "명도 선생은 글자를 쓸 때

수 있겠는가.

허물은 서로 바로잡는다 過失相規

의리를 범하는 과실에는 여섯 가지가 있으니, 술주정·도박·싸움·소송, 행동거지가 예를 벗어나거나 어기는 것,[43] 노느라 학업을 게을리하는 것, 나보다 나은 자를 투기하는 것, 거짓말을 지어내 친구를 망치는 것,[44] 사사로움을 도모하느라 염치조차 잊는 것이 그것이다.

자기 수양을 어기는 과실에는 여섯 가지가 있으니, 몸가짐을 오만하게 하는 것, 비속하고 도리에 어긋난 말을 입 밖에 내는 것, 일에 임하여 삼가지 않는 것, 재물을 씀에 절도를 잃는 것, 교조(教條)를 저버리고 망가뜨리는 것, 사론(士論)을 업신여기고 내버리는 것이 그것이다.

둘째, 학규 二曰學規

매달 초하루와 보름, 새벽에 일어나 두건과 의복을 갖추고 장유가 차례대로 나아와 선성(先聖)에게 경건히 참배한다. 물러난 뒤에는 순서대로 나누어 서로 읍한다.

매일 새벽에 일어나 세수하고 머리를 빗은 다음, 의관을 정제하고서

매우 경건하셨다. 일찍이 사람들에게 말하기를, '글자를 좋게 하려고 함이 아니라, 곧 그것이 배움이다.'라고 하였다." 《小學》 卷6 〈善行〉

43 행동거지가……것 : 원문에는 '行止踰越'이라고 되어 있으나, 〈여씨향약〉에는 '行止踰違'라고 되어 있다.

44 거짓말을……것 : 원문의 '친구를 망친다〔敗類〕'는 말은 《시경》 〈상유(桑柔)〉에 나온다. "대풍이 불어오는 길이 있으니, 탐욕스러운 사람은 친구까지 망치는도다. 〔大風有隧, 貪人敗類.〕"

단정히 앉아 공부한다. 자고 머무를 때는 반드시 일정한 거처가 있어야 한다.

봄에는 육경(六經) 중 한 책을 읽는다.-30번을 읽는 것으로 횟수를 한정한다.-

4월부터 7월까지, 소부(騷賦)[45]와 시(詩)를 읽는다. 횟수는 한정하지 않고 때때로 읊조리면 된다. 4월부터 7월까지는 날씨가 찌는 듯이 더워서 책 읽는 데 방해가 되지만, 해가 길어 과제(課製)하기에 매우 편하므로 전적으로 작문하는 것에 힘쓴다. 혹은 시(詩)·부(賦)를 짓거나 혹은 의(義)·의(疑)[46]나 표(表)·책(策)을 짓되 반드시 하루에 한 편씩 짓도록 한다. 우열을 비교한 뒤 등급을 각각 나누는데, 열흘에 한 번씩 나누어 한 달에 세 번 모두 일등을 한 자에게는 상을 주고, 세 번 모두 꼴찌를 한 자에게는 벌을 준다.-상으로는 종이와 붓을 주고 벌로는 회초리를 친다.-

가을에는 사기(史記)[47]와 제자서(諸子書) 중 하나를 읽는다.-30번을 읽는 것으로 횟수를 한정한다. ○그러나 사가(史家)들이 지은 여러 책의 경우는 읽는 횟수를 한정하지 않고 익숙해지도록 읽으면 된다. 하루에 한 편 혹은 두 편을 읽되

45 소부(騷賦) : 굴원의 〈이소(離騷)〉처럼 중간에 '혜(兮)'라는 어기사(語氣詞)를 사용한 소체부(騷體賦)를 가리킨다.

46 의(疑) : 경서의 뜻 가운데 의심나는 것을 적은 것이다. 조선의 문과와 생원·진사과, 또는 초시·복시에는 초장, 중장, 종장의 구별이 있는데, 초장에는 으레 사서의 의의(疑義) 한 편을 부과하였다.

47 사기(史記) : 여기 나오는 '사기'가 사마천의 《사기》인지, 아니면 역사서를 범칭한 것인지 알 수 없다. 후에 '사가제서(史家諸書)'라는 말이 나오는 것으로 보아 후자인 듯싶다.

국가의 흥망이나 법제의 연혁, 어진 이와 삿된 이의 진퇴, 화이(華夷)의 이합(離合) 사이를 특히 상세히 읽도록 한다.-

겨울에는 사서(四書) 중 한 책을 읽는다.-30번을 읽는 것으로 횟수를 한정한다. 간혹 《소학》을 읽는다.-

매번 한 책을 읽기 시작할 때마다 반드시 관원에게 알리고, 다 읽었을 때도 알림으로써 부지런함과 태만함을 살필 수 있게 한다.

제생들이 혹 일이 있어 집에 들어가야 할 경우에는 단자(單子)를 적어 관원에게 휴가를 청해야지 마음대로 가서는 안 된다.

셋째, 독법 三曰讀法

2월에서 3월까지는 아침에 책을 열 번 읽고 낮에 스무 번 읽는다. 8월에서 정월까지는 아침에 책을 열 번 읽고 낮에 열 번, 밤에 열 번 읽는다. 책을 읽는 사람이 오로지 새로운 학문만 즐기고 옛날에 읽은 것을 죄다 잊어버린다면 읽지 않은 것과 무엇이 다르겠는가? 지금 하루에 읽는 횟수라야 30번에 불과해 하루 동안 여력이 넉넉히 있을 것이므로 반드시 옛날에 읽은 문자를 꺼내어 차례대로 온습하되 대여섯 번으로 한정하고, 함께 그 뜻에 대해 토론하여 그 내용을 이해하고 관통하는 데 힘써야 한다. 또 간혹 서첩(書帖)을 앞에 놓고 글자를 연습하거나, 간혹 고서를 베껴 적거나, 간혹 과문(科文)을 들춰보거나, 간혹 고율(古律 고체와 율시)을 구상하여 짓되 언제나 여력이 있을 때 하도록 해야지 실제 공부를 방해해서는 안 된다.

넷째, 강의 四曰講儀

매번 두 달 간격으로 초하룻날 강(講)을 연다. ○하루 전날 동서 훈장

및 장의(掌議)[48]가 제생들을 이끌고-재사에 들어온 제생들 이외에도 참여를 원하는 자 모두에게 들어와 강하는 것을 허락한다.- 재사(齋舍)에 들어와 잔다. ○다음날 날이 밝기 전에 급사(給事)가-학교의 학생 중에 일에 밝은 사람을 뽑아 맡긴다.- 휘장·자리·궤안·붓·벼루 등 강할 때 필요한 도구를 한데 넣어 명륜당에 가져다 둔다. ○날이 밝으면 선생은-옛날 군국(郡國)의 생도들은 모두 지방 수령을 스승으로 여겼기에 '선생'이라고 불렀다.- 제생들을 이끌고 성묘(聖廟)를 배알한다. ○전의(典儀)가-학교의 학생 중에 예를 익히고 글자를 잘 아는 자로써 뽑아 맡긴다. 그런 사람이 없으면 제생 중 한 사람을 뽑아 맡긴다.- 선생을 인도하여 명륜당에 들어가면 장의가 강생안(講生案)을 들고 그 뒤를 따른다.-하루 전에 장의가 여러 강생들의 성명을 기입하여 안(案)을 작성하는데, 반드시 나이 순서대로 한다. 장의는 기둥 오른쪽에 동쪽을 향해 앉고, 전의는 기둥 왼쪽에 서쪽을 향해 앉는다.- ○전의가 홀기(笏記 의례의 식순이 적힌 글)를 읽는다. ○두 명의 훈장이 제생을 이끌고 명륜당 아래로 나아가 뜰을 나누어 서서 서로 읍한다.-두 훈장이 반항(班行)을 정돈하는데, 관례 치르는 자를 윗자리에 세우고 동자를 아랫자리에 세운다.- ○두 명의 훈장은 동서 계단으로 올라 자리로 간다.-동쪽 훈장은 서쪽을 향하고, 서쪽 훈장은 동쪽을 향한다.- ○장의가 제생의 이름을 부르면 동서 계단으로 올라와 자기 자리로 간다.-일괄 강생안에 적힌 순서대로 이름을 불러 들어오도록 한다.- ○급사가 강생들을 이끌고 서안(書案) 앞으로 나아간다. ○절한다.

48 동서……장의(掌議) : 성균관의 체제를 그대로 따른 것이다. 성균관에는 동재(東齋)와 서재(西齋)가 있었는데, 이곳에 거처하는 유생들의 자치기관인 재회를 설치하고 장의를 각 1명씩 두었다. 이들은 재회를 소집할 수 있는 등 매우 큰 권한을 가지고 있었다.

○무릎 꿇고 앉는다. ○강생들이 강서(講書)를 바친다. ○강생들이 강지(講紙)를 바친다.-강생들은 미리 단자처럼 생긴 강지를 준비한다. 먼저 그 성명을 물어 적고, 그 다음 강할 서명을 물어 적으면 품에 넣는다.- 선생이 강장(講章)을 뽑는다. ○동서 훈장은 강지의 서명 아래 강장을 적는다. ○강한다.-강할 때는 단정히 손을 맞잡고 꼿꼿이 앉아서 위의(威儀)를 바로잡는다. 정신을 똑바로 차리고 음절을 탁 트이게 하여 감히 태만한 모습을 짓지 않으며, 감히 함부로 말하지 않는다. 위의를 잃은 자가 있으면 장의가 바로잡는다.- 강이 끝나면 선생은 강생(講栍)[49]을 꺼낸다.-문의가 환히 트여서 모든 훌륭함을 다 갖춘 것을 일러 '통(通)'이라 한다. 문의가 대략 갖추어져있고, 장단점이 상호 보완된 것을 일러 '략(略)'이라 한다. 장구가 막히고 껄끄러우며 해설이 난삽한 것을 일러 '조(粗)'라 한다. 장구가 꽉 막혀있고 해설이 뒤죽박죽인 것을 일러 '불통(不通)'이라 한다.- 강생들은 강호(講號)를 강장 아래에 쓴다. ○절한다. ○물러나 자기 자리로 온다. ○급사가 강생들을 이끌고 서안 앞으로 나아간다.-의례는 앞의 것을 모방한다.- ○강을 끝낸다. ○제생이 나간다.-순서대로 나가야지 열을 어지럽혀서는 안 된다.- ○두 명의 훈장과 장의가 나간다. ○전의가 선생을 인도하여 나간다. ○장의와 동서 훈장이 재사에 모여 상벌(賞罰)을 행한다.-일등을 차지한 자에게는 종이와 붓을 상으로 주고, 꼴등을 한 자에게는 회초리를 쳐 벌을 준다. 위의를 잃은 자에게는 부황(付黃)의 벌[50]을 행한다.- ○선생이 강에

49 강생(講栍) : 생(栍)이란 길이가 1촌 반쯤 되는 둥근 나무에 통(通)·약(略)·조(粗)·불(不)을 한 자씩 쓴 것으로, 강시(講試)의 순번을 추첨할 때 사용한다. 강의 성적이 우등인 자에게는 통자생(通字栍), 그다음은 약자생(略字栍), 그다음은 조자생(粗字栍), 아주 성적이 좋지 못한 자에게는 불자생(不字栍)을 내주어 우열을 구별한다.

50 부황(付黃)의 벌 : 부황은 성균관의 거재 유생(居齋儒生)이 학령(學令)을 위반하였을 때 부과하는 유벌(儒罰)의 하나로, 이름을 누런 종이에 써서 큰북에 붙이고 거리를

참석하지 않으면 훈장과 장의가 재사에 모여 강을 연다.-강하는 의식은 대략 앞의 것을 모방한다.-

다섯째, 유적 五曰儒籍

학교에 입학한 제생이라면 모두 유적(儒籍)에 성명과 본관과 태어난 해를 기록한다. 나이 순서대로 한다. 선한 행실이 있으면 유적에 적는다. -붉은 종이에 그가 행한 선한 행실, 예컨대 선을 보면 반드시 행하였다, 허물을 들으면 즉시 고쳤다 등등을 적은 다음 그의 성명 위에 붙인다.- 잘못이 있어도 역시 유적에 적는다.-누런 종이에 그가 범한 과오, 예컨대 도박에 빠졌다, 싸움질을 했다, 행동거지가 법도를 넘어섰다 등등을 적은 다음 그의 성명 위에 붙인다.-

무릇 선한 행실을 하거나 과오를 범할 때면 제생들이 재회(齋會)[51]에서 논의를 제기하고, 모든 사람이 말하기를 가하다고 한 연후에 유적에 기입한다. 한 해에 세 번 유적을 확인한다.-정월 15일, 5월 15일, 9월 15일에 한다.-

선한 행실과 악한 행실의 많고 적음을 계산하여 상벌을 대대적으로 시행한다.-상은 종이와 붓으로써 하고, 벌은 회초리로써 한다.-

부황(付黃)이 세 차례에 이르면 유적에서 삭제한다. 유적에서 삭제되고도 여전히 깨닫지 못하거든 재사에서 쫓아내고 관계를 끊는다.-유적에서 삭제된 자는 검은 종이로 그 이름을 가린다.-

무릇 부황의 벌을 받아 유적에서 삭제된 자라도 선한 행실을 하면 벌에서 풀어주고, 강이나 시험에서 일등을 차지해도 또한 벌에서 풀어준다. 궤짝 안에 유적을 넣어 두고 자물쇠로 단단히 잠근다. 유적을 관리하는

돌면서 그 비행을 알린 것이다.

51 재회(齋會) : 성균관 유생들이 임원을 중심으로 자치적으로 조직한 회의이다.

사람 한 명을 둔다.-제생 중에서 담당하며, 유적의 출납을 주관한다.-

유적을 확인하는 일은 재사에 있어 하나의 커다란 논의이므로 두 명의 훈장과 장의는 반드시 재회에서 확실히 의논해야 한다.-상벌을 행한 후에는 단자를 갖추어 관가에 아뢰어야 하고, 벌에서 풀어줄 때도 아뢰어야 한다.-

조생 명조[52]에게 주는 서 경신년(1740)

贈曹生命肇序 庚申

《역(易)》을 잘 아는 사람은 《역》을 말하지 않고,[53] 바둑의 고수는 바둑을 두지 않는다고 하였는데, 나는 이 두 가지를 다 범하고 말았으니 지혜롭다 할 것인가, 지혜롭지 못하다 할 것인가?

비록 그렇기는 하나, 그대가 나와 수십 판의 바둑을 둘 때는 살리고 죽이고 기이하게 두고 바르게 두는 것에 혹 방도를 얻지 못하기도 하였으되, 나와 《역》을 논할 때는 오직 건곤둔몽(乾坤屯蒙) 괘만 말할 뿐이었어도 나머지 60괘의 상(象)과 효(爻)도 대략 그 의례(義例)를 알고 있었으니, 이는 대개 바둑에 있어서는 더 나아가는 것에 뜻을 두지 않았으되 《역》에 있어서는 더 나아가는 것에 뜻을 둔 까닭이었을 것이네.

바둑처럼 시끌벅적하고 이기기를 좋아하는 것에 있어서는 더 나아가는 것에 뜻을 두지 않고, 《역》처럼 심오하고 꿰뚫기 어려운 것에

52 조생 명조 : 《뇌연집》 권3에 수록된 〈시권 중의 운에 화답하여 조생 명조에게 주다〔和卷中韻贈曹生命肇〕〉시에 보면 서문에 "큰 형님께서 낭주에 귀양 갔을 적에 문곡의 시를 차운하여 집주인 조생 명조에게 주었다.〔伯氏謫朗州時, 次文谷韻, 贈主人曹生命肇.〕"라는 내용이 보인다. 따라서 조명조는 남유상이 전라도 영암에 유배되었을 때 기거했던 집의 주인임을 알 수 있다.

53 《역(易)》을……않고 : 주희의 〈무신봉사(戊申封事)〉에 "《주역》을 잘 아는 사람은 《주역》을 말하지 않는 법이다. 정말로 나라를 회복하는 데 뜻을 둔 사람은 칼을 어루만지거나 손뼉을 치지 않는다."라고 하였다. 《朱子大全 卷11》

있어서는 더 나아가는 것에 뜻을 두었으니, 이로써 그대의 마음을 미루어 구해보건대 분명 명리(名利)의 길에 올라 말고삐를 잡고 육예(六藝)의 문(門)에서 창을 쥐려는 자일 것이네. 그대여 힘쓰시게! 그대가 더 나아가는 데 뜻을 두지 않아 나아가지 못한 것이야 본디 논할 것도 없다지만, 기왕에 나아가는 데 뜻을 두고도 끝내 나아가지 못한 것 또한 있으리니, 처음에는 용왕매진하다가 끝에 가서 태만해진 경우가 그렇다네.

내가 말한 것은 단지 《역》의 쭉정이에 지나지 않네. 이것을 지남철로 삼아 전심전력으로 깊이 연구한다면, 오묘한 밝음에 이르러 바야흐로 천지가 높고 두터운 것과 물과 불이 부드럽고 굳센 것과 바람과 우레가 어둡고 밝은 것과 산과 못이 높고 깊은 것을 보게 될 것이네. 그대가 이때를 만나 깃발을 들고 내달리면서 더욱 앞을 향해 나아가며 뒤돌아보지 않을지, 아니면 어려운 일을 당했다고 하여 뒤로 물러날지, 천천히 훗날을 기다려 한번 물어보겠네.

숙종 어용 모사 도감 계병[54]에 쓴 서 무진년(1748)

肅宗御容摹寫都監契屛序 戊辰

우리 성고(聖考) 숙종 대왕의 어진(御眞)에는 두 가지 본(本)이 있습니다. 하나는 강도(江都 강화도) 장녕전(長寧殿)에 봉안되어 있고, 하나는 창덕궁 안[55]에 봉안되어 있는데, 성고 39년 계사년(1713)에 국공(國工) 진재해(秦再奚)[56]가 모사한 것입니다. 그때 보산(寶筭 임금의 나이) 54세로 수염이 열에 여덟아홉은 희끗희끗하였는데, 곤룡포에 옥대를 차고 익선관을 쓰신 채 검붉은 옻칠한 의자에 앉아 두 손을 맞잡고 계셨습니다. 국조 열성조의 어용(御容)은 모두 남전(南殿)[57]에 봉안하고 있는데, 태조가 첫 번째 방에, 세조가 그다음 방에, 원종(元宗 인조의 아버지)이 또 그다음 방에 모셔져 있습니다.

금상 24년 무진년(1748)에 상께서 방 하나를 더 지을 것을 명하시

54 도감 계병 : 나라에 경사가 있을 때 그 일을 맡아보던 도감(都監)들이 그 일을 기념하기 위해서 당시의 일을 그려 만든 병풍을 이른다.

55 창덕궁 안 : 숙종의 어진은 창덕궁 선원각에 보관했다.

56 진재해(秦再奚, 1691~1769) : 본관은 풍기, 자는 정백(井白), 호는 벽은(僻隱)이다. 신임사화를 일으키게 한 고변으로 공신의 칭호를 받게 된 목호룡(睦虎龍)의 초상을 소론의 영수였던 김일경(金一鏡)의 협박에도 불구하고 그리지 않았다. 초상을 특히 잘 그려 1713년 숙종 어진 원유관본(遠遊冠本)과 익선관본(翼善冠本)의 주관화사(主管畫師)로 활약하였다.

57 남전(南殿) : 남부(南部) 훈도방(薰陶坊)에 있던 남별전(南別殿)으로, 태조·세조·원종·숙종의 어진을 봉안하였고 뒤에는 영조·순조의 어진도 함께 봉안하였다. 1690년(숙종16)에 영희전(永禧殿)으로 개칭하였다.

고, 창덕궁에 있던 어진을 모사(摹寫)하여 원종 다음에 올려 봉안하시니, 그 예식이 매우 성대하였습니다. 이번 역사(役事)를 보면, 정월 갑진일에 창덕궁에 도감을 설치한 이래 2월 정사일에 상께서 경덕궁(慶德宮)으로부터 친히 행차하시어 사유(事由)를 고하는 제사를 올리셨고, 이날로부터 선정전(宣政殿)[58]에서 모사를 시작하여 열흘이 지난 정묘일에 모사를 마침에 주상께서 비로소 환궁하셨습니다. 무인일에 보정(寶幀)이 완성되자 주상께서 또 친히 행차하셨습니다. 이튿날인 기묘일에 동가(動駕)를 고하는 제사를 올리셨는데, 바야흐로 한낮에 예식이 완성되어 마침내 합향(合享)하였습니다. 반열에 서 있던 대소 신료들은 모두 고개를 기울이고 눈을 문지르면서 보좌(黼座)[59]를 우러렀으며, 아래에 서서 감탄하며 손뼉 치며 기뻐하였습니다. 용과도 같은 자태와 태양과도 같은 의표가 휘황찬란 빛을 발하여 어렴풋이 위에 임하신 것 같았고, 전하께서 올라가 헌작(獻酌)하고 내려와 절하시며 옥 같은 눈물을 살짝 보이시는데 개연하여 마치 무슨 소리가 들리는 듯하였습니다.[60]

58 선정전(宣政殿) : 원문에는 '宣政政'으로 나와 있으나 한국고전번역원db 각주에 의거하여 '殿'으로 바로잡는다.

59 보좌(黼座) : 임금이 앉는 옥좌이다. 붉은 비단에 흑백의 도끼 모양의 무늬를 그린 병풍인 보의(黼扆)를 옥좌 뒤에 둘러쳤기 때문에 붙여진 이름으로, 임금이 신하의 배알을 받을 때 앉는다.

60 어렴풋이……듯하였습니다 : 《예기》 〈제의(祭義)〉에서 따온 것이다. "제사 지내는 날에 방에 들어가면 어렴풋하여 반드시 그 자리에 보이는 것 같고, 돌아서 밖에 나오면 숙연하여 반드시 그 소리를 듣는 것 같고, 밖에 나와서 들을 때는 개연하여 반드시 그 탄식의 소리를 듣는 것과 같다."

아아, 성대합니다! 옛날 주공(周公)이 문왕(文王)을 제사 지내면서 당(堂)에 올라 〈청묘(淸廟)〉를 노래하니,[61] 사당 안에 있던 사람들이 마치 다시 문왕을 뵌 듯 슬픈 표정을 지었다 하였습니다. 소리와 시(詩)가 사람을 감동케 하는 것이 되레 이와 같을진대, 하물며 성대한 덕의 광휘가 모습에서 드러나고 단청에 묘사되어 있으니 어떠하겠습니까! 《예기(禮記)》에서 말하기를, 효자가 제사 지낼 때는 "그 거처를 생각하고, 그 웃으며 하신 말씀을 생각하고, 그 뜻을 생각하라."라고 하였으며, 그 즐기시던 바, 그 좋아하시던 바에 이르기까지 생각하지 않는 것이 없다고 하였습니다.[62] 효자가 그리워할 적에 희미한 가운데 그 모습을 볼 수 있으니, 그 그리움은 응당 더욱 간절해질 것이고, 두렵고 슬픈 마음은 진실로 신명과 통할 수 있을 것입니다.

이번 거사에서 성상의 사모하는 마음이 끝이 없음을 더욱 잘 볼 수 있었습니다. 비록 그렇다고는 하나 신이 일찍이 여러 기로(耆老)에게 듣자니, 성고께서 바른 모습으로 조정에 임해 계시면 그 빛나는 의용(儀容)이 마치 신과도 같아서 바라봄에 가히 두려웠지만, 천천히 그 사령(辭令)을 접하고 나면 따스하게 인자하심이 펼쳐져 좌우가 감동받아 지금까지도 그 기상을 몰래 그리워하고 있다고 하였습니다. 시인

61 옛날……노래하니 : 《시경》 〈청묘(淸廟)〉를 말한 것으로, 주공이 문왕의 사당에 제사할 때 드린 시이다. 《서경(書經)》 〈대전(大傳)〉에 이르기를, "주공이 당에 올라가서 청묘를 노래할 때, 사당 가운데 있으면서 일찍이 문왕을 본 자들은 다시 문왕을 뵌 듯 슬픈 표정을 지었다."라고 하였다.

62 효자가……하였습니다 : 《예기》 〈제의(祭義)〉에 보인다. "재계하는 날, 어버이 계시던 곳을 생각하고, 어버이 웃으며 하던 말을 생각하며, 어버이의 뜻과 즐거워하던 것과 그 기호를 생각하면 재계한 지 사흘 만에 어버이의 모습을 보게 된다."

이 칭송한 "빈틈없는 위의(威儀)는 덕의 모서리이다."[63]라는 말은 만분의 일이나마 받들어 널리 알릴 수 있지만, 그림으로 묘사한 것은 그 겉모습일 따름이니, 성상께서 선렬(先烈)을 빛내시고 효심을 넓힐 방도는 오직 심법(心法)을 전하는 것뿐입니다. 이는 또한 뭇 신하들이 성상께 우러러 기대하는 바이기도 합니다.

도감이 철거되고 나서 여러 신하들이 서로 상의하며 말하기를,

"일 중에 돈장(敦匠)[64]보다 무거운 것은 없고, 영예 중에 임금 가까이 있는 것보다 더 큰 것은 없다. 우리가 운 좋게 명을 받아 이 일을 감독하게 되면서, 아침저녁으로 경광(耿光)[65]을 가까이서 모신 것이 거의 열흘이 넘으니, 기록이 없어서는 안 된다."

라고 하고는 마침내 여분의 재산을 내놓아 각자 작은 병풍을 만든 다음 도제조 이하 여러 신하들의 이름을 열거해 기록하였습니다. 유용 또한 외람되이 낭료(郎僚)의 반열에 있었기에[66] 이 일의 전말(顚末)을 이상과 같이 서술하게 하였습니다.

옛날 송나라 인종(仁宗)이 회성궁(會聖宮)[67]을 지어 세 황제의 어용

63 빈틈없는……모서리이다 : 《시경》 〈억(抑)〉에 나오는 구절이다.

64 돈장(敦匠) : 장인(匠人)들과 공역(工役) 전반에 대해 지휘 감독하는 일을 말한다.

65 경광(耿光) : 훌륭한 선조의 밝은 덕을 가리키는 단어로, 주공이 성왕에게 "문왕의 경광을 보시고 무왕의 큰 공렬을 드날리소서. 〔以覲文王之耿光, 以揚武王之大烈.〕"라고 한 말에서 유래하였다. 《書經 立政》

66 낭료(郎僚)의……있었기에 : 남유용은 1748년 1월에 보덕이 되고, 숙종어진모사도감 도청(都廳)이 되었다.

67 회성궁(會聖宮) : 송나라 인종 때 중국 하남(河南) 영안현(永安縣:지금의 偃師市 소재) 봉대산에 건립한 궁전이다. 원래 다른 곳에 있던 송 태조와 태종, 그리고 진종(眞宗)의 능을 이곳으로 옮겼다.

을 봉안해놓고는 제사의 예를 오랫동안 거행하지 않자 신하 구양수(歐陽修)가 송(頌)[68]을 지어 바쳐 이 일을 풍간(諷諫)하였습니다. 그 마지막 장(章)에서 "성인께서 이미 강림하셨으니, 그 누가 이르게 한 것인가? 오직 천자께서 효성스러우니, 성인께서 내려와 흠향하실 것이네. 그 누가 제사를 올리는가? 또한 효성스러운 천자로세."라고 한 것은 천자의 행차를 바라는 마음에서였습니다. 지금 우리 전하께서는 공사를 시작해서 마칠 때까지, 무릇 세 번 행차하여 세 번 제향을 올렸는데, 곤면(袞冕) 차림에 규장(圭璋)[69]을 들고서 조심조심하시며 오르고 내릴 때마다 정신을 집중하시고, 귀 기울여 들으시며 전례를 흡족하게 펼치셨으니, 이는 또 옛날 임금들이 미처 행하지 못했던 바이자 이후 후계자들이 마땅히 본받아야 할 바이기에, 특별히 상세하게 기록에 남기는 바입니다.

68 송(頌) : 구양수가 지은 〈회성궁송(會聖宮頌)〉을 가리킨다.

69 규장(圭璋) : 규장은 반쪽 홀(笏)이다. 《시경》〈역복(棫樸)〉에 "의용이 엄숙한 임금이시여, 좌우에서 규장을 받들고 있네. 규장 받든 의용이 거룩하거니, 준수한 선비로서 당연한지고."라고 한 데서 인용한 것이다. 여기서는 영조가 규장을 받들고 숙종의 제사를 지낼 때의 의식을 형용한 말이다.

《보도》 서 기사년(1749)

譜圖序 己巳

남씨(南氏)의 조상은 중국에서 나왔다. 처음 성은 김씨(金氏)였는데, 영의공(英毅公)[70]이 동쪽으로 와서 성을 하사받은 일부터 비로소 족보에 보이기 시작하고, 영의공 위로는 고증할 길이 없다. 영의공이 온 것은 실로 천보(天寶) 14년(755)의 일이다. 그때 당나라 현종(玄宗)이 재위한 지 오래되어 정사를 황폐하게 내버리고, 양국충(楊國忠)이 재상이 되어 귀비(貴妃)와 함께 안팎을 어지럽히더니, 그해 겨울에 안록산(安祿山)이 과연 반란을 일으켰다. 현종이 촉(蜀) 땅으로 도망쳐 세상에 당나라 황실이 거의 없어진 것이나 마찬가지였으니, 공이 동쪽에 살면서 돌아가지 않은 것이 부자(夫子)께서 오랑캐 땅에 거하겠다[71]고 한 뜻에서 나오지 않았는 줄 또 어찌 알겠는가? 이때 신라는 바야흐로 당나라와 화목하게 지내면서 해마다 직공(職貢)을 바쳤으며, 심지어 사신을 파견해 촉 땅에 있는 황제를 조알하기도 하였다. 공의 경우도 그 덕분에 친밀함을 잃지 않을 수 있었다고 말할 수 있다.

70 영의공(英毅公) : 남민(南敏). 원래 중국 여남(汝南) 사람으로, 본명은 김충(金忠)이다. 당나라 때 일본에 사신 갔다 오다가 풍랑을 만나 경북 영덕에 상륙했는데, 경덕왕이 여남에서 왔다고 하여 남이라는 성을 하사하자 이름을 민이라 개명하였다고 전해진다.

71 부자께서……거하겠다 : 공자가 오랑캐의 지역에서 살고 싶다고 하자 어떤 사람이 누추한 곳이라고 걱정을 하니, "군자가 살고 있다면 그 땅이 누추한들 무슨 상관이 있겠는가."라고 대답했다. 《論語 子罕》

공이 영양(英陽)에 본적을 받은 이후로 같은 성을 가진 후손이 520여 년 동안 번성했으며, 밀직공(密直公)[72]에 이르러서 비로소 본적이 나뉘어 의령씨(宜寧氏)가 생겨났다. 밀직공 위로 족보에 적혀 있는 것은 겨우 7대(代)뿐이니, 그 사이 빠진 것이 몇 대인지 알 수 없으며, 7대의 사적 역시 사라지고 확인할 길이 없으니 탄식할 노릇이다. 지금 구양공(歐陽公 구양수(歐陽修))이 한 것처럼[73] 밀직공 이하를 순서대로 보도로 그리고, 또 그 사적을 간략히 서술하였다. 나의 조상들을 특히 상세히 기록하고, 방조(傍祖 방계 조상)의 경우는 나의 선대의 형제 및 선친의 백부·숙부만 열거하였다.

보도 譜圖

시조 남민 始祖敏

공은 처음에 받은 성이 김(金)이요 이름은 충(忠)이었다. 당나라 봉양부(鳳陽府) 사람이다. 현종 천보 14년에 안렴사(按廉使)로서 의장(儀仗)을 받들고 일본에 사신으로 갔는데, 돌아오는 길에 표류하여 신라 예주(禮州 경북 영덕의 옛 이름), 지금의 영해(寧海 영덕군 영해면) 지역에 도착하였다. 공이 말하기를, "천하에 왕의 영토가 아닌 곳은 없다."라고 하고는 그곳에 살기를 원했다. 경덕왕(景德王)이 그 소식을 아뢰자 천자가 이를 허락하였다. 경덕왕은 공이 남쪽으로부터 왔다고 하여 마침내 '남'이라는 성을 하사하고, 이름을 '민'으로 고친 다음 영의공에 봉하고 영양현을 공의 식읍(食邑)으로 주었다. 자손들도 이어 적(籍)

72 밀직공(密直公) : 남군보(南君甫). 고려 때 밀직부사를 지냈다.

73 구양공(歐陽公)이……것처럼 : 구양수가 〈구양씨 도보 서(歐陽氏圖譜序)〉를 지은 것을 말한다.

을 받았다. 묘소는 현(縣) 북쪽에 있는 일월산(日月山) 남쪽에 있었으나 지금은 그곳을 망실하였다. 자손들은 산 아래 제단을 마련하고 매년 10월 초순이 되면 제사를 올린다.

영의공 이하로 족보에 빠져 있다가 남척(南倜)에 이르러 다시 족보에 보이기 시작하는데, 적혀 있는 내용은 이러하다.

"태자첨사(太子詹事) 익(翼), 위위령(衛尉令) 겸(謙), 검교 예빈경(檢校禮賓卿) 숙손(淑孫), 급제 지탁(之卓), 예빈경 혁(奕), 대장군 진용(鎭勇). 남진용에게 세 아들이 있으니, 장남 홍보(洪甫), 차남 군보(君甫), 광보(匡甫)이다. 이들에 이르러 의령과 고성(固城)으로 본적이 나뉘었다."[74]

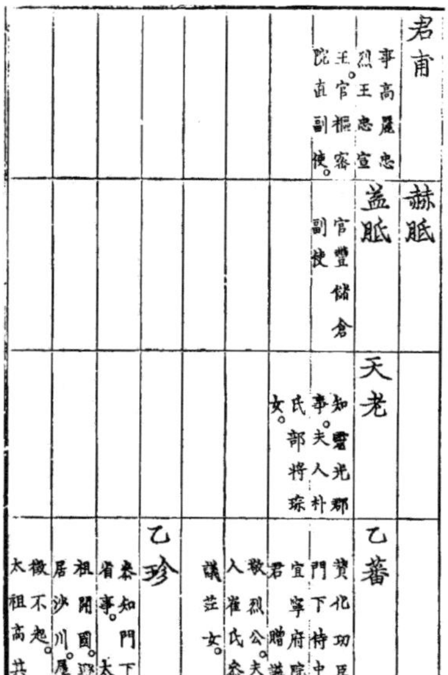
君甫
事高麗忠烈王忠宣王。官樞密院直副使。
赫祗
益祗
官豐儲倉副使
天老
知靈光郡事。夫人朴氏部將琮女。
乙蕃
贊化功臣門下侍中宜寧府院君贈謚敬烈公。夫人崔氏叅議芷女。
乙珍
叅知門下省事。太祖開國。避居沙川。屢徵不起。太祖高共

74 이들에……나뉘었다 : 1230년대 이후에 의령군(宜寧君) 남군보(南君甫)가 의령 남씨 본관을 받으면서부터 영양 남씨(남홍보), 고성 남씨(남광보), 의령 남씨(남군보)로 분파되었다.

節。就封沙川伯。後孫有直提學廉。以名節著。

乙敬 官贊成事

天命 官典書

迬甫

乙蕃

在 開國功臣議政府領議政宜寧府院君贈謚忠景公。配享太祖廟庭。夫人卞韓國太夫人尹氏坡平君庫女。淑安宅主洪氏觀察使奚女。

景文 官兵曹議郎。夫人方氏參議洵女。

景武 無子。以宜山尉爲子

智 議政府右議政贈謚忠簡公。

簡 官直提學。夫人朴氏吏曹判書信女。

暉 議郎公第三子。尚太宗女貞善公主。封宜山尉。贈謚昭簡公。孫怡駝勇絶倫。年二十七。拜大司馬。稱

閬 開國功臣三軍都統使剛武公。贈謚配享太祖廟庭。

實

贇

俊 官司憲府監察。夫人姜氏大司憲碩德女。

簡

恬

恮 生員。有子曰孝温字伯恭號秋江。文章清節。與金時習齊名。

怀 進士。夫人朴氏藴貞女。

孝友

孝義 漢城府判尹。夫人柳氏子和女。

悌 吏曹正郎

慄 大司諫

國朝名將

倜

健

叅議

伋

孝義

慶潹 官通禮院左通禮。夫人鄭氏弘佐女。

盃夏 隱德不仕。世稱東郊處士。夫人鄭氏海林君承休女。

復興 文科同知中樞府事

復始 官茂朱縣監。夫人金氏左議政命元女。

復始

鎭 官儀賓府都事。夫人申氏副正汝灌女。許氏成龍女。

浮薰

浮朋 官仁川府使。夫人申氏復一女。

龍翼 吏曹判書大提學贈謚文簡公。夫人蔡氏持平聖龜女。

浮潩 官慶基殿叅奉

錫 官慶山縣監

銑 吏曹判書。以清白著。

龍翼

名。贈謚貞敏公。

正重 慶尚道觀察使。夫人李氏吏曹叅判寅燁女。

漢紀 同知敦寧府事。夫人沈氏漢章女。沈氏若來女。

有常 文科弘文館副修撰。配李氏戶曹叅判爾[illegible]女。

有容

有之

밀직 부군(密直府君)은 의령현 서문 밖 십 보 되는 곳에 묻혔다. 간이(簡易) 최립(崔岦)이 묘표를 지었다.[75] 공의 묘소는 처음에 어디 있는지 알지 못했는데, 지현(知縣) 황선(黃瑄)이 북쪽 언덕에 건물을 지으려다가 옛 무덤이 줄지어 늘어선 것을 보고 허물어 평지로 만들려고 하자 어느 날 밤 꿈에 한 현달한 관리가 나타나, '늘어진 소나무 아래가 나의 무덤이니, 여무(余武)에게 물어보라.'라고 하였다. 황선이 놀라서 여무를 수소문해 만나 보니, 백 살이 넘은 옛날 관리였다. 그가 급히 고하기를,

"저는 원님께서 저를 부르실 줄 알고 있었습니다. 꿈에 남 상공께서 저에게 말씀하시기를 '네 고을의 수령이 내가 있는 곳을 물어볼 것인데, 저쪽 몇 번째가 바로 그곳이다.'라고 하였습니다."

라고 하자 황선은 크게 기이한 일이라 여겨 마침내 황폐해진 땅을 깨끗이 정리하여 봉분을 높이 쌓았다. 흙 속에서 보라색 돌을 주웠는데, '남'이라는 무늬가 있기에 이 일을 더욱 믿게 되었다. 또 황금 팔찌 하나와 대구(帶鉤 띠를 걸도록 만든 부속품) 세 개를 얻었는데, 도성에 살고 있는 남씨들에게 보내자 남씨들은 서로 슬피 흐느끼면서 모두 무덤에 도로 묻어주었다. 내외 후손 중에 관찰 절도사로 온 자가 있어 그 무덤을 더 크게 만들고 묘전(墓田)과 수호(守戶)를 더 늘렸다. 지금까지도 제사가 끊이지 않고 있다.

풍저 부군(豐儲府君)의 사적은 빠져 있다.

75 간이(簡易)……지었다 : 최립(崔岦, 1539~1612)은 자가 입지(立之), 호가 간이(簡易)·동고(東皐)이다. 여기서 말한 묘표의 제목은 〈고 고려 통헌대부 추밀원 직부사 남공 묘표(故高麗通憲大夫樞密院直副使南公墓表)〉로 《간이문집》 권2에 실려 있다.

지군 부군(知郡府君)[76]이 영광(靈光) 현령으로 있을 때 한번은 삼계(森溪 영광에 있던 지명)로 노닐러 나갔는데, 언덕 하나를 발견하고는 즐거워하며 말하기를, "죽으면 나를 이곳에 묻어다오."라고 하였다. 얼마 후 관직에 있다가 돌아가시자 고향 산으로 싣고 가 묻으려 하였는데, 영구가 삼계에 이르러 앞으로 나아가지 않았기에 마침내 그곳에 묻었다.

시중 부군(侍中府君)[77]은 본성이 순후하고 근실하였는데, 국사(國史《고려사》)에서도 이를 기록하고 있다. 76세에 돌아가셨으며, 시호는 경렬(敬烈)이다.

충경공 부군(忠景公府君)은 초휘(初諱)가 겸(謙)이고 자가 경지(敬之)이다. 고려 공민왕 23년(1374) 동진사출신(同進士出身)으로, 얼마 있다가 태조의 개국을 도왔으나 재야로 도망쳐 공로를 사양하였다. 태조가 수소문 끝에 그를 찾아내고 '재(在)'라는 이름을 하사하였으니, 그가 살아있음을 기뻐한 것이다.[78] 마침내 일등 공신에 책봉되었다. 후에 공정왕(恭靖王)[79]을 도와 정책을 결정하고 태종을 세자로 세우니, 태종이 즉위하였을 때 총애가 여러 공신들 중에서 으뜸이었다. 세종 원년(1419)에 돌아가셨다. 주상께서는 친히 임하여 제사 지냈으며,

76 지군 부군(知郡府君 : 남천로(南天老). 지영광군사를 지냈기에 지군 부군이라 칭한 것이다.

77 시중 부군(侍中府君) : 남장(南章).

78 태조가……것이다 : 남재(南在)는 조선을 세우는 데 공을 세웠지만 포상 받기를 원치 않아 은둔하니, 태조가 사방을 수소문하여 그를 찾아낸 다음 그가 별 탈 없이 건강함을 기뻐하여 재(在)라는 이름을 하사하였다.

79 공정왕(恭靖王) : 정종(定宗)을 가리킨다. 공정은 명나라에서 받은 시호이다.

충경(忠景)이라는 시호를 하사했다. 처음에 태조가 양주(楊州)에 수릉(壽陵)[80]을 정하고 난 뒤 능에서 가까운 언덕 하나를 공에게 하사했는데, 경렬공(敬烈公)이 돌아가시자 이곳에 묻혔고, 공이 뒤이어 묻혔다. 공은 비록 나라의 원로대신이었지만 집안이 마치 포의(布衣)의 집처럼 쓸쓸하였으며, 시사를 언급하는 일 없고 함께 어울리는 자는 오직 문인이나 승려뿐이었으니, 당시 사람들은 공(功)에 제대로 처신하였다며 칭송하였다.

의랑 부군(議郎府君)[81]은 태종을 섬겼으나 높은 관직에 오르지 못하고 돌아가셨다. 태종은 태조의 공신 중 요직 남재의 집안만이 근엄하고 신중한 가법이 있다고 말씀하시면서, 공주를 공의 아들인 휘(暉)[82]에게 시집 보냈다. 후에 맏아들인 충간공(忠簡公)[83]의 공훈으로 영의정 부사(領議政府事)에 추증되었다. 묘소는 광주(廣州) 탄곡(炭谷)에 있다.

직학 부군(直學府君)[84]은 세종 9년(1427)에 급제하였는데, 청아한 명성이 한 시대에 높아서 사람들은 공의 칭찬 한 마디 얻는 것을 천금에 비유했다. 증손인 효온(孝溫)이 그의 유사(遺事)를 기록하며 말하기를,

80 수릉(壽陵) : 임금이 살아 있는 동안에 미리 마련해 두는 임금의 무덤을 이른다.

81 의랑 부군(議郎府君) : 남경문(南景文).

82 휘(暉) : 남휘(南暉, ?~1454). 태종의 넷째딸 정선공주(貞善公主)와 결혼하여 의산군(宜山君)에 봉해지고 1418년(세종 즉위년)에 동지총제(同知摠制), 이듬해 판한성부사가 되었다.

83 충간공(忠簡公) : 남지(南智). 자는 지숙(智叔), 시호는 충간(忠簡), 영의정 재(在)의 손자이다. 대사헌·경상도 관찰사·호조 판서 등을 지냈다.

84 직학 부군(直學府君) : 남간(南簡). 개국공신 남재의 손자이자, 경문(景文)의 아들이다. 벼슬이 예문관 직제학에 이르렀다.

"증조부이신 직학공께서는 모친을 섬기면서 웃는 낯빛으로 하였고, 임금을 섬기면서 곧음을 지켰다."

"사람들의 다급함을 구제해주고, 남들의 어려움을 늘 근심해주었다."

"일찍이 충의위(忠義衛)로 숙직하고 있는데, 저녁에 먹을 음식이 없었다. 이에 알고 지내던 내옹리(內饔吏)가 식사를 차려서 들여보내자 공이 이를 물리치며 말씀하시기를, '아무리 목이 말라도 도천(盜泉)의 물은 마시지 않는다.'[85]라고 하였다."[86]

라고 하였으니, 공의 곧은 절개가 대략 이와 같았다. 묘소는 통진부(通津府) 동쪽에 있었으나 지금은 그 장소가 어디인지 알지 못한다.

감찰 부군(監察府君)[87]의 묘소는 광주(廣州) 신일리(新日里)에 있었는데, 그 장소를 잃어버렸다가 8대손 용익(龍翼)이 기보(畿輔)를 안찰할 때[88] 쟁송하는 자를 통해 그곳을 찾아내고는 나무와 돌로써 표시를 해놓았다. 그 후 79년이 지난 무진년(1748)에 11대손 유용이 아들 공보(公輔)를 그 왼쪽 기슭에 묻었다.

진사 부군(進士府君)[89]은 자가 자용(子容)이다. 사람됨이 효성스럽고 자애롭고 청렴하고 곧았으며, 선조를 모시는 일에 신중하였다. 성화

85 아무리……않는다 : 《시자(尸子)》에 "공자가 도천(盜泉)을 지나가다가 목이 말랐으나 그 물을 마시지 않았으니, 그 이름을 싫어해서였다."라는 기록이 보인다.

86 증조부이신……하였다 : 이상 인용한 내용들은 모두 남효온의 《추강집(秋江集)》 권7 〈냉화(冷話)〉에 보인다.

87 감찰 부군(監察府君) : 남준(南俊). 사헌부 감찰을 지냈다.

88 8대손……때 : 남유용의 증조부인 남용익(南龍翼)은 경기 감사를 지낸 적이 있다.

89 진사 부군(進士府君) : 남회(南恢). 부호군(副護軍)에 이르렀고, 호조 판서에 추증되었다.

(成化) 기유년(1489)에 진사가 되었다. 연산군 때 추강(秋江 남효온)의 숙부로서 진천(鎭川)으로 유배 갔다가 돌아가시니, 이에 현 남쪽에 있는 성지동(成志洞)에 장사 지냈다. 후에 아들 효의(孝義)[90]가 귀해지자 호조 판서에 추증되었다.

판윤 부군(判尹府君 남효의)은 자가 중유(仲柔)이다. 정덕(正德) 6년(1511)에 급제하였으나 연산군 때는 추강공의 종제라는 이유로 오랫동안 등용되지 못하다가 금령이 풀리자 옥당(玉堂)을 거쳐서 높은 벼슬에 올랐다. 도어사(都御史 대사헌(大司憲))로 있을 때 항장(抗章 항거하는 소장)을 올려 종친인 남곤(南袞)[91]의 간사함을 논하니, 사론(士論)이 그를 중히 여겼다. 나이 일흔에 삼재(三宰) 오겸(吳謙)[92], 판중추부사 원혼(元混),[93] 상서 노진(盧禛),[94] 성세장(成世章),[95] 정종영(鄭

90 효의(孝義) : 남효의(南孝義). 자는 중유(仲柔), 호는 지소재(志素齋). 중종 때 함경도 관찰사, 대사헌, 한성부 좌윤 등을 지내고 1544년 형조 판서가 되어 기로소에 들어갔다.

91 남곤(南袞) : 1471~1527. 자는 사화(士華), 호는 지정(止亭)·지족당(知足堂). 1519년 심정(沈貞) 등과 함께 기묘사화를 일으켜 조광조(趙光祖)·김정 등 신진 사림파를 숙청한 뒤, 좌의정을 거쳐 1523년 영의정이 되었다. 죽은 뒤 문경(文景)이라는 시호가 내려졌으나 이후 세력이 커진 사림파의 탄핵을 받아 1558년(명종 13) 관작과 함께 삭탈당했다. 선조 초년 다시 관작을 추삭당했다. 문장에 뛰어나고 글씨에도 능했으나, 사화를 일으킨 것이 문제가 되어 후대 사림의 지탄의 대상이 되었다.

92 오겸(吳謙) : 1496 ~1582. 삼재(三宰)는 좌참찬을 가리킨다. 본관은 나주. 자는 경부(敬夫), 호는 지족암(知足庵)·국재(菊齋). 그는 1564년 좌찬성에 올라 왕으로부터 궤장을 내려받고, 그 뒤 기로소에 들어갔다.

93 원혼(元混) : 1496~1588. 본관은 원주. 자는 태초(太初). 1573년(선조 6) 좌참찬, 1580년 판중추부사를 지내고 기로소에 들어갔다. 93세까지 살아서 땅의 신선이라고 불렸다.

宗榮),[96] 오상(吳祥)[97]과 함께 기영사(耆英社)에 들어갔다. 묘소는 양주(楊州) 동해곡(東海谷)에 있는데, 자손들이 대대로 묘로 쓰고 있다.

통례 부군(通禮府君)[98]은 자가 상원(祥元)이다. 가정(嘉靖) 19년(1540) 중종 35년에 생원으로 명경과에 급제하여 청요직을 두루 거쳤다. 65세에 돌아가셨다.

처사 부군(處士府君)[99]은 자가 시백(施伯)이다. 젊어서부터 고아한 행실이 있어 은거하며 출사하지 않았다. 사람들이 그에게 벼슬을 권했으나 응하지 않았다. 오로지 산수를 몹시 좋아하였고 낚시를 즐거움으로 삼았다. 가정 병진년(1556)에 작고하니, 춘추 서른넷이었다. 세상에서는 동교 처사(東郊處士)라고 부른다. 문충공(文忠公) 이정귀(李廷龜)가 묘표를 지었다.[100]

94 노진(盧禛) : 본관은 교하(交河). 아버지는 좌정승을 지낸 경양부원군(慶陽府院君) 노책(盧頙)이고, 어머니는 평양공(平陽公) 왕현(王昡)의 딸 경녕옹주(慶寧翁主)이다. 공양왕의 장인이 된다.

95 성세장(成世章) : 1506~1583. 본관은 창녕, 자는 경회(景晦)·중회(仲晦), 호는 사암(思菴). 예조판서, 호조판서, 우참찬 등을 역임하였고, 청백리(淸白吏)에 녹선되었다.

96 정종영(鄭宗榮) : 1513~1589. 본관은 초계(草溪). 자는 인길(仁吉), 호는 항재(恒齋). 경상도관찰사, 한성부판윤, 우찬성 등을 역임하였다.

97 오상(吳祥) : 1512~1573. 본관은 해주. 자는 상지(祥之), 호는 부훤당(負暄堂). 도승지, 이조판서, 병조판서 등을 역임하였다.

98 통례 부군(通禮府君) : 남경춘(南慶春). 통례원 좌통례를 지냈다.

99 처사 부군(處士府君) : 남맹하(南孟夏). 성해응(成海應)의 《연경재전집(研經齋全集)》 권53 〈일민전(逸民傳)〉에 그의 전기가 수록되어 있다.

100 문충공(文忠公)……지었다 : 이 묘갈은 《월사집》47권에 〈남처사 묘갈(南處士墓碣)〉이라는 제목으로 실려 있다.

무주 부군(茂朱府君)[101]은 자가 선초(善初)이다. 재물을 가볍게 여기고 베풀기를 좋아했다. 사람들과 더불어 노닌 곳은 대부분이 당시의 명승지였다. 석주(石洲) 권필(權韠)[102]은 남의 위급함을 위해 나서는 그의 높은 의리를 매번 칭송하였다. 임진왜란 당시 형군문 낭청(刑軍門郎廳)에 뽑혀 어가를 따라 의주(義州)로 갔다. 네 개 고을의 지방관을 역임하였으며, 향년 63세로 작고하였다. 막내아들 선(銑)[103]이 귀해지자 의정부 찬성에 추증되었다. 문충공 이정귀가 묘갈을 지었다.[104]

도사 부군(都事府君)[105]은 자가 진지(鎭之)이다. 스물일곱에 외조부 경림공(慶林公)[106]의 음보로 창릉(昌陵) 참봉이 되었다. 만력(萬曆) 병오년(1606)에 진사가 되어 세 고을의 지방관을 역임했다. 천성이 술을 좋아하여 쉰여덟의 나이로 돌아가셨다. 손자인 문헌공(文憲公) 용익(龍翼)이 묘표를 지었다.[107]

101 무주 부군(茂朱府君) : 남복시(南復始). 무주 현감을 지냈다.

102 권필(權韠) : 1569~1612. 본관은 안동. 자는 여장(汝章), 호는 석주(石洲). 벼슬하지 않은 채 야인으로 일생을 마치면서, 강화에서 많은 유생을 가르쳤다.

103 선(銑) : 남선(南銑, 1582~1654). 자는 택지(澤之)이고, 호는 회곡(晦谷)·대몽(大夢)이며, 시호는 정민(貞敏)이다. 형조, 예조, 이조의 판서 등을 역임하였다.

104 문충공……지었다 : 이 묘갈은 《월사집》47권에 〈병조참판에 추증된 남공 묘갈명 병서〔贈兵曹參判南公墓碣銘 幷序〕〉라는 제목으로 실려 있다.

105 도사 부군(都事府君) : 남진(南鎭, 1574~1631). 자는 진지, 호는 성곡(星谷). 의빈부 도사를 지냈다.

106 경림공(慶林公) : 김명원(金命元, 1534~1602)으로, 본관은 경주, 자는 응순(應順), 호는 주은(酒隱)이다. 선조 22년(1589)에 정여립(鄭汝立) 모반사건을 수습한 공으로 평난 공신(平難功臣) 3등이 되어 경림군(慶林君)에 봉해졌다.

107 손자인……지었다 : 이 묘표는 《호곡집》 권17에 〈예조 판서 남공 묘지명(禮曹判

인천 부군(仁川府君)[108]은 자가 익오(益吾)이다. 본성이 순수하고 정성스러우며 거짓이 없었다. 포의 시절 말 한 필을 끌고서 산길을 가던 중 산적이 사람을 찌르는 것을 보았는데, 거리가 멀리 떨어져 있지 않았다. 공이 말에서 내려 살펴보니, 찔린 자는 본디 알던 사람이었다. 이에 시체를 어루만지며 대성통곡하고는 옷을 벗어 시체를 싸매 놓고 마을로 달려가 이 사실을 고하였다. 그런 다음 시체를 실어와 고소장을 써서 현에 고발한 연후에 떠나갔으니 공이 의를 좋아함이 이와 같았다. 공의 외조부이신 부정(副正) 신공(申公 신여관(申汝灌))은 근력이 좋아서, 이웃에 불이 났을 때 화염을 무릅쓰고 들어가 시체를 팔 옆에 끼고 나왔다. 이에 과부와 어린 자식들이 직접 공을 찾아와 노비가 되겠다고 청하였으나, 공은 모두 마다하며 돌려보내고는 평생토록 이 일을 사람들에게 말하지 않았다. 공의 기상과 의로움에는 대개 그 유래가 있는 것이런가. 다섯 현의 현령을 역임하고, 군(郡) 한번, 부(府) 한번을 다스렸는데, 이르는 곳마다 청렴하고 삼간다는 명성이 자자하여 공이 떠날 때마다 백성들이 그리워하였다. 인천 부사로 나갔다가 나이가 차자 버리고 돌아왔는데, 선정신(先正臣) 문정공(文正公) 송준길(宋浚吉)이 이러한 정황에 대해 아뢰자 주상께서는 기력이 아직 정정하며 관리와 백성이 믿고 사랑한다고 하시면서 특별히 임지로 돌아갈 것을 명령하였다.[109] 75세에 작고하였다. 후에 아들 용익(龍翼)이

書南公墓誌銘)〉이라는 제목으로 실려 있다.

108 인천 부군(仁川府君) : 남득붕(南得朋). 연천 현감, 인천 부사를 지냈다.

109 선정신(先正臣)……명령하였다 : 김수항(金壽恒)의 《문곡집(文谷集)》 권18 〈좌참찬에 추증된 남공 묘지명〔贈左參贊南公墓碣銘〕〉에 "현고(顯考)께서 온양(溫陽)에

귀해지자 의정부 찬성에 추증되었다. 문충공 김수항(金壽恒)이 묘지명을 지었다.

총재 부군(冢宰府君 남용익)은 자가 운경(雲卿)이며, 숭정(崇禎) 원년 무진년(1628)에 태어나 21세에 급제하였다. 인조・효종・현종・숙종 네 조정에서 벼슬하였으며, 문장과 청고한 덕으로 공경들 사이에서 크게 드러났다. 옥당에 들어간 이래 호당(湖堂 독서당)에서 사가독서(賜暇讀書)하였고, 중시(重試)에서 장원이 되어 홍문관과 예문관의 제학(提學)이 되었다가 얼마 후 대제학이 되고, 보국(輔國)의 지위에까지 올랐다. 숙종 15년(1689) 인현왕후(仁顯王后)가 폐위되고 뭇 간신배가 권력을 잡게 되었을 때 공은 함경도 명천(明川)으로 귀양 갔다가 얼마 후 돌아가시니, 향년 65세였다. 2년 후 숙종이 뭇 소인배들을 물리치고 인현왕후를 복위하였는데, 맨 먼저 공의 관작을 복위하였고 예관(禮官)을 보내 치제(致祭)[110]하였다. 금상 원년(1725)에 문헌(文憲)이라는 시호를 하사하였는데, 이 일은 도암(陶庵) 이재(李縡) 선생께서 지으신 신도비에 잘 갖추어져 있다.[111]

행차하셨을 때 여러 기덕(耆德)들을 모셔다가 순리와 양리가 누구냐고 물었는데, 동춘(同春) 송공 준길께서 특별히 공을 들어 대답했다."라는 기록이 보인다. 그 다음에 "공이 나이가 찼다면서 힘껏 물러날 것을 주장하자 관찰사가 이 일을 주상에게 아뢰었다. 주상이 교지를 내리기를, '늙었어도 아직 건장하며, 관리와 백성들이 믿고 사랑하고 있으니 체직하지 말로 속히 돌아가라.'라고 하였다. 이에 공은 억지로 어지를 받들었으나 이듬해 사직하고 돌아왔다."라고 하였다.

110 치제(致祭) : 임금이 공신이나 학자가 죽었을 때 제물과 제문을 보내 제사 지내는 일을 이른다.

111 이……있다 : 《도암집(陶菴集)》 권27 〈판서 호곡 남공 신도비(判書壺谷南公神道碑)〉를 가리킨다.

관찰 부군(觀察府君)[112]은 자가 백진(伯珍)이다. 숙종 7년(1681)에 진사에 뽑히고 얼마 후 문과에 합격했다. 청요직을 역임했으며, 경연(經筵)에 있던 시간이 제일 길어서 숙종이 매우 기중하였다. 영남 관찰사로 관직을 마쳤는데, 그때 나이 52세였다. 군자들은 공이 쓰임을 끝까지 하지 못한 점을 안타까워했다. 아들 한기(漢紀)의 작질이 이품(二品)인 덕에 이조 참판에 추증되었다.

선부군(先府君)[113]은 자가 국보(國寶)이다. 본성이 효성스럽고 우애로워서 9년의 거상(居喪) 기간 동안 친척과 향당들이 모두 이구동성으로 상을 훌륭히 치른다면서 칭찬했다. 사람됨이 맑고 강직하기 비할 데 없어, 벼슬살이 중에 하나라도 마음에 맞지 않는 것이 있으면 이내 떠나버렸다. 주부(州府)를 네 번 다스리는 동안 추호의 사사로움도 도모하지 않았다. 해진 옷에 좁쌀죽을 먹으면서 마치 가난한 선비처럼 담박하게 지냈으며, 오직 옆에 도서를 끼고 흡족해하시면서 늙어가는 것조차 잊었다. 공은 도덕적인 행실이 매우 고아하셨으나 남이 알아주기를 바라지 않았고, 사람 중에도 이를 아는 자가 드물어서 오직 지재(趾齋) 민 충문공(閔忠文公 민진후(閔鎭厚)), 간암(艮庵) 이 문간공(李文簡公 이희조(李喜朝)), 도산(陶山) 이 문간공(李文簡公 이의현(李宜顯)), 도암 이 선생만이 공을 기중하였다. 그 나머지 사람들도 대개 공이 청수하여 귀히 여길 만하다는 것을 알고는 있었으나 그 덕을 밖으로

112 관찰 부군(觀察府君) : 남정중(南正重, 1653~1704). 동부승지·광주 부윤·충청도 관찰사 등에 제수되었다.

113 선부군(先府君) : 남한기(南漢紀, 1675~1748). 자는 국보(國寶), 호는 기옹(寄翁). 나이 70이 넘자 아들 남유용이 시종(侍從)인 덕에 추은으로 기로사에 들어갔으며, 첨지중추부사·동지중추부사·장례원판결사 겸 오위도총부부총관에 이르렀다.

드러낼 줄을 몰랐다. 후에 기질(耆秩)[114]로 장례원 판결사가 되었으며, 가선대부에 올랐다. 74세로 작고하셨다.

수찬 부군(修撰府君)에 추증된 선형(先兄)은 자가 길재(吉哉)[115]이다. 청아하고 맑고 효성스럽고 공경스러워서 당시 사람들은 유림의 으뜸이라 추켜세웠다. 금상 3년(1727)에 급제하여 기사관(記事官)으로서 《숙종실록》을 편수하다가 당시 권세가의 뜻을 거슬러 영암에 유배되었다. 얼마 후 바로 풀려나 돌아왔지만 이듬해 세상을 떠나니, 향년 33세였다. 이 일은 문간공 이의현이 지은 묘갈에 실려 있다.

114 기질(耆秩) : 나이 70에서 80 이하를 '기질'이라고 한다.

115 길재(吉哉) : 남유상(南有常, 1696~1728). 자세한 사항은 13쪽 주1 참조.

송씨 《충효록》[116] 서

宋氏忠孝錄序

나는 역사를 읽다가 한(漢)나라 장군 부동(傅彤) 부자(父子)의 일[117]에 이르면 그 사람됨을 장엄히 여기고 그 당시 세상을 슬퍼하면서 거의 눈물을 떨굴 뻔하였다. 한나라 이후 몇천 년이 지나 국조(國朝)에 이르러 다시 송(宋) 장군 부자의 일을 얻게 되었으니, 오호라! 어쩌면 세대가 그처럼 멀리 떨어져 있는데도 그 일이 이렇게 서로 비슷하단 말인가!

훈정공(訓正公)[118]이 사망한 것은 왜구가 재차 침범하여 어가가 파천

116 《충효록》: 김원행(金元行)의 《미호집(渼湖集)》 권13 〈증 참의 송공 대립과 증 승지 심 두 대(代)의 《충효록》 뒤에 쓰다〔題贈參議宋公 大立 贈承旨 諶 兩世忠孝錄後〕〉에 "내가 남의 집 금석첩(金石帖)에서 한천(寒泉)이 찬술한 송 참의(宋參議) 부자의 비문을 보니, 양대(兩代)의 전공(戰功)과 순절(殉節)을 서술한 대목이 그림처럼 눈에 선해 그들의 행동을 장하게 생각하였다. 뒤에 그의 4대손 정악(廷岳) 군거(君擧)가 미음(渼陰) 강가로 나를 찾아와 이른바 《충효록》이란 것을 소매에서 꺼내 보여주었는데, 한천의 이 작품은 실은 그 첫머리를 장식한 것이었고, 그 밖에 당대 여러 선배 명류(名流)들의 글이 그 안에 많이 있었다."라는 내용이 보인다.

117 부동(傅彤)……일 : 부동은 삼국시대 촉의 명장이었다. 유비(劉備)가 오(吳)를 공격할 때 부동은 별독(別督)으로 있었는데, 후에 육손(陸遜)에 의해 패배하자 목숨을 걸고 싸우다가 전사하였다. 죽기 전에 그는 "오나라 개들에게 한나라 장군이 항복하는 법이 어디 있느냐?"고 외쳤다. 부동의 아들 부첨(傅僉)은 관중도독(關中都督)으로 있었는데, 위(魏)가 촉한을 공격하자 양안관(陽安關)을 지키다 전사하였다.

118 훈정공(訓正公) : 송대립(宋大立, 1550~1597). 본관은 여산. 자는 신백. 임진왜란 중인 1594년(선조 27) 무과에 급제한 후 지도 만호로 있던 동생 송희립(宋希立)과

하던 때를 당해서이니, 부동이 오(吳)나라에 의해 죽임을 당한 것과 같다. 홍원공(洪原公)[119]이 죽은 것은 북쪽 오랑캐가 내지를 어지럽혀 남한산성에서 맹약을 받아들이던 날을 당해서이니, 부첨(傅僉)이 위(魏)나라에 의해 죽임을 당한 것과 같다. 이때 나라는 치욕을 입고 임금은 욕을 당했다. 백제성(白帝城)과 검각(劍閣)에서 참혹한 일을 당하였으나[120] 병권을 쥐고 조정의 계책을 장악하던 자들 중에는 대개 황권(黃權)[121]이나 초주(譙周)[122]와 같은 무리가 많았고, 목숨을 바쳐

함께 의병을 이끌고 통제사 이순신의 휘하에서 활약하다가 적탄에 맞아 전사했다. 난이 끝난 뒤 병조참의에 추증되었으며, 선무원종 공신 1등에 추록되었다. 흥양 세충사에 제향되었고, 그의 고향에 충신의 정문이 세워졌다.

119 홍원공(洪原公) : 송심(宋諶, 1590~1637). 송대립의 아들로 자는 사윤(士允)이다. 병자호란 때 강화가 성립되자, 중영(中營)의 군사를 거느리고 온갖 만행을 자행하며 본국으로 철수하는 청군 소속의 몽고병을 추격, 안변 남산역(安邊南山驛)에 이르러 전후영장(前後營將)과 함께 적을 공격, 부족한 병력으로 고군분투하다가 전사하였다. 좌승지에 추증되고, 전라남도 홍양의 세충사(世忠祠)에 제향되었다.

120 백제성(白帝城)과 ……당했으나 : 유비는 오(吳)를 토벌하기 위해 직접 원정에 나섰다가 패해 백제성으로 퇴각하였다. 수치스럽고 분한 나머지 병까지 얻은 유비는 결국 그곳에서 숨을 거두었다. 한편, 위나라 경원(景元) 4년(263) 등애(鄧艾)가 촉을 공격하자 강유(姜維)가 검각(劍閣)에서 굳게 수비하였는데, 등애가 음평(陰平)에서부터 인적이 없는 험난한 골짜기를 지나며 길을 뚫어 부주(涪州)로 나가서 촉의 군사를 격파함으로써 촉의 후주(後主)를 항복시켰다.

121 황권(黃權) : 유비가 오를 정벌하려 할 때, 황권이 자신이 먼저 가서 적의 허실을 살필 터이니 유비는 후방에 남아 지킬 것을 간하였으나 유비가 이를 듣지 않고 황권을 진북장군(鎭北將軍)으로 삼아 직접 출병하였다. 오나라에 대패하자 퇴로가 막힌 황권은 어쩔 수 없이 위(魏)에 항복하였다. 《三國志 蜀書 黃權傳》

122 초주(譙周) : 촉나라의 장군이다. 후에 등애가 성도(成都)를 공격하자 후주 유선(劉禪)에게 투항할 것을 적극 권유하여 위나라로부터 양성정후(陽城亭侯)의 작위를

절개를 지킨 자들은 군왕이 어떻게 생겼는지조차 모르는 사람 중에서 나왔으니, 어찌 슬프지 않겠는가. 오호라! 두 공이 비록 때를 만나지 못해 죽었으나 그 한 번의 죽음 덕분에 강상(綱常)에 무거움을 더하고, 고(高)[123]·조(趙)[124]·홍(洪)[125]·윤(尹)[126]과 나란히 백 대(代) 동안 빛날 수 있었으니, 어쩌면 그리도 장한가.

그러나 나는 또 깊은 감회가 든다. 훈정공은 일개 막부의 소장(小將)일 뿐인데, 홀몸으로 수천 기(騎)의 왜적에게 맞서 싸웠으니, 비록 종일토록 고생하며 전쟁을 치르다 모래밭에 시체가 되어 가로눕는다 한들 그 누가 알아주겠는가? 공이 의기를 더욱 떨쳐가며 싸움에 더욱 전력하였지만, 날아오는 포환이 옆구리를 관통해 그 용감함을 펼칠 도리가 없게 되자 말에서 내려 북면(北面)하고 절함으로써 죽어서도 임금을 잊지 않겠다는 뜻을 내보였다. 진실로 충의가 본성에 뿌리를

하사받았다.

123 고(高) : 고경명(高敬命, 1533~1592). 본관은 장흥. 자는 이순(而順), 호는 제봉(霽峰)·태헌(苔軒)이다. 임진왜란 때 6,000여 명의 의병을 이끌고 금산에서 왜적과 싸우다 전사했다.

124 조(趙) : 조헌(趙憲, 1544~1592). 임진왜란이 일어나자 의병을 모아 청주성을 수복한 바 있고, 왜적이 충청도와 전라도를 빼앗으려 한다는 소식을 듣고 금산으로 향해 700여 명만을 이끌고 왜병과 전투를 벌였으나, 인원과 무기의 열세로 모두 전사했다.

125 홍(洪) : 홍익한(洪翼漢, 1586~1637). 본관은 남양, 자는 백승(伯升), 호는 화포(花浦)·운옹(雲翁). 병자호란 때 주전파(主戰派) 삼학사의 한 사람으로 청나라로 끌려가서도 끝내 뜻을 굽히지 않다가 처형당했다.

126 윤(尹) : 윤집(尹集, 1606~1637). 본관은 남원. 자는 성백(成伯), 호는 임계(林溪)·고산. 병자호란 때 화의를 반대한 3학사의 한 사람으로, 홍익한, 오달제(吳達濟)와 함께 청나라에 끌려갔다가 처형당했다.

내리고, 싫어하는 바가 참으로 사는 것보다 더 간절하기 때문[127]이 아니었다면 어찌 이런 일을 해낼 수 있겠는가?

홍원공이 밤낮으로 절치부심하던 것은 왜구이지 오랑캐가 아니었다. 그러나 변방의 일을 맡게 되어 갑자기 대적(大敵)을 상대하게 되자, 떨치고 일어나 직접 칼끝에 맞서면서 한 발자국도 물러서지 않았다. 죽음에 임해서 말하기를,

"적을 포기하고 구차히 사는 것은 내 아버님의 뜻이 아니다. 내 나이 마흔여덟, 마침 아버님께서 왜구의 손에 돌아가시던 나이이니, 하늘이 명한 것 아니겠는가."

라고 하였는데, 지금까지도 사람들은 그 말을 읊조리며 그 마음을 구하고 있다. 왜구는 본디 공의 원수였고 공의 부친 입장에서 볼 때 오랑캐나 왜구나 마찬가지였으니, 자기 자리에서 목숨을 바침으로써 선인의 뜻을 이루었던 것이다. 만약 의(義)를 보는 것이 정밀하고 뜻한 바가 큰 사람이 아니었다면, 어떻게 이 정도에 이를 수 있겠는가? 그러므로 두 공은 무인 중의 군자가 되기에 부끄러움이 없다.

두 공이 돌아가신 후 나라의 정포(旌褒 정려하고 포상함)의 은전은 융성하고도 빠짐이 없었다. 지금 그의 후손 송정악(宋廷岳)[128]이 부르튼 발을 싸매고 천 리 길을 달려와서 명공 학사를 두루 찾아다니며 묘지·

127 싫어하는……때문 : 맹자가 의리의 중요성을 강조하면서 "삶은 나도 원하는 바이지만 원하는 바가 삶보다 더한 것이 있으므로 구차히 얻으려 하지 않고, 죽음은 나도 싫어하는 바이지만 싫어하는 바가 죽음보다 더한 것이 있으므로 환난을 구태여 피하지 않는다."라고 하였는데(《孟子 告子上》) 이를 염두에 두고 한 말인 듯하다.

128 송정악(宋廷岳) : 1697~1775. 송대립의 현손이다. 자는 군거(君擧), 호는 만회당(晩晦堂)이다.

묘갈・전기(傳記) 등의 글을 얻어 조상의 유사(遺事)를 널리 드러내어 책으로 엮은 다음 그 이름을 《충효록》이라 하였다. 장차 이 책을 간행하여 후세에 남기고자 하면서 내게 서문을 구하였는데, 편지를 두세 번이나 보내오니 그 청이 더욱 정성스러웠다.

오호라. 두 공의 명성과 의열(毅烈)은 여러 공들이 지은 글에 다 갖추어 드러나 있으니, 어찌 또 나의 말이 있어야지만 무거워지겠는가? 다만 세상에서 절의를 중히 여기지 않은 지 오래인 것을 생각해볼 때, 두 공과 같은 어짊이라도 오랜 후까지 민멸되지 않는다고 어찌 보장할 수 있겠는가? 무릇 두 공을 흠모하는 자라면 모두 마땅히 대서특필하면서 몇 번을 쓰고도 싫증 내지 않아야 할 것이기에 마침내 이와 같이 글을 쓴다.

서 시랑 명구[129] 오도 교서 병풍에 쓴 서 병자년(1756)
徐侍郞 命九 五道敎書屛序 丙子

고(故) 도어사(都御史) 서공(徐公)은 통달한 재능과 영민한 식견으로 성조(聖朝)에 인정받아, 조정에 있을 때는 청현직(淸顯職)을 두루 역임하였고, 사이 사이 외직으로 나가 고을을 다스릴 때는 나라의 근심을 나누었다. 공이 관찰사로 나간 곳은 모두 네 곳인데, 그중 호남은 두 번 나갔다. 송도 유무(松都留務)로 나갔을 때 전후로 세운 많고도 뚜렷한 훈공은 사람들의 이목에 환히 남아 있다. 장차 이런 것을 미루어 나아간다면 요직에 나아가서 크게 정사(政事)를 펼칠 수 있을 터이었거늘, 공께서 갑작스럽게 세상을 떠나고 마셨으니, 아아! 애석하도다.

번부(藩府)로 임명되어 받은 교서(敎書)는 무릇 다섯인데, 모두 당시 조서(詔書)를 장관하던 신하들이 왕의 말씀을 대신해 지은 것으로 체제와 문사의 전아함은 후세에 증명될 수 있을 것이다. 이것을 보면 공이 왕명을 받들어 펼치고 편히 다스린 정적(政績)과 조정에서 공을 믿고 의지하며 기대하고 바라던 무거움을 가히 미루어 알 수 있다.

공이 돌아가시고 나자 윤자(胤子 사자(嗣子))인 수찬군(修撰君)[130]이

129 서 시랑 : 서명구(徐命九, 1692~1754). 본관은 달성. 자는 우경(虞卿), 호는 약허(若虛). 한성부 우윤·공조 참판 등을 역임하였다. 1752년 전라도 관찰사가 되어 과중한 조세부담을 삭감하게 하고 관하 지방관들의 부정을 엄격히 처벌하는 등 치적을 올렸다.

130 수찬군(修撰君) : 서효수(徐孝修, 1716~1753). 자는 여원(汝源). 서명구에게

공보다 1년 앞서 죽었기에 공의 후사라고는 오직 손자 하나만 남게 되었다. 이에 손자가 교서를 가져다 차례대로 정리한 후, 이어 붙여서 짧은 병풍으로 만들었다. 또 치제문(致祭文)[131] 한 편을 그 뒤에 붙이고는 내게 한 마디 말을 기록해 달라고 부탁하였다.

오호라! 나는 공과 친구이며, 공의 사위는 나의 아우이다.[132] 나는 공의 단정한 자태와 고아한 지조, 온화하고 친근한 모습을 좋아한 데다가 더구나 인아(姻婭)[133]의 호의와 감정의 친밀함까지 있어 친척이나 다름없었다. 갑술년(1754) 봄, 공이 호남영(湖南營)에 있을 때 새로 발간한 《주자전서(朱子全書)》를 내게 주며 말씀하시기를,

"나는 늙어서 더는 책을 읽을 수 없네. 공이 이 책을 읽고서 얻은 바가 있거든 그 나머지 것을 미루어 내게 알려주게."

라고 하였다. 내가 답장을 보내 말하기를,

"공께서는 어찌하여 저더러 젊다고 하십니까?"

라고 하며 짐짓 더불어 농담을 주고받았다. 그러나 공이 지치지 않고 배우기를 좋아한 것과 남이 선을 행하도록 도와주기를 즐기신 것[134]은

양자로 들어갔다. 1753년 홍문관 수찬을 역임하였기에 수찬군이라고 부른 것이다.

131 치제문(致祭文) : 고위 관원이 죽으면 왕이 신하를 보내 제사를 지내게 하였는데, 이때 쓰는 제문을 치제문이라고 한다.

132 공의……아우이다 : 남유용의 아우인 남유정(南有定)의 초취(初娶)가 서명구의 딸이다.

133 인아(姻婭) : 사위 집 쪽의 사돈 및 남자 쪽의 동서지간을 두루 이르는 말이다.

134 남이……것 : 《맹자》 〈공손추 상〉에 "남에게서 취하여 선을 함은, 이는 남이 선을 하도록 도와주는 것이다. 그러므로 군자의 선은 남이 선을 하도록 도와주는 것보다 더 훌륭한 것이 없다."라고 하였다.

비록 편지로 익살을 주고받는 사이일지라도 그 한 단서를 볼 수 있었다. 정절(旌節)을 들고 부임하는 곳마다 문교(文教)가 울창히 일어나 지금까지도 인사(人士)들이 흠모하며 읊조리고 있는 것도 대개 또한 그 근본한 바가 있기 때문이리라.

나는 기왕에 서군이 능히 조상의 가업을 이은 것을 가상히 여기고 있던 차에, 옛날을 돌이켜 생각함에 생사에 대한 감회를 이길 길이 없어, 이 글을 적어 손자에게 주어 보낸다.

의령 남씨 족보 서문 무인년(1758)[135]

宜寧南氏族譜序 戊寅

의령 남씨의 족보는 남씨 일족의 계보(系譜)이다. 남씨에게는 세 개의 본적이 있으니, 영양(英陽)이 맏형이요, 의령(宜寧)이 둘째요, 고성(固城)이 막내이다. 족보에서 의령만 일컬은 것은 어째서인가? 그 자손이 가장 크게 드러났으며, 또 어진 이가 많기 때문이다.

성주(成周 주나라)의 제도에서는 대대로 덕(德)이 있고 공(功)이 있는 집안에 천자가 성씨를 내려 표창함으로써 여러 친족들을 연결하게 하였다. 성(姓)이란 조종이 처음 생겨난 것이니, 영의공(英毅公)이 남(南)이라는 성을 받은 것[136]이 그것이다. 씨(氏)란 자손이 나뉜 것이니, 밀직공(密直公)이 의령에 본적을 나눈 것[137]이 그것이다. 영의공에서부터 밀직공에 이르기까지의 500년 동안은 문헌을 통해 확인하기에 부족하지만, 밀직공 이하로 지금에 이르는 500년 동안은 도첩(圖牒)이 모두 남아 있어 환히 고증할 수 있다. 본손(本孫)과 지손(支孫)이 이처럼 번영하고 이름난 사람이 대대로 이어져서, 혹자는 덕행과 공훈으로 혹자는 문장과 절개로, 기상(旂常)[138]과 간책(簡冊 사서(史書))에 대대

135 무인년 : 영조 34년으로, 남유용이 61세 되던 해이다.

136 영의공(英毅公)이……것 : 이 내용은 앞에 실린 〈보도 서(譜圖序)〉에 자세히 보인다.

137 밀직공(密直公)……것 : 이 내용은 앞에 실린 〈보도 서〉에 자세히 보인다.

138 기상(旂常) : 기(旂)와 상(常)은 모두 주나라 때 천자가 사용한 깃발인데, '기'는 교룡(交龍)을 그렸고 '상'은 해와 달을 그린 것으로, 훌륭한 공을 세운 신하의 이름을

로 명성과 업적이 전해지고 있다. 옛 책에서 이른바 "종법(宗法)과 치법(治法)은 서로 씨실과 날실이 되어 버려지지 않는다."[139]라고 한 말을 믿지 않을 수 있겠는가?

족보는 옛날에 두 가지 본(本)이 있었는데, 수집한 것이 넓지 않고 기재한 것이 매우 소략했다. 이에 여러 종파에서 서로 상의하여 수보(修補)한 족보를 보고는 여러 집안의 유적(遺籍)을 널리 고찰하고 먼 후예의 일승(逸乘)[140]까지 두루 수소문하였다. 그런 다음 거짓된 것을 없애고 믿을 만한 것을 남겨 두었으며, 가까운 데서부터 소원한 데까지 모두 섭렵하였다. 영양과 고성의 계보도 자못 덧붙여 드러내었다.

대개 이 책의 지향점은 정확하고 포괄적으로 엮어 백 대(代) 위 먼 선대까지도 고찰하여 확인할 수 있도록 하는 데 있으며, 명철(明哲)의 행실을 서술하는 것에 특히나 상세함을 기했다. 외가 쪽 선조나 외가 쪽 자손들 중에서도 이름난 사람이 있으면 반드시 삼가 기록하였다. 이러한 의례(義例)는 바로 방씨(方氏)가 "군자는 있되 녹위(祿位)가 없다면, 그 일족은 비록 쇠하였어도 성대한 것이나 마찬가지이다. 녹위가 빛나고 영화롭지만 군자로 이름난 자가 없다면, 일족이 비록 성대해도 쇠한 것이나 마찬가지이다."[141]라고 한 말을 배운 것이다. 나는 일찍

여기에 기록하여 그 공을 기렸다고 한다.

139 종법(宗法)과……않는다 : "종법(宗法)은 치법(治法)과 서로 좌우가 된다."라는 말이 왕세정(王世貞)의 《엄주사부고(弇州四部稿)》 권66의 〈진씨족보 서(陳氏族譜序)〉에 보인다. 이 말을 응용한 듯하다.

140 일승(逸乘) : 빠져 있던 일들을 모아 엮은 가승(家乘).

141 군자는……마찬가지이다 : 명나라 방효유(方孝孺)의 〈범씨 족보서(范氏族譜序)〉에서 인용하였다.

이 몰래 이 말을 세 번 반복하면서 깊이 느낀 바가 있었다.

무릇 우리 남씨가 거족(巨族)으로 추앙받는 이유가 어찌 다만 현달한 관리가 많아서이겠는가? 이름난 사람이 많기 때문이다. 우리 조종(祖宗)이 어찌 서로 힘쓰지 않았겠는가? 집안에서는 효도하고 근신하며, 나라에서는 충성과 신의를 다함으로써 부모님께 욕됨이 없기를 구하였고, 평소의 말과 평소의 행실[142]도 선대의 교훈을 더럽힐까 늘 두려워하였다.

성(姓)이 사람을 귀하게 만든다고 말하지 말고, 반드시 사람으로 인해 성이 귀해진다는 것을 생각하라. 그리하면 조상을 높이고 종족을 공경하는 실질이 이것 바깥에 있지 않을 것이다. 이 족보를 보는 사람 또한 장차 덕을 좋아하는 마음을 일으켜서, 몸을 경계하여 그 자손이 잘되게 할 것과 이름을 세워 그 조상을 드날릴 방도를 생각한다면, 이 족보의 쓰임은 비로소 세상으로 미루어 나갈 수 있게 되어 한 집안에서만 사사로이 여기는 데에 그치지 않을 것이니, 어찌 아름답지 않겠는가. 그렇지 못하다면 임강(臨江) 사람이 유첩(遺牒)을 끌어안고서 남들 앞에 잘난 체하는 것과 다름없을 터, 비록 그 서열과 분파가 상세하고, 일족을 거두어들인 것이 부지런해도 족보가 없는 것이나 마찬가지일 것이니, 두려워하지 않을 수 있겠는가.

족보가 완성되어 종중에서 내게 서문을 지으라고 하기에, 주제 넘는 것도 헤아리지 않고서 삼가 권 머리에 이상과 같이 적는다. 익산(益山) 현감 태보씨(泰普氏)[143]가 처음부터 끝까지 이 일을 경영하면서, 해이

142 평소의……행실 : 《주역》 〈건괘(乾卦) 문언전(文言傳)〉에 "평소의 말도 미덥게 하고 평소의 행실도 삼가며 사특함을 막고 성실함을 보존해야 한다."라고 하였다.

해짐 없이 오로지 정성을 다하여 실로 우리 종족의 돈후한 풍속에 도움을 준 것과 같은 내용도 여기에 아울러 기록한다.

143 태보씨(泰普氏) : 남태보(南泰普, 1694~1773). 자는 숙도(淑燾), 호는 서산(西山). 울산 부사·익산 현감 등을 역임하면서 선정을 베풀었다.

《명서정강》[144] 서
明書正綱序

논자들은 명나라에 사서(史書)가 없다고들 말하는데, 사서가 없는 것이 아니라 믿을 만한 사서가 없는 것이다. 명나라가 세워진 이후로 거의 300년이 되어가도록 사관(史官)의 법이 세워지지 못하였고, 세간에 돌아다니는 편년사(編年史)나 기사본말(紀事本末)과 같은 것들은 대개 조야(朝野)에서 보고 들은 것을 채집한 다음 한데 섞어 만든 것이라 사가(史家)의 법도와 요체라는 근본을 자못 잃었기에 식자들이 병폐로 여겼다. 그밖에 하찮은 사승(史乘)이나 자질구레한 기록들의 경우 순정한 것이 적고 박잡한 것이 많으며, 혹 형세상 북쪽 조정[145]에 구애된 것은 기세가 부족하고, 혹 동림당(東林黨)의 일[146]에 의로움

144 《명서정강》: 남유용이 1772년에 지은 사서이다. 실록 소주(小註)에 보면 "주상이 원고를 찾아 들이라 하고 시신들에게 〈태조기(太祖紀)〉를 읽으라 했는데, '대리시경(大理寺卿) 이사로(李仕魯)를 죽였다〔殺〕'는 대목에 이르러 주상이 말하기를, 남 아무개 역시 황조의 신하이건만 어찌 '죽인다〔殺〕'는 글자를 직서할 수 있단 말인가? 하였다. 또 〈홍광기(弘光紀)〉를 읽으라 했는데, '황제가 남도(南都)에 있었다.'라는 대목에 이르러 주상이 놀라 말하기를, '서법이 이와 같다면 필시 나라에 큰일을 저지르고 말 것이다.' 하고는 마침내 원고를 없앨 것을 명하였다. 또 이사로의 일로 인해 공을 서용에서 배제하는 벌에 처하였다."라고 적혀 있다.

145 북쪽 조정 : 청나라를 말한다.

146 동림당(東林黨)의 일 : 동림당은 명나라 말에 고헌성(顧憲成)이 조직한 정치 단체이다. 그가 무석(無錫)에 동림서원(東林書院)을 세워 개인의 학술과 사상을 토론하자 청렴한 정치를 주장하는 사람들이 이 서원으로 몰려들었다. 1620~23년 사이 많은

이 격발된 것은 언사가 넘치므로 모두 천하의 공(公)을 다하기에 부족하다.

근세에 이씨(李氏)가 지은 《강목》[147]은 또 스스로 자양(紫陽 주희(朱熹))의 의례를 따르고 있다 하였으나, 기록한 해가 숭정(崇禎)에 그칠 뿐 홍광(弘光) 이하로는 편 외에 부록 형식으로 나타내면서 참월(僭越)한 나라 취급을 하였으니,[148] 비록 기재한 내용이 상세하고 마음 씀이 근실하다 하여도, 큰 강령이 바르지 않은데 어찌 족히 사서라 여길 만하겠는가?

내가 이 책을 저술한 이유는 단지 그 강령을 바로잡고자 하였을 뿐이다. 여러 절목에 분주(分注)[149]한 것은 모두 제가(諸家)의 법을 따랐다. 번다한 것을 제거하고 간략한 데로 나아갔으며, 거짓된 것을 없애고 믿을 만한 것을 남겨 두었는데, 이렇게 하여 개인적으로 고증하고 열람

동림 학자들이 조정의 관리로 나섰으나 이들의 도덕적 비판은 많은 정적을 만들었다. 1624년 동림당의 지도자인 양련(楊漣)이 막강한 세력을 쥐고 있던 환관 위충현(魏忠賢)을 공격하자 위충현은 반동림 세력을 집결시켰다. 그 뒤 2년 동안 동림당을 지지하는 사람들 수백 명이 관직에서 쫓겨났고, 지도급 인사들은 고문당하거나 투옥되고 처형당했다.

147 《강목》: 조선의 이현석(李玄錫, 1647~1703)이 명 태조 고황제부터 남명(南明) 영력제(永曆帝)까지 역사를 강목법(綱目法)으로 저술한 역사서이다. 본문은 24권이고, 보유(補遺)와 부록(附錄)을 합하여 30책이다.

148 기록한……하였으니 : 숭정은 명나라 마지막 임금인 의종(毅宗)의 연호이다. 1644년 즉 숭정 17년에 명나라가 망하였다. 홍광(弘光, 1644~1645)은 명나라 멸망 후 남쪽 지방에 세워진 정권인 남명(南明)의 제1대 황제 주유숭(朱由崧, 1607~1646)이 사용한 2년간 사용했던 연호이다.

149 분주(分注) : 본문 아래에 작은 글자를 두 줄로 써서 단 주를 이른다.

하는 데 편의를 더했을 따름이지 후세에 전해지는 데 뜻이 있었던 것은 아니다. 이 책을 보는 사람들도 너무 탓하지 말아주기를 바란다.

배신(陪臣) 태사(太史) 남유용이 삼가 쓰다.

《동계집》[150] 서
東溪集序

《동계집(東溪集)》 4편(編)에 실린 시문(詩文) 몇 편은 연안(延安) 이공(李公) 몽여(夢與)의 작품이다. 공의 두 아들 광원(廣源)과 술원(述源)은 내가 이 책을 차례대로 엮을 때 참여했다는 이유로 나를 찾아와 서문을 지어달라 부탁하였다. 아아! 나는 본디 시(詩)에 대해 이야기하기에 부족하지만, 공이 지은 시의 경우 내가 말하지 않는다면 세상 사람들은 결코 말할 수 없을 것이다.

옛날의 작가들은 글에 뜻을 두지 않아서, 마음에서 우러나오는 것을 거짓 없이 곧장 써 내려갔을 뿐이며, 여항의 아녀자와 아이가 노래하고 읊조린 것들도 모두 왕공에게 올려 음악을 연주하며 부를 수 있었다. 그러나 점차 쇠락해져 후세에 이르러서는 글솜씨만 빼어나고 감정은 비로소 숨어버리기 시작했으며, 평생토록 그 사람의 글을 읊어도 그 사람이 어떤 사람인지 알지 못하게 되었다. 그래서 사람들이 말하는 "화락하여 즐거워할 만하다."라는 것을 식자들은 아픈 사람〔病者〕의 웃음이라고 여겼고, 사람들이 말하는 "처량하여 슬퍼할 만하다."라는 것을 식자들은 배우(俳優)의 눈물에 비유하였다. 이는 모두 억지로 지어낸 것일 뿐이어서 그 속마음이라고 믿기에 부족하다.

공은 젊어서부터 시로써 소리 내 울었다.[151] 걸출한 자태로 상상(上

150 《동계집》: 이영보(李英輔, 1687～1747)의 시와 산문을 엮어 1759년에 간행한 시문집이다. 이영보는 자가 몽여(夢與)이고 호가 동계거사이다.

庠 성균관)에서 으뜸이 되어 명성이 한 시대를 기울게 할 정도였으나, 공은 담담한 채 아무것도 가진 것이 없는 듯 행동했다. 날마다 아우인 상경(尙絅)[152]과 문 걸어 잠그고 책을 읽다가 종종 책상에 기대어 나지막이 읊조리면서 서로 바라보며 웃곤 하였는데, 마치 가슴속에 큰 자득함이 있는 듯 보였다. 하지만 집안을 보면 담과 지붕이 내려앉아 거의 사람을 짓누를 듯하였으며 끼니를 거르는 일도 있었기에, 비록 집안사람이라 하여도 공이 즐기는 것이 무슨 일인지 알지 못하였다.

공은 시를 그다지 자주 짓지 않았고, 지을 때도 또한 그다지 공력을 들이지 않았지만 생각이 미친 바가 있으면 붓을 휘둘러 곧장 완성하면서, 수십 편에 이르고도 그치지 않았다. 묵직한 기운과 담박한 생각이 은은하게 필묵 사이에 드러나 거작(巨作)을 이루고 조용히 끝났으나, 한 마디도 억지로 모습을 짓거나 소리 내고 냄새를 피우는 등의 누됨이 없었다. 무릇 훌륭한 옥은 옥돌 속에 있는 법, 새기고 쪼기를 기다리지 않아도 그 날카로운 빛이 절로 사람 마음을 움직이지만 이를 알아보는 자가 드물 뿐이다.

애초에 나의 형님이신 태화(太華 남유상(南有常))와 진암(晉庵) 이의숙(李宜叔 이천보(李天輔))[153]은 당시 문장에 뛰어난 선비에 대해 논하기

151 공은……울었다 : 이 구절은 한유(韓愈)의 〈맹동야를 보내는 글〔送孟東野序〕〉에 나오는 "불평즉명(不平則鳴)"을 인용한 것이다. 한유는 하늘은 소리 내 잘 우는 것을 선택하여 그것을 빌려서 소리 내게 한다고 하면서, 고요와 우(禹)·공자·장자·굴원 등은 모두 자신들이 잘하는 것을 가지고 소리 내 울었는데, 이 글을 받는 대상인 맹동야, 즉 맹교(孟郊)는 "비로소 시로써 소리 내 울었다.〔始以其詩鳴〕"고 하였다.

152 상경(尙絅) : 이문보(李文輔). 이영보의 아우이자 이천보(李天輔)의 족제(族弟)이다.

를 좋아했는데, 이야기가 공에 이를 때면 감히 가볍게 높이거나 낮추지 못하였다. 늘 칭찬하기를,

"몽여가 말이 어눌해 자신을 다 드러내지는 못하지만, 그 시를 읽어 보면 한 편 한 편이 다 몽여이다."

라고 하였는데, 이는 제대로 알고 한 말이라고 할 수 있겠다.

공은 기왕에 때를 만나지 못해 녹봉을 좇아 벼슬하여[154] 세 고을을 다스렸는데, 정사를 살피는 것도 시 짓듯이 하였으니, 속리(俗吏)가 미칠 수 있는 바가 아니었다. 대개 그 도(道)가 높아질수록 궁함은 더욱 심해졌지만 공은 이 모두를 운명으로 돌리면서 늙을 때까지 자족하며 살았으니, 마음속에 자신을 이길 수 있는 것이 없는 자라면 능히 이런 경지에 다가갈 수 있었겠는가? 이 문집을 본 사람이 이러한 시가 나오게 된 근본을 구하여 알게 된다면, 눈앞을 스쳐 지나가는 바람과 꽃과 눈과 달[155] 같은 것은 모두 족히 말할 것이 못 될 것이다.

공은 평소에 문장은 즐겨 짓지 않았으나, 그의 문장은 고법(古法)에 구애되지 않고 마음 가는 대로 지어 완성했는데도 너울너울 탁 트이고

153 진암(晉菴) 이의숙(李宜叔) : 이천보(李天輔, 1698~1761). 본관은 연안, 호는 진암, 자는 의숙이다. 좌의정·영의정을 역임하였다. 남유용과는 서로 문장으로 교유하며 각별한 사이로 지냈다.

154 녹봉을……벼슬하여 : 원문의 '녹사(祿仕)'는 녹봉을 위한 벼슬이라는 뜻으로, 겸사로 속한다.

155 눈앞을……달 : 원문의 '風花雪月'은 사계절의 경색(景色)을 뜻한다. 송나라 소옹(邵雍)의 〈이천격양집서(伊川擊壤集序)〉에 "비록 사생과 영욕이 눈앞에 전개되어 싸움을 벌인다 할지라도, 마음이 그 속에 개입되지 않는다면, 사시에 따라 바람과 꽃과 눈과 달이 우리의 눈앞을 한 번 스쳐 지나가는 것과 무엇이 다르겠는가."라는 글이 있다.

통달한 지취(旨趣)가 넘쳤다. 내가 공에게 저술에 조금 더 힘써 볼 것을 권하였더니 공이 웃으며 말씀하기를,

"나는 말 많은 사람은 싫소."

라고 하였다. 나는 그 말씀이 장자(長者)다운 것이 기뻤는지라 마음에 새기고 잊지 않고 있다가 아울러 적어서 서문에 적는다.

《진암집》 서 임오년(1762)

晉庵集序 壬午

옛날 내가 젊었을 때 형님이신 태화(太華 남유상)를 따라 문사(文詞)를 익혔는데, 함께 노닐던 이들 중에 이름이 알려진 선비들이 많았으니, 고(故) 승상 진암(晉菴) 이공(李公) 의숙(宜叔)[156]이나 태학사(太學士) 월곡(月谷) 오공(吳公) 백옥伯玉)[157]과 같은 이들은 모두 걸출한 인물이었다. 이공은 특히 통달하고 시원스러웠는데, 기이한 절의를 좋아하고 담소에 능해서 그가 천하 고금의 일을 말할 때면 자리에 있는 사람들이 모두 경도되었다. 우리 몇 명이 어울려 놀 때도 이공이 없으면 즐겁지 않았다.

태화가 작고한 뒤[158] 우리 몇 사람도 답답하게 뜻을 얻지 못하고서 더욱 산수와 문장과 술 사이에 몸을 맡긴 채 노닐었는데, 이공의 행적은 특히나 기이하였다. 하루는 처자식을 수레에 태우고 가릉(嘉陵)[159]의 산중으로 들어갔다가 한 해를 넘기고 돌아왔는데, 그 문장이 더욱

156 의숙(宜叔) : 이천보. 85쪽 주153 참조.

157 월곡(月谷))……백옥(伯玉) : 오원(吳瑗, 1700~1740)을 가리킨다. 본관은 해주이며 월곡은 호, 백옥은 자이다. 김창협(金昌協)의 외손자이며, 이재(李縡)의 처조카로 그의 문하에서 수학하였다. 부제학・승지・공조 참판 등을 역임하고 사후 좌찬성에 추증되었다.

158 태화가……뒤 : 남유상(南有常)은 1728년(영조4)에 세상을 떠났다.

159 가릉(嘉陵) : 경기도 가평(加平)의 옛 이름으로, 이천보의 생가와 집안의 선영이 있는 곳이기도 하다.

풍부해지고 그 언론이 대범하고 활달한 것이 마치 보검이 샘에 묻혀있어서 그 빛나는 기운이 북두성과 견우성 사이에서 환히 빛나는 것과 같았다.[160] 얼마 있다가 우수한 성적으로 과거에 급제하고, 성명하신 주상의 지우를 입어 10여 년 만에 공경재상의 지위를 얻었다.

이때 월곡이 작고하고 나서 문집이 세상에 나왔으나,[161] 우리 두 사람 또한 모두 노쇠하고 지쳐있었던지라, 매번 젊고 혈기 넘치던 시절 아래위로 서로 각축하면서 큰소리로 노래하던 의기 왕성했던 때를 이야기하면서, 삶과 죽음에 대해 탄식하고 감개하며 눈물을 흘리기까지 하였다. 그런데 이제 공마저 또 구천의 객이 됨에 종씨(從氏)인 판서공(判書公)[162]이 진암이 남긴 글을 가지고 와서 나에게 서문(序文)을 지어달라고 부탁하였다. 아! 슬프다. 내가 어찌 차마 이 글을 쓰겠으며 또한 무슨 말로 글을 쓰겠는가?

160 보검이……같았다 : 《진서(晉書)》 권36 〈장화전(張華傳)〉에 나오는 고사이다. 장화가 예장(豫章) 사람 뇌환(雷煥)에게 북두성과 견우성 사이에 특이한 기운이 있는 것이 무엇을 의미하는지 묻자, 뇌환이 대답하기를 "그것은 보검(寶劍)의 밝은 빛이 하늘에까지 닿았기 때문이며, 현재 예장 풍성에 있다."라고 하였다. 이에 장화가 그를 풍성 영(豐城令)으로 보내 그 보검을 찾게 하였더니, 감옥으로 사용했던 집터에서 석함(石函)이 하나 나왔고, 그 석함 속에 용천(龍泉)과 태아(太阿)라는 쌍검(雙劍)이 있었다고 한다.

161 이때……나왔으나 : 오원의 문집인 《월곡집(月谷集)》은 1752년경에 간행된 것으로 보인다. 한국문집총간 《월곡집》 해제 참조.

162 종씨(從氏)인 판서공(判書公) : 이천보의 사촌 형인 이정보(李鼎輔, 1693~1766)를 가리킨다. 이정보는 조선 후기의 문신으로, 본관은 연안(延安)이며 자는 사수(士受), 호는 삼주(三洲) 또는 보객정(報客亭)이다. 일찍이 이조 판서를 역임했기에 판서공이라 부른 것이다.

나는 공과 같은 해에 태어나 같은 마을에 살았다. 처음 사귀기 시작했을 때는 아명(兒名)으로 부르고 자(字)로 부르지 않았다. 공은 젊어서 호방하고 거칠 것이 없는 성격이었으나 조금 자라자 뜻을 굽혀 고문사(古文詞)를 익혔다. 시에 있어서는 대개 천부적이었으니, 심령(心靈)이 독보적이고 신운(神韻)이 절로 펼쳐져, 서정(抒情)이건 서사(敍事)건 조탁을 빌리지 않고도 진부한 의경(意境)을 변화시켜 참신한 말로 만들었다. 맑고 시원해도 무미건조함에 빠지지 않았고, 준일(俊逸)해도 방종에 흐르지 않았다. 한 편이 완성되어 붓을 내려놓으면 솨솨 대숲에 바람 부는 듯한 소리가 났으니, 사람들은 그 한 구절만 얻어도 입으로 외면서 서로 전하였다. 근세에 시로 일가를 이룬 이가 많지만 성당(盛唐)의 풍모와 격조를 홀로 장악하여 한 시대에 명성을 전한 이로 공처럼 성대한 사람이 없었다.

책에 있어서는 일찍이 애써가며 탐구하지 않았으나 각각 그 취지를 터득하였고, 이것들을 꺼내 문장을 지으면 호탕하고 간결하였다. 때로는 혹 자신만의 풍격을 창조하여 맘껏 유희를 즐기기도 했으나 옛날 작가들의 척도를 잃지 않았다. 일찍이 논(論)을 지어 옛날에 있었던 일의 시시비비를 따졌는데, 무릇 수천 자에 달하는 글로 사람의 마음과 시대의 변화를 말함에 있어 사실을 분명하게 가린 것이 깊고도 지극하니, 소씨(蘇氏 소식(蘇軾))의 여러 논(論) 가운데 갖다 놓는다 하여도 식자들이 거의 분별할 수 없을 정도이다. 공은 이 방면의 기술에 있어서 가히 능사를 다하였다고 이를 만하다.

비록 그러하나 공과 같은 이를 어찌 일개 문인이라는 말로 다 포괄할 수 있겠는가. 공은 뛰어난 재주와 커다란 그릇으로 일찍부터 명성을 등에 졌기에, 한 가지 재주로 스스로 이름나기를 구하지 않았다. 대개 일찍이 이 세상에 뜻을 두고 대성(臺省)과 관각(館閣)에 있을 때 자못 청렴한 절조를 지키면서 옛 성현과 같이 되기를 스스로 기약하였다. 그러나 도리어 시의(時議)에 막히고 말아, 시책(施策)으로 드러냈던 것들이 끝내 그의 뜻처럼 되지 못하였다. 지위가 더욱 높아질수록 주상의 지우도 더욱 높아져, 비록 몸을 거두어 물러나고자 하였어도 또 그렇게 하지 못하였다.

집에서 생활할 때도 먹고 입는 것이며 기거(起居)하는 것이며, 포의 때와 바뀐 것이 없었다. 종종 먼 곳을 바라보며 깊은 생각에 잠겼다가 불평(不平)의 울음[163]을 누차 시편에 드러냈으니, 이것이 내가 공을 위하여 슬퍼하는 까닭이다. 아! 공(功)과 말〔言〕은 나란히 불후(不朽)에 올라 예로부터 어렵다고 여겨졌으니,[164] 이것이 어찌 운명이 아니겠는가.

공의 저술은 중간에 화재를 만나 일실(逸失)되었는데, 상자에 보존된 것 총 약간 편을 이제 산정(刪定)하여 8편으로 만들었으니, 시는 모두 504수(首)요, 산문은 모두 163수이다. 대저 문집을 편찬하는 것은 가히 그 사람을 볼 수 있고 가히 그 세상을 논할 수 있기 때문이다. 이와 같을 따름이니 많은 말을 할 필요가 있겠는가.

163 불평(不平)의 울음 : 당나라 문인 한유(韓愈)가 〈맹동야를 보내는 글〔送孟東野序〕〉에서 한 말로, "만물은 마음에 평정을 잃으면 소리를 낸다.〔不平則鳴〕"라고 하였다.

164 공(功)과……여겨졌으니 : 춘추시대 노(魯)나라의 대부 목숙(穆叔)이 말한 것으로, "가장 높은 것은 덕(德)을 세우는 것이요, 그 다음은 공(功)을 세우는 것이요, 그 다음은 말〔言〕을 남기는 것이다."라고 하였다. 《春秋左氏傳 襄公24年》

《한송자집》[165] 서 무자년(1768)

寒松子集序 戊子

무릇 문집이 세상에 전해지는 근본 이유는 문장에 있지만 그 사람의 덕행이 그 말을 무겁게 할 수 있은 연후라야 멀리 전해질 수 있다. 그래서 "덕이 있는 자는 반드시 말이 있다."[166]라고 한 것이니, 대개 말에 바탕이 없을 시 문장만 홀로 전해질 수 없음을 말한 것이다. 비록 그러하나 군자가 선을 행할 때는 남에게 소문나기를 구하지 않으니, "비단옷을 입고 겉에 홑옷을 걸친다."[167]라고 말한 것은 그 문양이 드러나는 것을 싫어해서이다. 군자는 문장에 뜻을 둔 적이 없지만, 세상에서 덕을 숭상하는 사람들은 차마 그 말을 폐하지 못하니, 이것이 한송자(寒松子)의 문집이 세상에 전해지게 된 까닭이다.

한송자는 오당(吾黨)에서 행실이 독실한 군자이다. 젊어서 한수(寒水)[168] 선생을 섬겼는데, 그의 학문은 내면의 수양에 전념하는 것이어

165 《한송자집》: 심사주(沈師周, 1691~1757)의 문집이다. 심사주는 본관이 청송. 자가 성욱(聖郁), 호가 한송재(寒松齋)이다. 음사로 벼슬에 나가 공조 좌랑·함흥 판관·배천 군수·전주 부사 등을 역임하였다.

166 덕이……있다: 《논어》 〈헌문(憲問)〉에 나오는 말이다.

167 비단옷을……걸친다: 《중용》 제33장에 "《시경》에 '비단옷을 입고 겉에 홑옷을 걸친다.'고 하였으니, 이는 문채가 밖으로 드러나는 것을 싫어해서이다."라는 말이 나온다.

168 한수(寒水): 권상하(權尙夏, 1641~1721). 자는 치도(致道), 호는 수암(遂菴) 또는 한수재(寒水齋)이다. 송시열과 송준길의 문인이다.

서 날마다 마치 부족하기라도 한 듯 부지런히 힘썼다. 효성은 신명과 통하는 경지에 이르렀고, 행실은 옛사람에게 질정하여도 부끄러움이 없을 정도였으나 오로지 비밀로 감춰두었기에, 사람들은 이를 형용할 길이 없었다. 그가 자못 공령문(功令文)에 힘쓰는 것을 보면 과거 공부를 하는가 의심하였고, 그가 잠깐 음로(蔭路 음직(蔭職))에 노니는 것을 보면 녹봉을 받기 위해 벼슬한다고 지목하였다. 그러나 몸은 굽혔으되 도는 굽히지 않은 것은 전혀 알지 못하였으니, 그 군자다운 면모를 더욱 볼 수 있도다.

공이 세상을 떠난 뒤에 향당의 여러 현자들이 공의 행의(行義)를 열거하여 조정에 아뢰어 정려(旌閭)를 하사받았다. 또 공이 한 일들을 기술하여 찬미하니, 그런 연후에 감추어졌던 덕과 어두웠던 빛이 마침내 세상에 크게 밝아졌다. 일전에 공의 조카인 심정진(沈定鎭)[169]이 공이 지은 시문 몇 편을 모아 편집한 다음 내게 서문을 부탁하며 말했다.

"문장은 숙부님의 여사(餘事)였을 뿐이지만, 이것을 제쳐놓으면 간직했던 바를 상고할 길이 없으니, 공께서 그 뜻을 펼쳐 보여주시기를 바랍니다."

이에 내가 받아서 읽어보니 그 시가 온화하고 곧은 것이 그 사람됨과 같았으며, 문장 역시 순정하고 질박한 것이 교묘한 구상이나 기이한 말 따위는 사용하지 않고 실리(實理)로 돌아가는 데만 힘썼기에 책을 다 읽고 난 뒤 무엇인가를 얻은 듯 충만함이 느껴졌다.

169 심정진(沈定鎭) : 1725~1786. 자는 일지(一志), 호는 제헌(霽軒). 호조 좌랑, 송화 현감 등을 역임했다.

내가 공과 어울린 것이 젊어서부터 늙을 때까지이나, 다만 뜻을 독실히 하고 힘써 행하는 것이 본받을 만하다는 것만 알았을 뿐 문장에 대해서는 묻지 않았고, 공 역시 한 마디도 문장에 대해 이야기하고자 하지 않았다. 아마도 그 뜻이 커서 하찮은 글짓기의 규약 따위는 대수로이 여기지 않았기에 말단에 힘쓰지 않았던 것이리라. 내가 묻지 않은 것이나 공이 말하지 않은 것이나, 요컨대 서로를 앎이 깊고 서로를 허여함이 무거웠기 때문이었을 뿐이다. 저승에서 다시 살아 돌아온다면, 공은 분명 나의 말을 듣고 빙그레 웃으실 것이다. 정진은 고결히 뜻을 지키면서 40년 동안이나 경전을 궁구했으며, 바깥에 흠모하는 바가 없었으니, 공을 제대로 배운 자라 이를 만하다. 나는 그의 부탁을 존중하는 뜻에서 이 글을 지어 그에게 준다.

《애라자집》[170] 서
愛懶子集序

문장은 하릴없이 전해지지 않으며, 반드시 그 사람이 어질어 그 말이 귀히 여겨질 만한 연후라야 멀리까지 전해진다. 그러나 그 사람은 어질되 좋은 운명을 타고나지 못해 재능과 뜻이 조금도 세상에 드러나지 않은 경우라면 오직 그 말만 남을 따름이다. 그렇기에 어진 사람과 군자들이 그런 사람을 위해 흩어지고 없어진 말들을 수습하여 답답하게 가라앉아버린 일생을 밝게 드러냄으로써 그 사람이 확인할 길 없는 처지에 민멸되지 않도록 해주는 것이다. 〈추풍(秋風)〉 삼첩(三疊)[171]이 아직도 사람들로 하여금 탄식하게 하는데, 애라자(愛懶子)는 또 어찌 그리도 슬픈가.

나는 약관의 나이일 때부터 때때로 홍공(洪公) 중경씨(仲經氏)에

170 《애라자집》: 애라자는 홍제유(洪濟猷, 1689~1721)의 호이다. 자는 중경(仲經). 장릉 참봉(章陵參奉)을 지냈다. 홍태유(洪泰猷)의 《내재집(耐齋集)》 초간본에 《애라자고(愛懶子稿)》가 함께 간행되었다.

171 〈추풍(秋風)〉 삼첩(三疊): 송나라 형거실(邢居實)이 지은 〈추풍 삼첩 진소유에게 부치다〔秋風三疊 寄秦少游〕〉를 가리킨다. 19세의 나이로 죽어 생전에 많은 작품을 남기지는 못했지만 이 시가 사람들에게 전해져 기려지고 있다. 《농암집》 권30 〈죽은 아들의 무덤에 고한 제문〔祭亡兒墓文〕〉에, "옛날 형거실도 19세의 나이로 죽었는데, 소자첨(蘇子瞻)이 그의 유고(遺稿)에 쓰기를, '이것만 가지고도 옛사람을 알 수 있다.' 하였다. 지금 그의 글을 다 볼 수는 없으나 〈추풍〉 삼첩을 주부자(朱夫子)가 〈초사(楚辭)〉 뒤에 붙여서 사람들이 지금까지 외고 있으니, 후세에 전해지는 것이 어찌 분량이 많은 것에 달려 있겠느냐."라고 하였다.

대해 들어왔는데, 배우는 데 힘쓰고 고문을 잘해 포의(布衣)들 사이에서 성망(聲望)이 무겁다고 하기에 그를 좇아 어울려보고 싶었지만, 공은 재상집 자제로서[172] 문관(門館)[173]이 바야흐로 혁혁한지라 하루도 알고 지낸 적이 없다. 얼마 후 나는 호좌(湖左 전라도)를 유람하게 되었는데, 호좌에는 신명서(申明瑞) 상사(上舍)[174]가 살고 있었다. 그는 예전부터 공과 친하게 지낸 사이로, 홍공이 이미 세상을 떠났다고 하면서 공의 일생을 자세히 말해주며 종종 소매로 눈물을 닦았다. 나도 따라 슬퍼져 하마터면 눈물을 떨굴 뻔하였다.

그 후 수십 년이 지나 공의 두 아들[175]과 어울리게 되면서 사우(師友)에게 준 편지 한두 편을 얻어 읽어보게 되었는데, 그 뜻이 고결하고 행실이 단정하며 재능이 높고 학문이 넓어 늠름히 옛날에 나아가기를 그치지 않았으니, 한 가지 기예로 이름난 자와는 다르다는 것을 더욱 잘 알 수 있었다. 아아! 선비는 뜻이 없는 것이 걱정일 따름이라지만 다행히 일단 있게 되었는데 하늘이 또 그 명을 빼앗다니, 어쩌면 그것을 얻기는 그리도 어려우며 그것을 잃기는 그리도 갑작스럽단 말인가.

다시 십여 년 뒤에 공의 문집을 장차 간행하게 되었는데, 맏아들인

172 공은……자제로서 : 홍제유의 아버지인 홍치중(洪致中, 1667~1732)이 영의정을 지냈기에 이렇게 표현한 것이다.

173 문관(門館) : 권세가 있고 지위가 높은 이들이 빈객이나 문객을 초대하던 관사(館舍)를 말한다. 더 나아가 가문을 뜻한다.

174 신명서(申明瑞) 상사(上舍) : 신석봉(申錫鳳). 형조 좌랑을 지냈다. 상사는 성균관 유생으로서 진사시에 합격한 사람을 말한다.

175 두 아들 : 홍익빈(洪益彬, 1709~1767)과 홍익필(洪翼弼, 1721~?)을 가리킨다. 홍익빈은 자가 군질(君質)이다. 홍익필은 홍제유의 유복자로 자가 자직(子直)이다.

첨정군(僉正君 홍익빈)이 이미 세상을 뜬 뒤라 그 아우인 목사군(牧使君 홍익필)이 나의 집을 찾아와 간청하며 말하기를,

"나의 형님께서 그대가 써주기를 바랐으니, 서문을 써주십시오."

라고 하였다. 나는 이에 한사코 마다할 수 없어서 마침내 느낀 바를 이와 같이 적었다. 문집은 무릇 2편(編)으로, 오랜 벗 송사행(宋士行)[176]이 산정(刪定)하였으며, 나도 일찍이 참여한 바 있다.

아아! 이 문집에 실린 글이 어찌 꼭 분량이 많아야 하겠는가? 대개 공은 글을 배우기 시작하면서부터 스스로 떨치고 일어나 말하기를,

"고문(古文)이란 공언(空言)이 아니다. 그 말을 외웠거든 마땅히 그 도를 행해야 한다."

라고 하고는 자신이 좋아하던 일들을 모조리 내버리고 성현의 훈전(訓典) 공부에 몰두했다. 행동에는 법칙이 있고 하는 말도 의젓하였기에,[177] 당시 선비들은 감히 바라보지도 못했다. 집에서 행실을 닦은 후 간혹 밖으로 나가 사우들과 어울려 문사(文辭)를 공부했는데, 날마다 쌓인 바가 있으면 가끔씩 꺼내 보일 뿐이었다. 그런 다음 질박하고 상됨이 없어서 자태나 빛깔이 누를 끼칠 수 없는 것들을 시로 드러내고, 깨끗하고 빼어나서 기교 따위가 펼쳐질 길 없는 것들을 의론에 드러냈는데 거침없이 쏟아져 나와 마치 막을 수 없을 듯하였다. 그러

176 송사행(宋士行) : 송문흠(宋文欽, 1710~1752)이다. 본관은 은진, 자는 사행(士行), 호는 한정당(閑靜堂). 송준길(宋浚吉)의 현손이다. 이재(李縡)의 문인으로 형 송명흠과 함께 수학했다.

177 하는……의젓하였기에 : 원문은 '言有章'이다. 《시경》 〈도인사(都人士)〉에 "저 왕도의 인사여, 여우 갖옷이 누렇도다. 그 용모가 변치 아니하며, 하는 말도 의젓하구나.〔彼都人士, 狐裘黃黃. 其容不改, 出言有章.〕" 하였다.

나 그치려고 하는 곳에 그치지 못한 것은 운명 아니었겠는가!

공의 문벌과 이름난 행실은 고(故) 재상 유 문익공(兪文翼公)[178]이 그의 묘표(墓表)[179]에 적었다. 애라는 공의 자호(自號)이다.

178 유 문익공(兪文翼公) : 유척기(兪拓基, 1691~1767)로, 자는 전보(展甫), 호는 지수재(知守齋), 본관은 기계(杞溪), 시호는 문익(文翼)이다.

179 그의 묘표(墓表) : 《지수재집》 권12에 실린 〈장릉 참봉 홍공 묘표(章陵參奉洪君墓表)〉를 가리킨다.

뇌연집

제13권

제발 題跋

기 記

제발題跋

〈추수도〉에 붙인 발문 신축년(1721, 경종1)[1]

秋水圖跋 辛丑

내가 옛 그림 한 폭을 가지고 있는데 누가 그렸는지는 알지 못한다. 그러나 나는 일찍이 강호에 살면서 이 그림의 절묘함을 알았다. 큰 물고기는 뛰놀고 작은 물고기는 헤엄치고, 가을 물이 막 줄자 물가에 돋은 순채가 있고, 갈대숲이 한창 우거지자 언덕을 따라 기어가는 게가 있다. 이것은 내가 강호에서 즐거워하면서도 사람들과 말을 나눌 수는 없었던 풍경이다. 매번 이 그림을 보고 있으면 유연히 기쁘다가 서글피 생각에 잠기다가, 양양하게 가을바람에 오회(吳會)의 흥[2]이 일다가, 또 천하에 나의 즐거움을 알고 있는 자가 있겠으나 내가 만나 볼 수 없음에 안타깝다. 한해가 저무는데 어떻게 하면 그대를 데리고

1 신축년(1721) : 남유용의 나이 24세 되던 해이다.

2 오회(吳會)의 흥 : 오회(吳會)는 중국 회계군(會稽郡)의 오현(吳縣)과 회현(會縣)의 병칭이다. 장한이 낙양(洛陽)에 들어가서 대사마 벼슬을 하다가, 가을바람이 불어와 고향인 오중(吳中)의 순챗국과 농어회가 생각나자 "인생은 자기 뜻에 맞게 사는 것이 중요한데, 어찌 몇 천몇천 리 밖에서 벼슬살이에 얽매여 좋은 관작을 바라겠는가."라고 말하고, 고향으로 돌아간 고사가 전한다. 《晉書 卷92 文苑列傳 張翰》

강에 배를 띄워 순채로 국을 끓이고 물고기로 회를 떠먹으며 소매 드리우고 물가의 갈대 사이에서 노닐 수 있을까. 우선 기록으로 남긴다.

오백옥 원 의 〈유종암시권〉[3] 뒤에 쓰다 갑진년(1724, 영조 즉위년)[4]

題吳伯玉 瑗 遊鐘巖詩卷後 甲辰

옛날 노닐 때의 일은 내 이미 잊었고, 지금 노닐 때는 내가 함께 하지 못하였다. 그런데 지금 내가 이 시권을 보니 연꽃 향과 물소리가 내 코에 물씬 맡아지고 내 귀에 졸졸 들린다. 푸른 홰나무 아래에 내 말이 매어있는 것을 보고 흰 돌이 깔린 물가에서 내 벗이 노래 부르는 것을 듣는다. 내 함께 노닐지는 못했으나 눈앞에서 함께 하고 있는 듯함이 이와 같으니 아마도 지난날의 유람이 어렴풋이 가슴 속에 있고 제공(諸公)들이 오늘 지은 작품들이 나의 천기(天機)를 격발시켜서가 아니겠는가. 대저 오늘의 유람을 함께 하지 못하고도 제공들의 즐거움을 말할 수 있는 것은 오직 나만이 가능한 일이기에 드디어 그 시권의 말미에 쓴다.

3 유종암시권(遊鐘巖詩卷) : 오원(吳瑗)의 별업인 종암에서 오원, 이천보, 황경원 등 벗들과 모여 놀면서 쓴 시를 묶은 책으로 추정된다.

4 갑진년(1724) : 남유용의 나이 27세 되던 해이다.

백씨의 〈어부도 소사〉 뒤에 쓰다 병오년(1726, 영조2)[5]

題伯氏漁父圖小詞後 丙午

〈어부도(漁父圖)〉는 소화(少華 남유용의 자호)가 그린 것이다. 태화자(太華子 남유용의 형 남유상)가 다음과 같이 찬(贊)을 지었다.

물은 넘실넘실 파도가 되고	水漫漫而波
구름은 자욱하여 비로 내리는데	雲漠漠而雨
나무는 쓸쓸히 차가워지고	木蕭蕭而寒
산은 아스라이 저무는구나	山蒼蒼而暮
한 어부가 있어	有一漁父
낚싯대를 흐르는 물에 던지고	投竿于其流
배를 나루에 비끼어 놓았네	橫舟于其渡
깊숙이 쓴 대삿갓은 정수리를 덮고	深篛覆頂
긴 도롱이는 정강이 아래로 내려왔는데	長蓑過股
깊이 사색에 잠긴 모습은 마치 졸고 있는 듯	淵然若睡
구부정한 모습은 마치 굽어보고 있는 듯	穹然若俯
물고기는 깊은 곳에서 헤엄을 치는데	魚泳于深
저 사람은 무엇을 그리워하는가	彼哉何慕

병오년(丙午年) 가을날 청풍정(淸風亭)에서 쓰다.

어부가 저녁에 서암(西巖) 아래 고목이 있는 물가에서 낚싯대를 드리우고 있었다. 태화자(太華子)가 문틈으로 보고 시를 지어 주니 어부가 성을 내며 배를 끌고 고개 숙이고 가다가 소화자(少華子 남유용)를 만났다. 소화자가 말하기를,

5 병오년(1726) : 남유용의 나이 29세 되던 해이다.

"그대는 어찌 그대의 모습을 숨기거나 그대의 빛을 감추지 않고 인간 세상에 자주 모습을 드러내시오? 태화자의 문장은 반드시 세상에 전해질 터이고, 세상 사람들은 장차 태화자의 말로 그대를 서암 아래 고목이 있는 물가로 와서 찾을 것인데 그대는 장차 어디로 도망하려 하오?"

라고 하였다. 어부는 대답을 하지 못하였다.

소화자가 어부의 노여움을 풀어주며 다음과 같이 말하였다.

"그대는 걱정하지 마시오. 그대가 지금 이후로는 크게 도망칠 수 있을 것이오. 태사자(太史慈)와 손책(孫策)이 싸울 적에 손책이 달아나자 태사자가 추격하여 따라잡을 뻔하였는데 손책이 투구를 갖다가 서산(西山)에 던져버리고는 동산(東山) 쪽으로 달아났소. 태사자는 손책이 서산으로 달아났으리라 여기고 추격하였으나 끝내 잡지 못했다오.[6] 영주(永州) 사람이 뱀을 쫓았는데 뱀이 구멍으로 들어가 버렸소. 영주 사람이 그 구멍을 무너트리고는 돌로 급히 쳤는데 뱀의 허물뿐이고 이미 뱀은 없었지요.[7]

그대는 일찍이 태화자를 알지 못하였고 태화자 역시 그대의 이름을

6 태사자와……못했다오 : 손책(孫策)은 후한(後漢) 말기 삼국의 정립 시기에 오(吳)나라를 창업한 군주이고 태사자(太史慈)는 오나라 창업에 큰 공을 세운 맹장이다. 태사자는 본디 유요(劉繇)의 막하에 있었으나 손책과 백중세로 싸우다가 뒤에 사로잡히자, 손책이 간곡히 회유하여 그의 장수가 되었다. 이 내용은 《삼국지》 등의 문헌에서 확인할 수가 없다. 따라서 남유용의 상상 속에서 나온 내용인 듯하다.

7 영주……없었지요 : 영주사(永州蛇)는 영주 땅에서 나는 뱀이라는 뜻으로, 유종원(柳宗元)의 〈포사자설(捕蛇者說)〉에 나온다. 이 역시 남유용의 상상 속에서 재구성된 내용인 듯하다.

알지 못하여 단지 어부라고만 하였소. 어부라고 부를 수 있는 이가 천하에 그대뿐이겠소? 태화자가 본 사람이 마침 그대였던 것이고, 사람들이 찾는 그대 역시 태화자가 본 어부일 뿐 그대라고 생각지는 않을 것이오. 그러나 그대가 과연 그대인 것은 영주 사람이 꼭 이 뱀을 미워하여 죽이려 한 것은 아니지만 죽이려 했던 뱀이 바로 그 뱀이었던 것과 같으니 그대가 어찌 벗어날 수 있겠소.

그대는 어찌 그대의 배를 팔아 소를 사지 않고 그대의 낚싯대를 휘어서 채찍을 만들지 않소? 그대가 강호를 떠나 들판과 풀숲에서 노닐면 사람들은 장차 그대를 목수라 여기지 어부로 여기지 않을 것이요. 그대는 또 어찌 낚싯대를 버리고 낫을 허리에 차지 않으며 어찌 그대의 노를 부수어 나뭇짐을 지는 지게로 삼지 않소? 남산(南山) 속을 노래하며 거닐면 그대를 만난 사람은 그대를 남산의 나무하는 노인으로 알지 서암(西巖)의 어부로 생각하지 않을 것이오.

이와 같다면 태화자가 본 것은 그대의 투구요, 사람들이 찾은 것은 그대의 뱀 허물일 터이니, 그대가 이런 방법을 통해 도망치는 것도 괜찮지 않겠소? 이것이 그대가 서암의 어부로 그대를 무(無)에 존재하게 하면서 끝내는 남산의 초로(樵老)로 그대를 유(有)에서 벗어나게 하는 방법이요, 이것이 그대의 이름을 밖으로는 허깨비로 있게 하면서 그대는 여전히 그대로이게 하는 방법이요. 이름이란 실질의 손님[8]이니 그대에게 무슨 소용이 있겠소. 그러므로 지인(至人)은 이름이 없다는

8 이름이란……손님 : 《장자》 〈소요유(逍遙遊)〉에 "이름이라는 것은 실질의 손님이니, 내가 장차 손님이 되라는 것인가?〔名者實之賓也, 吾將爲賓乎?〕"라는 말이 나온다. 이름이나 명예는 모두 본질이 아닌 허상이라는 의미이다.

것이니 그대는 어떻게 생각하오?"

어부가 웃으며 말하기를,

"그렇소. 부자(夫子)께서 나를 가르치셨구려."

라고 하면서 드디어 떠나 다시는 볼 수 없었다.

나는 어렸을 적에 그림을 좋아하는 것이 왕유(王猷)가 대나무를 좋아하는 것[9]과 같아, 어떤 집에 좋은 그림이 있다는 말을 들으면 반드시 가서 보여달라 청하였다. 이웃에 조군(趙君)이 살고 있었는데 창강(滄江)[10]의 손자였다. 창강은 그림을 잘 그려서 수집한 옛 그림도 꽤 많았다. 내가 한번은 안견(安堅)과 이정(李楨)[11]이 그린 인물화가 몹시 빼어난 것을 보고 날마다 가서 보여달라고 한 적이 있었는데, 주인은 간혹 싫어하기도 하였으나 나는 아무리 봐도 물리지 않았다.

사천(槎川) 이공(李公)[12]은 그림을 매우 좋아하여 하양 현감(河陽縣監) 정군(鄭君) 선(敾)[13]과 어울려 지냈다. 정군이 그림을 잘 그리는지라, 이공

9 왕유가……것 : 왕유는 진(晉)나라 왕휘지(王徽之)를 가리킨다. 그는 평소 대나무를 좋아한 나머지 남의 빈 집에 잠시 거처할 동안에도 사람들에게 대나무를 빨리 심도록 다그쳤는데, 그 이유를 묻자, "하루라도 어떻게 이 멋진 나의 님을 대하지 않을 수가 있겠는가?〔何可一日無此君?〕"라고 대답했다 한다.《晉書 卷80 王徽之列傳》

10 창강(滄江) : 조속(趙涑, 1595~1668)으로, 조선 중기의 대표적인 화조(花鳥) 화가이다. 끼니를 걸러야 할 정도로 가난하였으나 고금의 명화와 명필을 수집하고 완상하는 것을 유일한 낙으로 삼았고 '삼절(三絶)'로 일컬어졌다.

11 안견(安堅)과 이정(李楨) : 안견(?~?)은 조선 초기의 화가로 산수화(山水畫)의 깊은 경지를 체득하여 많은 명작을 남겼다. 이정(李楨, 1578~1607)은 조선 선조(宣祖) 때의 화가이다. 산수화와 인물화에 능했으나 30세에 요절했다.

12 사천(槎川) 이공(李公) : 이병연(李秉淵, 1671~1751)으로, 본관은 한산(韓山), 자는 일원(一源), 호는 사천·백악하(白嶽下)이다. 시에 뛰어나 영조 대 최고의 시인으로 일컬어졌다.

13 하양 현감(河陽縣監)……선(敾) : 정선(鄭敾, 1676~1759)은 산천을 소재로 한 진경산수화를 그려 한국 회화사 발전에 큰 업적을 남긴 화가이다. 46세 때 경상도 하양

은 옛 그림을 얻을 경우, 반드시 정군에게 물어 정군이 좋다고 대답한 뒤라야 소장하였는데, 그래서 이공은 그림은 알지 못하여도 좋은 그림을 가지고 있는 것이 최고로 많았다. 내가 본 것만 해도 장자(障子)[14] 50여 개에 두루마리 화첩도 몇 권이나 되었고, 화가의 잘된 작품이 여기에 모두 들어 있었으니 여기에서 그림을 좋아하는 마음이 더욱 깊어졌다.

그 후에 대제(大堤 충북 제천)에 머물게 되었는데 대제는 그림을 잘 그리는 사람이 많기로 알려져 있었다. 거기서 그들과 더불어 몇 달을 지내면서 그들이 그린 그림을 보았는데 산(山)·수(水)·석(石)·목(木)·인물(人物) 등이 갖추어지지 않음이 없었으나 끝내 기이한 그림은 보지 못하였다. 이윽고 그린 그림을 모두 취하여 사람들에게 주어버리고 집에는 하나도 남겨두지 않았다. 그리고는 탄식하여 말하기를,

"그림의 기예됨은 지극히 자잘한 것이고, 지금 세상에 또 능한 자도 없으니 그만두는 것이 낫겠다."라고 하였다.

그림에 대한 생각을 떨쳐버리고 떠난 지 며칠이 지났으나 생각은 여전히 없어지지 않았다. 그래서 문득 다시 말하기를,

"지금 사람은 모두 옛 사람만 못하고 지금 문장은 모두 옛 문장만 못하다. 그러나 옛 것만 못하다고 하여 사람과 문장을 폐하였다는 말은 듣지 못하였거늘 유독 그림만 그러해서 되겠는가?"

라고 하였다. 이에 문을 닫고 객을 사절하며 스스로 크고 작은 수묵화 수십 장을 그렸다. 이처럼 한 지 며칠이 되었으나 끝내 대제(大堤) 사람이 그린 것에는 미치지 못하였다.

그림을 잘 그리는 사람은 반드시 가는 붓을 쓴 연후라야 그 능력을 다 발휘하는 법인데 나는 꼭 큰 붓을 사용하고, 남들은 담묵(淡墨)으로 그리는데 나는 농묵(濃墨)으로 그린다. 그림을 잘 그리는 사람은 반드시 천천히 붓을 움직이면서 곱고 또 공교롭게 하려고 하는데, 나는 붓을 휘둘러 곧바로 그리되 오직 뜻이 가는 대로 하여 하루에 8, 9장을 그려내고도 날마다 힘이 남는다. 이는 모두 화가들이 크게 꺼리는 것인데 나는 모두 이를 범하고

(河陽)의 현감을 지낸 바 있다.

14 장자(障子) : 천에 글씨를 쓰거나 그림을 그려서 족자(簇子)같이 만든 물건을 말한다.

있으니 그림을 잘 못 그리는 것이 당연하다.

그림을 그리려 할 때는 태산(泰山)이 그 앞에 있고 대해(大海)가 그 뒤를 지나고 있고 초목(草木)·조수(鳥獸)·운연(雲烟)·풍월(風月)·사시(四時)·조모(朝暮)의 변화무상한 모습이 눈앞에 서로 뒤섞여 가슴 속에서 세차게 요동을 치지 않음이 없으나, 그림을 그리고 보면 옛날 마음속에서 생각했던 것들이 한두 가지도 비슷한 것이 없다. 대제 사람이 그림을 잘 그리지 못하는 것은 솜씨는 충분히 있지만 뜻이 부족해서이고, 내가 그림을 잘 그릴 수 없는 것은 뜻은 참으로 기이하지만 솜씨가 따라주지 않아서이다. 여기에서 고인이 그림을 잘 그리는 것은 마음과 솜씨가 잘 맞아서일 뿐이라는 것을 알 수 있다.

형님은 일찍이 내 〈어부도〉를 보시고 자주 칭찬하시면서 짧은 시 한 편을 지어 그 그림의 머리에 써서 돌려주셨다. 형님은 그림을 볼 줄 모르신다. 아무리 그 문사가 아름답기로서니 어떻게 내 그림의 값을 올릴 수 있겠는가? 비록 그러하나 내 그림을 보지 못하고 형님의 글을 읽는 자들은 내가 그림을 잘 그리는 줄 알 것이라 몹시 부끄러워할 일이다. 그래서 그 왼편에 쓴다. 글은 대부분 우스갯소리지만 또한 그 뜻을 은근히 드러낸 것이다.

간독을 엮은 작은 책자에 붙인 발문
簡牘小卷跋

내 이미 전배(前輩) 장자(長者)의 수간(手簡)을 모아 한두 축(軸)을 만들고 또 형제와 붕우끼리 주고받은 서신을 취하여 도합 두 권의 책으로 만들었다. 대찰(大札)이건 소찰(小札)이건 빠트리지 않았고, 정서(精書)는 추서(麤書)든 가리지 않았다. 시구로 창수한 것도 있고 속된 말과 농담도 붙여 놓았다. 어떤 이가 말하였다.

"그대의 일이 너무 과장된 것이 아니오?"

내가 웃으면서 다음과 같이 말하였다.

"사람은 항상 모여 있을 수 없고 반드시 때가 되면 헤어지는 법. 헤어지고 나서 서로 보지 못하면 그리워하게 되고, 그리움이 깊은데 볼 수 없게 되면 반드시 지척지서(咫尺之書 서신)를 빌어서 그 뜻을 통하는 것이오. 그 뜻이 통했다면 천 리 먼 거리에 있다 하더라도 한 방 안에 있는 것 같을 것이니 귀하지 않을 수 있겠소? 또 만일 이 편지를 쓴 사람들이 훗날 각각 덕업과 문장이 있어 그 손때까지도 다 사랑받을 만하고 자손 또한 불초(不肖)에 이르지 않는다면 대대로 이 편지들을 보배로 여기게 될 터이니, 이 책자에 비단을 두르고 찌를 옥으로 만들 수도 있을 것이오. 그러나 만약 그 사람이 족히 귀히 여겨지지 못하고 그 편지 또한 족히 보배로 여겨지지 못한다면 비록 벽을 바르고 항아리를 덮는다 해도[15] 아까울 것이 없을 것이오.

15 항아리를……해도 : 한나라 때 유흠(劉歆)이 양웅(揚雄)의 《태현경(太玄經)》을

이것은 모두 내가 능히 알 수 있는 것이 아니지요. 그러나 또한 족히 서로 권면할 수는 있는 것이라오."

이윽고 이 말을 권말에 쓴다.

보고서 쓸데없이 고생만 한다고 희롱하며 말하기를, "세상의 학자들이 《주역》도 제대로 모르는데 어떻게 또 《태현경》을 알겠는가. 후세 사람들이 간장 항아리 덮개로나 쓰지 않을지 두렵다."라고 말한 바 있다. 《漢書 揚雄傳贊》

백졸고[16] 후발 정미년(1727, 영조3)[17]

百拙稿後跋 丁未

재주는 두루 뛰어나기가 어렵고 두루 뛰어나면 정교하지 못한 법이니 정교하지 못한데 누가 두루 뛰어나다고 칭하겠는가? 이것이 예(藝)에 노니는 사람[18]들이 크게 두려워하는 바이다.

문원(文遠)은 사부(詞賦)로 과거 시험을 보았으나 누차 시험관의 눈에 들지 않았다. 그러자 이윽고 발분하여 시를 지으면서 은근히 옛 명가(名家)를 목표로 삼아, 그러한 경지에 이르지 않으면 그만두지 않을 태세였다.

나는 시를 잘 짓지 못한다. 형님은 시를 잘 지으셨고 또 시에 대해서 인정하는 일이 적었는데, 추켜세우고 기대하는 것이 이 사람에 대해서는 융숭하였다. 형님이 일찍이 그에게 소발문(小跋文)을 지어주었는데, 문원의 시는 이 글을 얻어 그 가치를 더하여 빠르게 천리 밖까지 명성이 알려졌다. 내 장차 벽옥을 가지고 와서 양마를 구하는 자들이 문원의 집에 모두 모이는 것을 보게 될 것이다.

16 백졸고(百拙稿) : 이덕홍(李德弘, 1697~1768)의 문집이다. 이덕홍은 본관은 완산(完山), 자는 문원(文遠), 호는 졸옹(拙翁), 백졸(百拙)이며, 남유용의 누이의 남편이니 남유용에게 매제가 된다.

17 정미년(1727) : 남유용의 나이 30세 되던 해이다.

18 예(藝)에……사람 : 공자가 학문하는 자세에 대해 논하면서 "도에 뜻을 두고, 덕을 굳게 지키며, 인에 의지하고, 예의 세계에서 노닐어야 한다.〔志於道, 據於德, 依於仁, 游於藝.〕"라고 하였다.《論語 述而》

비록 그러하나 일찍이 들으니 기창(紀昌)은 활쏘기를 배울 적에 이〔虱〕를 창문 사이에 달아놓고 아침저녁으로 보아 수레바퀴처럼 크게 보인 연후에 기술이 완성되었다고 한다.[19] 항적(項籍)은 병법을 배울 적에 글 배우는 것도 이루지 못하고 검 배우는 것 역시 이루지 못하자 떠나가서 만인을 상대하는 병법을 배웠는데[20] 매우 웅걸하기는 하였으나 끝내 공을 이룰 수는 없었다. 그러므로 일을 전일하게 하지 않으면 공을 이룰 수 없는 것이니, 기창의 활쏘기는 전일함으로 말미암아 공교롭게 된 것이다.

문원은 잘 유념하여 능한 쪽을 택하여 매진하고 정신을 오로지하여 다스리되, 명성을 얻었다 하여 그 뜻을 나태하게 하지 말고 곤액을 당한다 하여 다른 일로 옮기지도 말라. 그렇게 하면 내 장차 검정소의 등에 난 털이 백 보 밖에서 화살 한 발에 떨어지는 것을 보게 될 것이다. 어찌 힘쓰지 않을 수 있겠는가.

19 기창은……한다 : 고대의 활의 명수인 기창(紀昌)이 일찍이 비위(飛衛)에게서 활쏘기를 배울 적에, 이〔虱〕 한 마리를 실에다 꿰어 창문에다 걸어 놓고 매일 시선을 집중시킨 결과, 3년 뒤에는 이가 마치 수레바퀴처럼 크게 보여 활의 명인이 되었다고 하는 이야기가 《열자(列子)》 〈탕문(湯問)〉에 나온다.

20 항적은……배웠는데 : 항우(項羽)가 소싯적에 글을 배우고 검술을 배워도 제대로 이루지 못하자 숙부 항량(項梁)이 노여워하니, "글은 성명을 기록할 줄만 알면 충분하고, 검은 한 사람만을 상대하는 것이니 배울 가치가 없다. 나는 만인을 상대하는 법을 배우고 싶다."라고 말하고는 병법을 배웠다는 기록이 《사기(史記)》 권7 〈항우본기(項羽本紀)〉에 나온다.

태화가 이문원 덕홍 의 시축에 보내준 시에 쓰다
太華贈李文遠 德弘 詩軸題

가을 바람에 매미 우는 소리 도성에 가득한데 蟬噪秋風滿洛城
고향 동산 경물은 그대 오길 기다리네 故園雲物待君行
멀리서 알겠네 형제가 밥상 나란히 한 곳에 遙知兄弟連牀地
보리밥에 고기반찬 없어도 마음은 도리어 편안하리라는 것을 麥食無魚意更平

이상은 태화(太華) 형님이 전원으로 돌아가는 문원(文遠)을 전송하며 쓴 시이다. 어찌 그리도 말이 나를 슬프게 하는가? 전에 나와 태화 형님은 아침저녁으로 밥을 먹을 때면 반드시 상을 나란히 하였다. 맛난 음식 하나라도 있으면 아무리 작은 것이라도 반드시 서로 양보하였고 이와 같이 하지 않으면 먹어도 달지 않았다.

사람들에겐 모두 형제의 즐거움이 있으나 오직 가난해진 연후에야 그 즐거움이 드러난다. 부잣집 형제들은 조금 자라면 살림을 따로 하여, 옷이며 음식이며 각자의 집에서 마련하되 서로 이기려 하고 같지 못한 것을 부끄러워 하니 비록 보리밥과 나물국이 있더라도 진실로 즐겁지 않다.

문원은 집이 매우 가난하였으나 형제 5인이 한집에서 함께 살았다. 서로 화목하게 지내면서 따지는 것이 없었으니[21] 태화 형님이 이런 말

21 서로……없었으니 : 《시경》 〈사간(射干)〉에 "형이여 아우여, 서로 화목하게 지낼 것이요, 서로 따지지 말지어다.〔兄及弟矣, 式相好矣, 無相猶矣.〕"라는 말이 있다.

을 하신 것이 틀린 것이 아니로다.

기유년(己酉年, 1729년, 영조5) 4월 신묘일(辛卯日) 밤에 문원의 시 상자를 열람하여 이 시를 얻어 읽어보고는 서로 손을 잡고 한바탕 통곡을 한 다음, 그 시 밑에 글을 써서 돌려주었다. 아. 문원만은 나의 슬픔을 알 수 있을 것이로다.-문원이 최근 그 형님을 잃었다.-

심존중[22]의 《필담》 뒤에 쓰다 〈고당부〉[23] 한 절을 취해서 밝히다 ○ 경술년(1730, 영조6)[24]

書沈存中筆譚後 取辨高唐賦一節○庚戌

자고로 초양왕(楚襄王)이 꿈에 신녀(神女)를 만났다고 말하는데 《초사(楚辭)》로 고증을 해보면 그렇지 않은 것 같다. 〈고당부(高唐賦)〉의 서(序)에 "전에 선왕이 일찍이 고당(高唐)을 노닐 적에 꿈에서 한 부인을 만났는데 '첩은 무산(巫山)의 여인입니다……'"라고 하였으니 그렇다면 선왕이라고 말한 것은 회왕(懷王)이지 양왕(襄王)이 아니다.

또 〈신녀부(神女賦)〉[25]의 서(序)에 다음과 같은 말이 있다.

"초양왕(楚襄王)이 송옥(宋玉)과 운몽(雲夢)의 못가에서 노닐 때에 송옥으로 하여금 고당(高唐)의 고사를 부(賦)로 짓도록 하였다. 그 날 밤 왕이 꿈에 신녀를 만나니 왕이 기이하게 여겨 다음날 송옥에게 아뢰었다〔白〕. 송옥이 '그 꿈의 내용이 어떠합니까?'라고 물으니 왕이 대답〔對〕하기를 '날이 저문 이후〔晡夕之後〕……' 하였고, 송옥이

22 심존중(沈存中) : 존중은 송(宋)나라 학자 심괄(沈括)의 자(字)이다. 여기서 필담은 《몽계필담(夢溪筆談)》을 일컫는다. 〈보필담(補筆談)〉 권1에 무산신녀에 관한 논의가 들어 있다.

23 고당부(高唐賦) : 전국 시대 초(楚) 나라 송옥(宋玉)이 초왕(楚王)과 무산(巫山) 신녀(神女)의 환락을 묘사한 작품이다. 《文選 高唐賦》

24 경술년(1730) : 남유용의 나이 33세 되던 해이다.

25 신녀부(神女賦) : 역시 송옥의 작품이다. 여기서는 초양왕이 등장하고 주로 무산 신녀의 아름다운 자태를 상세하게 묘사하고 있다.

'모습이 어떠하였습니까?'라고 물으니 왕이 '풍만하고 아름다웠소.' 라고 하고 또 말하기를 '이처럼 화려하였소. 과인을 위하여 부를 지어 주오.'라고 하였다."

이른바 "풍만하고 아름다웠다"라는 것이 과연 왕의 말이라면 송옥이 칭송하는 것이 옳고, 또 "왕이 '이처럼 화려하였소' 라고 말했다"라고 하는 것은 온당치 않으며, 또 임금과 신하가 말을 하면서 "아뢴다"라고 칭하는 것이나 "대답하다"라고 칭하는 것도 온당치 않다. 또 그 부에 이르기를, "다른 사람들은 보지 못하고 왕만이 그 모습을 보니", "나의 휘장 쪽으로 오랫동안 바라봄이여! 물결이 너울거리는 것 같도다."라고 하였는데 만약 송옥이 왕을 위해 부를 지으면서 왕이 스스로 한 말인 것같이 하였다면 스스로 "다른 사람은 보지 못하고 왕만이 그 모습을 보았다"라고 말하는 것도 온당치 않다. 기왕에 왕이라고 칭하였으면 이는 송옥의 말이어야 하는데, 또 뒤 구절에서 왕이라 일컫지 않고 나[余]라고 일컬은 것은 누구란 말인가?

이것으로 고증해 보면 "그날 밤에 왕이 꿈에 신녀를 만났다"라는 것은 왕(王)자가 옥(玉)자가 되어야 하고, 다음날 "옥(玉)에게 아뢰었다"라는 것은 왕(王)에게 아뢰었다는 말이다. 이하 "옥(玉)이 말하기를"이라는 것은 왕(王)이 말한 것이고 "왕이 대답해 말하기를" 이라는 것은 송옥이 대답해 말한 것이며 "그 모습이 어떠했는가?"라고 한 것은 왕이 물은 것이고 "풍만하고 아름다웠습니다"라고 한 것은 송옥이 대답한 것이니 옥(玉)자와 왕(王)자를 거꾸로 쓴 것이다. 전날 꿈에 신녀를 본 사람은 회왕이고 그날 밤 꿈에 신녀를 본 사람은 송옥이니, "왕이 그 모습을 보았다"라고 하는 것 또한 마땅히 "송옥이 그 모습을 보았다"로 고쳐야 한다. "나〔余〕"는 곧 송옥의 말이고 양왕은 관계가 없다. 지금까지 그 이름을 잘못 받아들였을 따름이다.

송옥(宋玉)의 부(賦) 한 편은 두 임금에게 나쁜 인상을 남겼는데 심씨(沈氏)의 한마디 말이 천고에 의심을 깼으니 아, 초왕으로 하여금 부자의 윤리와 부부의 지위를 금수의 지경에서 면하게 해준 것은 심씨의 힘이 아니런가?[26] 초나라에 세운 공을 말하자면 진실로 손숙오(孫叔敖)[27]의 아래에 있지 않다.

아! 성현의 책이라고 어찌 착간이나 잘못된 글자가 없겠는가? 오직 그 의리가 깃들여 있는 바가 지극히 크고 넓어 반구(半句) 척자(隻字)로 가릴 수 있는 바가 아니었기에 제유(諸儒)들의 억설(臆說)과 난해(亂解)가 이루 말할 수 없이 많아졌던 것이다. 그러나 끝내 그 진실은 속일 수 없었으니 이것이 성현의 말이 된 까닭이다. 지금 송옥의 부에서 다투고 있는 바는 그저 한 점의 오류일 뿐이었으나 그 피해는 결국 인륜을 어그러트리고 의를 해쳐 천 년 후까지 사람들에게 추하고 더럽다는 평가를 받으면서도 끝내 스스로 해명을 할 수 없게 하는 지경에 이르렀으니, 어찌 한낱 화려한 문사에만

26 초왕으로……아니런가 : 만약 신녀를 만난 이가 송옥이 아니고 양왕이라면 아버지인 회왕과 아들인 양왕이 같은 여인과 동침을 하게 된 셈이기 때문이다. 이런 문제 때문에 심존중은 송옥이 꿈에서 신녀를 만나고 그 내용을 초양왕에게 아뢰니〔白〕 양왕이 꿈에 본 것을 부로 묘사해 줄 수 없느냐고 하여 짓게 된 글로 해석했다. 그렇게 되면 이후 신녀의 모습을 묘사하는 것도 모두 송옥의 말이 된다. 이러한 주장은 홍매의 《용재수필》 등에 유사하게 나타난다.

27 손숙오(孫叔敖) : 초 장왕(楚莊王) 때의 재상으로, 장왕을 도와 패업을 이루었다.

힘쓰고 의리를 중시하지 않아서 생긴 재앙이 아니겠는가. 심씨가 아니었다면 아마도 면하기 어려웠을 것이로다. 이 하나의 일은 책을 보는 자의 법이자 글을 짓는 자의 경계로 삼기에 충분하기에 써서 기록한다.

우군이 쓴 불경[28]의 뒤에 쓰다 신해년(1731, 영조7)[29]

書右軍筆佛經後 辛亥

성인(聖人)의 책이 귀하게 여겨지는 이유는 안에 있지 밖에 있지 않다. 그러나 밖의 것에서 기쁨을 느껴 안의 것을 힘써 찾으려고 하는 경우도 있다. 아! 성인의 책이 강구되지 않은 지가 오래되었도다. 진(晉)나라 때가 더욱 심하여 허무를 숭상하면서 실질을 해쳤다.[30] 희지(羲之)는 어찌하여 《대학(大學)》 한 권을 쓰지 않고 도리어 고개 숙여 이런 것을 썼는가? 나는 여기에서 느낀 바가 있다.

28 우군이 쓴 불경 : 우군은 진(晉)나라 때 우군장군(右軍將軍)을 지낸 명필 왕희지(王羲之)를 가리킨다. 그가 해서체로 썼다는 《불유교경(佛遺教經)》을 가리키는 것으로 짐작된다.

29 신해년(1731) : 남유용의 나이 34세 되던 해이다.

30 진나라……해쳤다 : 위진시대에 노장(老莊)의 학설과 《주역》에 의거하여 명리(名理)를 변석(辨析)하던 현학(玄學)이 유행을 하였기 때문에 이른 말이다.

우 사예 세준[31] 의 〈점역설〉 뒤에 쓰다

題禹司藝 世準 占易說後

국자감 사예(國子監司藝) 우공(禹公) 세준(世準)은《주역》에 밝아 나를 위해 운명을 점쳐 주었는데 〈관괘(觀卦)〉의 상구(上九)를 얻었다.[32] 관괘의 상구는 일세의 기대를 짊어진 군자라야 해당될 수 있는 것이니 내가 감당할 수 있는 바가 아니다. 그러나 만일 그 효사(爻辭)에 이른바 "그 내는 것을 관찰하되 군자다우면 허물이 없으리다"라고 한 것이라면 아마도 지니고 살며 스스로를 면려할 수 있을 것이로다. 계축년(癸丑年, 1733년 영조9) 4월 모일 소화도인(少華道人)이 반수(泮水)의 동쪽 고을[33]에서 쓰다.

31 우 사예(禹司藝) : 우세준(禹世準,1675~?)으로, 자는 준경(準敬), 호는 성재(惺齋), 본관은 단양, 문숙공(文肅公) 우희열(禹希烈)의 후손이며 권상하의 문인이다. 영조 때 문과에 급제하여 판교(判校)로부터 첨중추(僉中樞)에 이르렀다.

32 관괘(觀卦)의……얻었다 :《주역》의 〈관괘(觀卦) 상구(上九)〉는 현인(賢人)과 군자(君子)가 높은 지위에 있지 않으면서도 도덕을 갖추어 천하의 추앙을 받는 상이다.

33 반수(泮水)의……고을 : 반수는 성균관을 빙 돌아 흐르는 물을 말한다. 보통 동촌이라고 하면 성균관과 낙산 서쪽 기슭 일대를 가리켰다.

자암[34]의 대필에 붙인 발문
自庵大筆跋

위는 자암(自庵) 김 문간공(金文簡公)이 손수 쓴 "정리천대 한중일장〔靜裏天大 閒中日長 고요함 속에 하늘은 광대하고 한가한 가운데 해는 길다〕"이라고 하는 여덟 개의 큰 글자이다. 계축년(癸丑年, 1733년, 영조9) 6월 갑자일(甲子日) 밤에 유자장(兪子章)[35]과 함께 펼쳐 보고 보철(補綴)하여 그에게 주면서 그 뒤에 적는다.

이 말은 자못 맛이 없어 보이지만 도리어 매우 맛이 있는데 천하에 그것이 맛이 있다는 것을 아는 자는 아마 드물 것이다. 자암(自庵)이라도 꼭 그 뜻을 알았으리라고 할 수 없다. 그러나 우리 형님 사아(士雅)[36]께서

"오모(烏帽)[37]에 띠를 두르고 길에서 호령이나 하며 달려가는 자와는 더불어 하늘의 광대함을 말하기에 부족하다. 부지런히 잇속이나 챙기면서 처자식 돌아보며 있네 없네 말하는 자와는 해가 긴 것을 말하

34 자암 : 김구(金絿, 1488~1534)를 말한다. 본관은 광산(光山), 자는 대유(大柔), 호는 자암(自庵)·삼일재(三一齋)이다. 홍문관 부제학, 좌승지 등을 역임하였다. 글씨에 뛰어나 안평대군 이용(李瑢), 양사언(楊士彦), 한호(韓濩) 등과 함께 조선 전기 4대 서예가로 꼽힌다.

35 유자장(兪子章) : 유욱기(兪郁基, 1701~?)의 자가 자장이다. 남유용(南有容)의 장인 유명홍(兪命弘)의 조카이다.

36 사아(士雅) : 남유상(南有常, 1696~1728년)의 또 다른 자(字)이다.

37 오모(烏帽) : 주로 높은 벼슬아치들이 쓰던 오사모(烏紗帽)를 가리킨다.

기에 부족하다."

라고 말씀하셨으니 그 말이 매우 오묘하다.

내가 남쪽 교외에서 한가로이 지낼 때에 맑고 화창한 날을 만날 때면 언제나 술 한 병 가지고 높은 산에 올라가 바위에 걸터앉아 눈길을 먼 곳으로 흘려보내곤 하였다. 구름 안개는 퍼졌다 걷혔다 하고 숲 속 나무는 흔들렸다 고요해졌다 하며 날짐승 들짐승들은 날아가거나 달려가며 울고 부르짖고, 물고기와 자라는 뜨고 잠기며 흩어졌다 모였다 하는 백 가지 천 가지의 변화무쌍한 모습이 내 궤석 사이에서 벗어나지 않았다.

구별해 보면 구름 안개와 숲 속 나무, 새와 짐승의 즐거움은 산에 속하고 물고기와 자라의 즐거움은 물에 속하지만, 합하여 하나로 보면 산에서 구름 안개와 숲 속 나무, 새와 짐승이 퍼졌다 걷혔다 흔들렸다 고요해졌다 날아가다 달려가다 울다 부르짖고, 물 속에서 물고기와 자라가 뜨고 잠기며 흩어졌다 모인다. 내가 산수 사이에서 한가로이 자적하면서 만물과 그 즐거움을 함께 할 수 있는 것은 모두 하늘에서 얻어서 그렇게 할 수 있을 따름이다. 이것으로 하늘의 광대함을 알았다.

한가로이 혼자 술을 마시다 거나하게 취하면 저 퍼졌다 걷혔다 흔들렸다 고요해졌다가 날아가고 달려가다 울고 부르짖고 뜨고 잠기고 흩어지고 모이는 것이 각각의 즐거움을 가지고 있는지는 알지 못하지만, 내가 내 즐거움을 즐기는지 그렇지 않은지는 안다. 저들이 그 즐거움을 스스로 즐기면서 나의 즐거움을 알지 못하는 것도 내가 내 즐거움은 즐길 줄 알면서 저들의 즐거움을 알지 못하는 것과 같지 않겠는가.

생각을 해도 답을 얻을 수가 없어서 팔을 베고 잠이 들었는데 조금 뒤에 잠을 깨고 보니 눈과 귀로 보이고 들리는 것도 실로 그대였고 나의 즐거움 또한 다함이 없었다. 얼마 지나 구름은 산으로 돌아가고 새와 짐승은 숲으로 달려갔으며 물고기와 자라는 물 속에 잠겼다. 나 역시 지팡이 짊어지고 노래를 흥얼거리면서 천천히 걸어 집으로 돌아오니 석양은 아직도 울타리 아래에 있었다. 이것으로 해가 길다는 것을 알았다.

옛날에 매복(梅福)[38]이 한 도인(道人)을 만났을 때 화산(華山)을 그려주면서 함께 은거하자고 약속을 하였다. 훗날 매복이 떠나려 할 때 친구가 와서 이별을 하자 매복은 그 그림을 주며 말하기를,

"이 길은 내 이미 익숙하네. 지금 이 그림을 자네에게 줄 터이니 자네도 나를 따라올 수 있겠지?"

라고 하였다. 지금 내가 이 글씨를 자장에게 주는 것도 이러한 뜻이로다.

38 매복(梅福) : 전한(前漢)의 은사(隱士)이다. 한나라 말기 왕망(王莽)이 정권을 독단하자, 하루아침에 처자를 버리고 구강(九江)으로 떠나가 은둔하면서 도술을 배워 신선이 되었다고 한다. 《漢書 卷67 梅福傳》

태화가 동쪽으로 돌아가는 유자장 욱기 에게 준 송별첩 뒤에 쓰다

題太華送兪子章 郁基 東歸帖後

태화(太華) 형님께서는 평생 즐기고 좋아하는 것이 없고 오직 산수를 유람하는 것만 좋아하셨는데, 낭주 남쪽[39]에서 돌아오시고부터는 세상에 대한 뜻은 날이 갈수록 멀어지고 구학(丘壑)에서 살 계획은 날이 갈수록 급해졌으니 시첩 속에 있는 몇 수의 시에서도 그 뜻을 볼 수 있다. 그러나 비탄하고 감개하여 스스로 그만둘 수 없는 속사정과 같은 것은 의당 아는 사람에게 말하여야 하지 속인들과는 말할 수 없는 것이다.

시를 짓고 6년 뒤에 아버님께서 청풍(淸風)의 수령으로 나가시게 되자[40] 나는 아버님을 모시고 구도(龜島)의 승경을 탐방하면서 석문(石門)을 엿보고, 선암(仙巖)을 다 보고,[41] 월악(月嶽)에도 올라가고

39 낭주 남쪽 : 원문의 '閬'은 은 '郞'의 오자인 듯하다. 낭주(朗州)는 전라남도 영암의 옛 지명이다. 남유용의 형 남유상(南有常)은 1728년 소론의 영수인 이광좌(李光佐)를 배척하다가 당론을 일으켰다 하여 동료 신만(申晩) 등과 함께 영암(靈岩)에 유배된 바 있다.

40 아버님께……되자 : 남유용(南有容)의 부친인 남한기(南漢紀)가 청풍 부사(淸風府使)로 나가게 된 것을 말한다.

41 구도(龜島)의……보고 : 모두 단양 팔경을 이른다. 구도(龜島)는 깎아지른 듯한 장엄한 기암괴석으로 그 형상이 마치 거북 같다 하여 이름 붙여진 구담봉(龜潭峰)을

수문도 굽어보았다. 배와 나귀와 지팡이가 이르는 곳마다 자장(子章)은 일찍이 오건(烏巾)[42] 야복(野服)으로 강산의 주인이 되지 않음이 없었건만 태화 형님의 묘소 풀은 지금 5년째 묵고 있으니, 아아, 슬프도다. 내가 태화 형님을 슬퍼함에 굳이 산수를 기다릴 필요는 없을 것이다. 그러나 그분을 그리워해도 볼 수 없는데 그분이 보고 싶어하시던 것을 보고 있노라면 나의 슬픔이 더욱 애절해지는 것도 당연하도다. 또 쓰다.

퇴지(退之)는 "원빈(元賓)이 죽은 뒤 그의 말이 더욱 귀중해졌다"라는 말을 하였다.[43] 자장과 이별한 자 가운데 다른 사람도 없지 않은데 지금 시첩 속에 태화의 시만 홀로 남아 있는 것 또한 퇴지와 같은 뜻일 것이다. 또 쓰다.

가리키고, 석문(石門)은 높이 수십 척의 돌기둥이 좌우로 마주보고 서 있는 위에 돌다리가 걸려 있어서 무지개 형상을 하고 있는 명승이며, 선암(仙巖)은 하선암(下仙巖), 중선암(中仙巖), 상선암(上仙巖)을 통틀어 부르는 이름이다.

42 오건(烏巾) : 까만색 두건을 이른다. 원래는 귀족의 관(冠)이었으나, 수(隋)·당(唐) 이후로 서민이나 은자(隱者)의 모자로 사용되었다. 여기서는 벼슬하지 않고 은거하는 선비가 쓰는 관이라는 뜻이다.

43 퇴지(退之)는……하였다 : 원빈(元賓)은 당(唐)나라 이관(李觀)의 자이다. 한유(韓愈)의 제자이자 친구로 함께 문장 공부를 하다가 일찍 죽었는데, 이관의 아들 이사석(李師錫)에게 보낸 편지인 〈답이수재서(答李秀才書)〉에서 한유는 "원빈이 죽은 뒤 그의 글이 더욱 귀중해졌으며, 원빈을 생각해도 볼 수 없으니 원빈이 사귀던 사람을 보면 원빈을 보는 것과 같다."라고 하였다. 《韓昌黎集 卷16》

백옥의 시집에 붙인 발문[44] 갑인년(1734, 영조10)[45]

伯玉詩集跋 甲寅

백옥(伯玉)의 시는 정취 면에서 뛰어나서, 마음에서 얻어 말에 드러난 것에 이르면, 은은히 절로 문채가 있고 쟁그랑 절로 소리가 있다. 이러한 것을 벗어난 시를 백옥은 달갑게 여기지 않는다. 내가 당초부터 백옥을 알고 지낸 것이 얕다고 할 수는 없지만 지금 그의 시를 읽어보니 그 사람됨을 더욱 자세히 알게 되었다.

무릇 문장으로 스스로 기뻐하는 자에게 늘 근심스러운 것은, 먼저 사장(詞章)에 뜻을 두고 자랑하고 싶어 하는 마음과 우쭐대는 기세로 임하여 붓을 물고 생각을 풀어내되, 새롭고 기이한 것을 추구하면서 남보다 앞서려 힘쓰는 것이니 어찌 사람의 이목을 현란하게 하는 것이 아니겠는가? 장차 이러한 것으로 그 사람을 찾는다면 얻지 못할 것이다.

백옥이 시를 짓는 것은 그 뜻이 본디 시에 있지 않다. 그러므로 무릇 즐겁고 편안하고 슬프고 근심스러운 일이 환경에 부딪혀 마음에서 감정이 일어나면 곧바로 그 소리를 빌려 발하고, 마음에 맞으면 그만일 뿐 절대로 아름답게 빛어내고 꾸미는 것을 능사로 하지 않는다. 그러므로 그의 시는 온화하고 담탕하며 여유롭고 급박하지 않아, 비록 패옥을

44 백옥……발문 : 오원(吳瑗, 1700~1740)의 자가 백옥(伯玉)이다. 이 글은 문집 《월곡집》에 〈시고발(詩稿跋)〉로 부록되어 있다.

45 갑인년(1734) : 남유용의 나이 37세 되던 해이다.

울리며[46] 법도에 맞게 걷는 절도를 가질 겨를은 없더라도 무우(舞雩)에서 노래 부르며 돌아오는 흥[47]은 이미 절로 있다. 그 참됨이 손상되지 않고 정신이 흔들리지 않아 안으로 자신감이 있고 밖으로 미혹됨이 없는 자가 아니라면 어찌 이러한 경지에 이를 수 있겠는가?

내가 오래도록 백옥을 못 보았으나 그 시를 보면 백옥을 본 것과 같으니 훗날 백옥의 얼굴을 대하게 되면 또 그 시가 거기에 있을 것이다. 이는 백옥과 그의 시가 일찍이 내 눈 안에 있지 않은 적이 없기 때문이니 어찌 거듭 기쁘지 않겠는가? 드디어 그의 원고 말미에 쓴다.

46 패옥을 울리며 : 《예기(禮記)》 〈옥조(玉藻)〉에 "옛날의 군자는 반드시 띠에 옥을 찼다. 오른쪽에는 치(徵)·각(角) 소리가 나는 옥을 차고, 왼쪽에는 궁(宮)·우(羽) 소리가 나는 옥을 찼다. …… 이렇게 한 후에야 옥소리가 아름답고 맑게 울린다. 그러므로 군자가 수레에 타고 있을 때에는 수레에 단 방울소리를 듣고, 걸어갈 때에는 허리에 찬 옥이 울린다. 이런 까닭에 그릇되고 치우친 마음이 들어오지 않는다."라고 하였다.

47 무우(舞雩)에서……흥 : 산수 속에서 유유자적 즐기는 정취를 말한다. 공자의 제자 증점(曾點)이 "늦봄에 봄옷이 만들어지면 관을 쓴 어른 5, 6명과 사내아이 6, 7명과 함께 기수(沂水)에서 목욕하고 무우(舞雩)에서 바람을 쐰 뒤에 노래를 하면서 돌아오겠다."라고 자신의 포부를 말하자 공자가 인정했던 고사가 있다. 《論語 先進》

〈청려시축〉[48] 뒤에 쓰다

書淸驪軸後

단구(丹丘) 밑으로는 그 산수가 푸르고 가파르고 수려하고 빼어난 것이 소자첨(蘇子瞻)과 같고 황려(黃驪)[49] 사이는 너그럽고 얌전하며 드넓고 평평한 것이 구양영숙(歐陽永叔)과 같다. 내가 병산(屛山)[50]에서 배를 놓아 청심루(淸心樓)[51] 아래에 이르렀는데 그사이 닷새를 기거하며 먹고 마시는 동안 두 공을 만나지 않음이 없었으니 어찌 기이하지 않은가? 아마도 내가 산림에서 만난 것은 정신이요, 물을 따라 흘러가고 높은 산에 올라갔던 것은 종적이었을 뿐이니 어찌 언급할만한 것이겠는가? 타루(舵樓 키를 조종하는 선실)에 높이 팔장 끼고 앉아 때로 술 몇 잔을 마시며 멍하니 다시 시를 짓지 않으니 자익(子翊)이 괴이하게 여기는 것도 괴이할 것이 없다. 드디어 그의 시축에 쓴다.

48 청려시축 : 남유용이 아버지의 임소였던 청풍 일대로부터 여주까지 유람하면서 쓴 시들을 묶은 시첩으로 추정된다.

49 황려(黃驪) : 여주(驪州)의 고호이다. 여강(驪江)에서 누른 말과 검정 말이 나왔다 하여 이렇게 불리게 되었다 한다.

50 병산(屛山) : 금병산(錦屛山)으로, 청풍부 북쪽에 위치한 산이다. 병풍산(屛風山)이라고도 불린다.

51 청심루(淸心樓) : 경기도 여주(驪州)의 객관(客館) 북쪽에 있던 누각이다.

허주[52]의 그림 병풍 6첩에 쓰다 공필을 위해 짓다○정사년(1737, 영조13)[53]

題虛舟畫屛六帖 爲公弼作○丁巳

거문고 이미 펼쳤으니 어찌 손가락 누른 채 타지 않을 것이며 학이 이미 날갯짓을 하는데 어찌 날개를 접고 날지 않으랴? 나는 아노라. 산과 물의 맑은 운치와 구름과 노을의 고결한 의표가 이미 거문고의 마음[54]과 학의 가슴 속으로 들어갔음을. -1첩(疊)이다.-

술병 든 아이야, 술병 들고 사다리 밟지 마라. 사다리 기울어지면 술이 쏟아지나니. 나귀를 끄는 아이야, 나귀 끌면서 채찍을 치지 마라. 채찍이 움직이면 옷에 흙탕물 튀나니. -2첩(疊)이다.-

시험 삼아 너에게 묻노라. 너에게 그림 속 사람이 되게 하면 산중에서 나귀 타는 사람이나 고을 남쪽에서 생선 파는 객이 되겠느냐. 아니면 소나무 아래서 높은 갓을 쓴 노인이나 다리 가에서 짧은 도롱이 입은 노인이 되겠느냐. 너는 이렇게 대답하겠지. 네 가지는 내가 원하

52 허주(虛舟) : 조선 중기 화가인 이징(李澄, 1581~?)으로 본관은 전주(全州), 자는 자함(子涵), 호는 허주(虛舟)이다. 산수(山水), 인물(人物), 영모(翎毛), 초충(草蟲)에 모두 능하였다.

53 정사년(1737) : 남유용의 나이 40세 되던 해이다.

54 거문고의 마음 : 원문의 '琴心'은 거문고 소리에 부치는 연주자의 마음을 비유한다.

는 것이 아니오. 물가 앞의 백로가 되고 싶소. 석양빛 산에 걸려 있고 푸른 안개가 강을 뒤덮을 제, 마음대로 날다 쉬다 아름다운 자태로 구름 속으로 사라지려오.-3첩(疊)이다.-

대숲은 그윽하고 바람 부는 정자엔 나무들 무성한데 네 노인이 짝지어 서서 말을 한다. 그 세 사람이 "어찌 돌아가지 않으리오? 나무꾼은 마을로 돌아가고 중은 절로 돌아갑시다."라고 하자 주인이 "대숲의 동쪽에 새로 지은 정자가 있으니 객들과 한번 노닐면 좋겠소."라고 말을 한다. 이때 바람에 폭포 소리 요란하여 나는 그 사람만 보지 그 말은 듣지 못한다. 대개 강가의 어부가 듣고 나에게 말을 해 준 것이다. -4첩(疊)이다.-

돌 잔도를 지팡이 짚고 가기보단 편히 앉아 상자 속 거문고를 타는 것이 어떻소? 안개 낀 강에 배를 띄우느니 베개 높이 베고 누워 서리 맞은 단풍을 구경하는 것이 어떻소? 어부들에게 그것을 물으니 어부들은 대답하지 않고 낚싯대 잡고 물결을 타며 유연히 간다.-5첩(疊)이다.-

어부여, 어부여! 그대가 잡은 고기는 무엇인가? 내가 잡은 고기는 연어라오. 오늘 밤 달이 밝고 나에게 말술이 있으니 그대 배를 타고 나의 벗에게 건너갔으면 하오. 저 눈 쌓인 언덕에 말을 맨 이는 나의 남쪽 비탈에 사는 친구이고 돌다리 가에서 나귀에 걸터앉은 이는 나의 북쪽 산에 계신 어르신이라오. 어르신이 먼저 돌아가셔서 나를 산꼭대기 구름 속 절에서 기다리신다오.-6첩(疊)이다.-

〈종암시권〉[55] 발문

鐘巖詩卷跋

나는 평소 시 짓는 것을 좋아하지 않는다. 의숙(宜叔 이천보)과 백옥(伯玉 오원)도 시를 짓기는 해도 스스로 좋아하지는 않았으니 이 시집이 이루어지게 된 것은 대체로 우연히 그렇게 된 것일 뿐이다. 그러나 보는 자들은 간혹 이 시집으로 인하여 우리 세 사람이 시를 즐겼다고 의심하기도 하니 매우 부끄러운 일이로다. 이제부터 나는 입을 닫고 시를 말하지 않고 시를 구하는 자가 있으면 "하늘과 땅을 채우고 있는 것이 모두 우리 시입니다. 변하지 않는 것은 산과 내, 풀과 나무에 있고 변하는 것은 바람과 구름 안개와 달에 있으니 그대는 가서 찾아보시오."라고 말할 것이다. 정사년(丁巳年, 1737, 영조13) 6월 경술일(庚戌日)에 뇌연당(雷淵堂)에서 쓰다.

55 종암시권(鐘巖詩卷) : 오원(吳瑗)의 별업이 있던 종암(鐘巖)에서 남유용, 오원, 이천보 세 사람이 지은 시를 엮은 것으로 추정된다.

이평일 형만[56] 의 〈마호록〉[57]에 붙인 발문 임술년(1742, 영조18)[58]

李平一 衡萬 麻湖錄跋 壬戌

자첨(子瞻)은 "객도 저 물과 달을 아는가?"라고 말하고[59] 또 객에게 퉁소를 불게 하였다. 그러자 객이 대답하기를,

"나의 퉁소는 입을 떠난 적이 없건만 날아간 소리는 흰 구름으로 들어갔습니다. 시험 삼아 달 아래의 시냇물을 보십시오. 달은 멈추어 있으나 물은 멈추지 않습니다. 또 못 속의 달을 보십시오. 물은 머물러 있으나 달은 머물지 않습니다. 시내나 못이나 같은 물이요, 움직이는 것이나 고요한 것도 두 개의 달이 아닙니다."

라고 하였다. 자첨은 필시 크게 웃고 풍월(風月)이나 성색(聲色)의 얽매임이 훌쩍 마음에서 사라졌을 것이다.[60]

56 이평일(李平一) : 이형만(李衡萬, 1711～?)으로, 본관은 경주(慶州), 자는 평일(平一)이다. 정언, 승지, 판결사 등을 역임하였다.

57 마호록 : 한강 마포(麻浦)에서 구호(鷗湖)까지 유람하면서 쓴 시를 모은 것을 추정된다.

58 임술년(1742) : 남유용의 나이 45세 되던 해이다.

59 자첨(子瞻)은……말하고 : 〈전적벽부〉에 "그대도 저 물과 달을 알고 있소? 가는 것은 이 물과 같이 쉬지 않고 흐르지만 영영 가 버리는 것이 아니요, 차고 이지러지는 것은 저 달과 같지만 끝내 아주 없어지지도 더 늘어나지도 않는다오. 변한다는 관점에서 보면 천지간에 한순간도 변하지 않는 것이 없겠지만, 변하지 않는다는 관점에서 보면 만물과 나는 모두 무궁한 것이니, 또 무엇을 부러워할 것이 있겠소?"라는 말이 나온다.

60 객이……것이다 : 이 내용은 고증할 수 없다. 아마도 〈전적벽부〉에 등장하는 퉁소

지금 마강(麻江 마포강)에서 쓴 시문을 보니 평일(平一)은 유람하면서 스스로 퍽 유쾌해 했고, 의숙(宜叔)은 유람을 하지 못하는 것을 한으로 여겼는데 이 모두는 엉성한 자취일 뿐이다. 흐르든 멈추어 있든 다 물이고 움직이든 고요하든 같은 달임을 또 어찌 알랴?

나 역시 구호(鷗湖)에 배를 띄운 적이 있었는데 처음에는 달이 없는 것을 근심하다가 끝내는 달을 보고 기뻐하였으니[61] 이와 같은 것이 평일에게는 웃음거리가 되지 않았겠는가? 차고 비고 가고 오는 이치를 아는 자들은 드물다. 퉁소를 부는 객이 답하지 않았다고 어찌 자첨보다 차원이 높지 않으리라 보장하겠는가? 구호는 마강과의 거리가 노 한 번 저으면 도달할 수 있는 정도인데 갈대와 물새 사이에서 만나 이 문제에 대해 한번 상의해 보지 못하는 것이 애석하다.

부는 객을 상정하여 남유용이 상상 속에서 꾸며낸 것으로 보인다.

61 구호에……기뻐하였으니 : 이때의 일을 기록한 〈구호의 배 속에서 "백로횡강수광접천"로 분운하여 나는 '천'자를 얻었다. 이날 밤 하늘이 흐리고 달이 뜨지 않아 제군들이 탄식하였다.〔鷗湖舟中 以白露橫江水光接天分韻 余得天字 是夜天陰無月 諸君以爲歎〕〉 등의 시가 《뇌연집》 권4에 있다.

유 시독 우기[62] 의 〈서남이유록〉에 붙인 발문 갑자년(1744, 영조20)[63]

兪侍讀 宇基 西南二遊錄跋 甲子

일찍이 기억하건대, 《전당소사(全唐小史)》에서 문종(文宗)이 학사(學士) 이석(李石)에게 말하기를,

"경도 시를 잘하시오?"

라고 하였다. 대답하여 말하기를,

"신은 시를 잘하지 못합니다. 오직 고시를 논하는 것을 즐기지요. 이를테면 '사람이 백 살도 살지 못하면서 늘 천년의 근심을 품고 산다〔人生不滿百, 常懷千歲憂.〕'고 하면 때를 만나지 못할까 두려워하는 것이고, '낮은 짧고 밤은 길어 괴로운데〔晝短苦夜長〕'는 다스려지는 날은 적고 어지러운 날이 많음을 걱정하는 것이며, '어찌 촛불을 들고 노닐지 않겠는가?〔何不秉燭遊〕'는 임금에게 명덕(名德)으로 세상을 비추기를 권하는 것입니다.[64] 시란 이와 같으면 족합니다."

62 유 시독 : 유우기(兪宇基, 1684~?)를 가리킨다. 유명홍(兪命弘)의 아들이자 유수기(兪受基)의 형이며, 남유용의 처남이다. 동지사·사은사의 서장관으로 청나라에 다녀왔고, 사간·필선·승지 등을 역임하였다.

63 갑자년(1744) : 남유용의 나이 47세 되던 해이다.

64 사람이……것입니다 : 고시(古詩)에 "사는 나이는 백 년도 채우지 못하면서, 항상 천 년의 시름을 품고 있구나. 낮은 짧고 밤이 긴 것이 괴로우니, 어찌 촛불 손에 쥐고 노닐지 않겠는가?〔生年不滿百, 常懷千歲憂. 晝短苦夜長, 何不秉燭游?〕"라는 구절이 나온다. 《文選 卷29 古詩19首》

라고 하였다. 문종은 용모를 고치고 이석이 시로 간하고 있음을 알아차렸다.[65]

지금 유장(兪丈)의 시를 읽음에 시가 나오면 나올수록 더욱 거침없어 수백 편에 이르도록 다함이 없으니 이는 풍부하다고 이를만하고, 청신하고 담박하면서 말은 곧고 뜻은 다 갖추고 있으니 공교롭다고 이를 만하다. 그러나 유장은 궐에 출입하면서 임금을 모신지 몇 년이나 되었는데 벼슬을 제수할 때마다 번번이 사양하고는 문을 닫아걸고 고상한 뜻을 기르더니, 사명을 받들어 남쪽으로 가고 외직에 보임되어 서쪽으로 가서는 주전(廚傳)[66]와 여악(女樂) 속에서 술 한 잔 마시고 시 한 수 읊으며 한때의 쾌락만을 취하고 있을 뿐이었으니, 그렇다면 비록 그 시가 풍부하고 공교롭다 하더라도 이석(李石)의 한 마디 말에 대해서만큼은 부끄럽지 않겠는가?

내 유장에 대해서 아끼는 것이 돈독하고 바라는 것이 깊기에 애오라지 또 망발을 한다. 유장께서 보시면 오활하다고 하지 않으실지 모르겠다.

65 전당소사(全唐小史)……알아차렸다 : 당시에 얽힌 야사를 적은 《당시소사(唐詩小史)》를 가리키는 것으로 보이지만 이 이야기의 출처는 정확하지 않다. 다만 《신당서(新唐書)》 〈이석전(李石傳)〉과 송(宋) 나라 주자지(周紫芝)가 쓴 《죽파시화(竹坡詩話)》 등에서 유사한 이야기를 확인할 수 있다.

66 주전(廚傳) : 주(廚)는 숙식(宿食), 전(傳)은 역마(驛馬)의 뜻인데, 지방에 나가는 관원에게 경유하는 역참(驛站)에서 음식과 역마를 제공하는 것이다.

〈동률가선〉[67]에 붙인 발문

東律家選跋

시에 율(律)이 있는 것은 음악에 금(琴)이 있는 것과 같아서 정과 뜻을 쏟아내는 데 도움을 주는 것이 가장 적절하면서도 축약적이다. 그래서 시를 짓는 자들은 대부분 여기에 힘을 기울이고, 시를 선발하는 사람들이 찍어놓은 주황색 먹물 자국 또한 찬란하다. 우리나라 사람들은 더욱더 성률(聲律)을 숭상하여 화려함과 기이함을 다투니 한만하기가 이를 데 없고 선발의 법도 따라서 어지러워졌다. 많이 선발하자니 무자격자가 자리를 차지하고[68] 간략하게 선발하자니 훌륭한 인재를 빠트리는 것이라 근심은 늘 제가의 작품을 마구 취하면서 가려 뽑는 재주가 부족한 데 있게 되었다.

이전에 아버님께서 기질(耆秩)로 한가로이 지내고 계실 때에[69] 간간

67 동률가선 : 부친 남한기(南漢紀)가 고려와 조선 제가의 시를 선발하고 이어 남유용이 완성한 책으로 추정된다.

68 무자격자가……차지하고 : 원문의 '濫竽'는 재주가 없으면서 그 자리를 채우고 있는 것을 말한다. 《한비자(韓非子)》〈내저설(內儲說)〉에 "제(齊) 선왕(宣王)이 우(竽)를 좋아하여 3백 명을 두었는데, 남곽처사(南郭處士)가 왕을 위하여 우(竽)를 불겠다고 청하니 왕은 매우 기뻐하여 녹을 후히 주었다. 선왕(宣王)이 죽고 민왕(湣王)이 즉위하여 일일이 들어보기를 좋아하니, 3백 명 가운데 공연히 끼어서〔濫〕 부는 척만 하던 처사는 그것이 폭로될까 두려워서 도망했다."라는 이야기가 있다.

69 아버님께서……때에 : 남한기는 영조 20년(1744)년 추은(推恩)으로 기로사에 들어가고 가선대부(嘉善大夫)로 가자된 뒤 기질(耆秩)로 동지돈녕부사(同知敦寧府事)를 받았다.

이 우리나라 사람의 시집을 가져다 읊으시곤 하였다. 그리고는 개연히 산술(刪述)에 뜻이 있으시어 우뚝 명가가 된 분 20인의 근체시 5언·7언 각각 약간 수를 얻어 시대 순으로 차례를 매겨 모아 엮으셨다. 고려(高麗)는 익재(益齋)부터 포은(圃隱)까지 모두 5가(家)이고, 국조(國朝)는 점필재(佔畢齋)에서 시작하여 삼연(三淵)에 이르기까지 15가로, 모두 1천 9백 40수를 얻었으니 풍부하도다.

대저 상하 600년 동안 겨우 20가만 얻었다고 하면 간략하다고 이를 만하지만 20가에게 취한 시가 거의 2000수라고 하면 또한 넓지 않은가? 간략하였기 때문에 변별하고 취사하는 법식이 어지럽지 않았고, 넓었기 때문에 부(賦)와 흥(興), 정(正)과 변(變)의 시체들이 모두 갖추어지고 제가의 장기(長技)와 시인의 능사(能事)가 여기에 다 망라될 수 있었다.

또 이들 20가들 가운데 어떤 이는 관각에서 명성을 날렸고 어떤 이는 구학(丘壑)에서 도를 즐겼으며, 어떤 이는 충의(忠義)가 천지간에 우뚝하였고, 어떤 이는 명론(名論)이 일세에 빛났다. 성쇠의 시기와 궁달의 운명이 사람마다 각각 달랐으니 시에 깃들어 있는 즐겁고 편안하고 근심스럽고 원통한 정서는 대개 천백 가지가 될 것인데 그 모든 것이 이 책에 모여 있다. 금옥 같은 소리와 오묘한 생각이 자못 보는 자들로 하여금 그 지경에 따라 시정을 돋우게 할 것인즉 이 책의 쓰임새가 어찌 새들의 짹짹거리는 소리나 달빛과 이슬을 읊조리는 데 그칠 뿐이겠는가? 다만 고려시대의 명가들은 전집이 남아있는 것이 얼마 되지 않아 국조의 작품들에 비해 선발이 크게 못 미쳤으니 애석한 일이로다.

책이 이루어지고 나서 제목을 《동률가선(東律家選)》이라고 하고 소자가 슬그머니 받아서 일을 마쳤다. 선택의 정밀함과 쓰임의 두루 미침이 시를 배우는 자의 본보기가 될 만함에 감탄하면서 그 말미에 이와 같이 삼가 기록한다.

민 징사 사원 우수[70] 이 어머님의 장수를 빌며 지은 시를 적어 만든 작은 병풍에 쓰다

閔徵士士元 遇洙 書壽母小屛識

민씨 아우 홍지[71]를 위해 짓다.

옛날에 홍지(興之)의 선대부(先大夫)이신 장령선생(掌令先生)[72]께서는 대모(大母)와 어머니를 섬기면서 뜻을 잘 받든다고 소문이 나, 가난한 친척들이 마치 자기 집에 돌아가듯 하였다. 티끌만큼도 의롭지 않은 방법으로 취하지 않았고 조정에서 벼슬을 할 때에도 구차하게 나아가지 않았기에, 선생은 본디 대대로 경대부 가문이었는데도 마치 가난하기가 한사(寒士)와 같았으니 군자들은 어려운 일이라 여겼다. 그러나 나는 '선생이 본디 어질기는 하지만 앞서 두 부인의 현숙함이 도움을 주지 않았다면 어찌 여기에 미칠 수 있었겠는가?'라고 생각하였다.

70 민 징사 사원 : 민우수(閔遇洙, 1694~1756)로, 본관은 여흥, 자는 사원(士元), 호는 섬촌(蟾村)·정암(貞庵)이다. 대사헌·공조 참판·성균관 좨주 등을 지냈다.

71 홍지(興之) : 민익수(閔翼洙)의 아들인 민백분(閔百奮, 1723~1793)의 자이다. 남유용의 조부인 남정중의 딸이 민익수에게 시집갔다. 따라서 홍지는 남유용에게 고종사촌이 된다.

72 장령선생(掌令先生) : 민익수(閔翼洙, 1690~1742)로, 본관은 여흥(驪興), 자는 사위(士衛), 호는 숙야재(夙夜齋), 시호는 문충(文忠)이다. 조정이 당론으로 소란스러운 것을 보고는 과업(科業)을 포기한 채 동생 정암과 함께 여강(驪江)으로 돌아가 은거하였다. 그 뒤 군자감 정(軍資監正), 장령(掌令) 등을 지냈다.

선생께서 돌아가시고 흥지(興之)는 국구(國舅)의 사손(嗣孫)[73]이라고 하여 겨우 약관의 나이에 일명(一命)[74]의 벼슬을 받았다. 흥지의 어짊은 선생을 충분히 닮았으나 배움이 아직 넉넉해지지 않았을 때 벼슬을 하였기 때문에 그 근심은 가난에 있지 않고 배움에 있었다.

흥지의 어머니는 나의 고모인데 옛 현모(賢母)의 풍모가 있어 흥지가 선한 일을 하도록 도운 것이 두 부인이 선생께 하신 것과 꼭 같았다. 훗날 흥지가 봉양을 할 때에 비록 달고 부드러운 음식으로 극진히 모신다 할지라도 만일 도의로 받들지 않을진댄 어찌 그 마음을 기쁘게 할 수 있겠는가? 흥지는 힘쓸지어다.

11월 27일이 고모의 생신인데 흥지의 중부(仲父)이신 징사군(徵士君)[75]께서 회옹(晦翁)이 어머니의 장수를 빌며 쓴 시[76]를 써서 보내오셨으니 뜻이 대개 여기에 있지 않겠는가? 뜻이 대개 여기에 있지 않겠는가? 내 그리하여 그 말미에 써서 뜻을 드러낸다.

73 국구(國舅)의 사손(嗣孫) : 민익수의 조부가 숙종의 장인이자 인현왕후의 아버지인 민유중(閔維重)이기 때문에 이른 말이다.

74 일명(一命) : 본래 조정으로부터 임명받는 최하등의 관직을 가리키는 말로, 종9품의 관직을 이른다.

75 징사군 : 징사(徵士)는 임금의 부름을 받고도 나아가 벼슬하지 않는, 학문과 덕행이 높은 은사(隱士)를 말하는데 여기서는 민우수를 가리킨다.

76 회옹(晦翁)이……쓴 시 : 주희가 어머니의 생신날 축수한 시 〈수모생조(壽母生朝)〉를 가리킨다. 칠언시로 모두 6수(首)이다. 《회암집(晦庵集)》 권2에 모두 실려 있다.

〈임계백시〉[77]에 대한 발문 무진년(1748, 영조24)[78]

臨溪百詩跋 戊辰

대저 나는 무슨 악기인가? 종경(鐘磬)이다. 종경이라는 것은 치면 울리지만 치지 않으면 평생토록 울리지 않을 수도 있다. 옛날에 태화(太華 남유상)는 치면 울렸고 월곡(月谷 오원)도 치면 울렸는데 두 분이 돌아가시고 나서 나는 울리지 않은 지 오래되었다. 이따금 촌사람과 거리의 아이가 풀줄기로 종을 치면 나 역시 작은 소리나마 내지 않을 수 없었으나 그것들은 모두 이른바 울리는 것이 아니었다.

조카 공필(公弼)이 그의 벗 오경보(吳敬父)[79]와 종암(鐘巖)에서 노닐 때 모인 사람 10명이 지은 시 도합 백 편을 얻어 돌아와서 나에게 보여주었다. 그런데 다 읽기도 전에 나의 종경이 큰 소리로 울리려는 듯 하였으니 대체 무슨 까닭인가?

옛날에 영자(榮子)는 춤추는 학을 좋아하여 학을 춤추게 하고는 반드시 스스로 노래를 불렀다. 그런데 영자가 죽자 학은 삼 년간 춤을 추지 않았다가 훗날 그의 아들이 땔나무를 지고 읊조리자 너울너울 춤을 추었다. 안자(晏子)가 그것을 듣고 말하기를 "이것은 기류(氣

77 임계백시(臨溪百詩) : 남유용의 조카 남공필이 오원(吳瑗)의 별업이 있던 종암 근방 시내에서 친구들과 노닐면서 지은 시 100여 편을 모은 것으로 추정된다.

78 무진년(1748) : 남유용의 나이 51세 되던 해이다.

79 오경보(吳敬父) : 오찬(吳瓚, 1717~1751)으로 본관은 해주(海州)이며 자는 경보, 호는 청수재(淸修齋)이다. 종암의 주인인 오원의 이복 아우이기도 하다.

類)[80] 때문이다."라고 하였다.

지금 내가 울리고자 하는 것도 이와 같은 것이로다. 이 시편들은 내가 울거나 울지 않게 하는 기틀이다. 끝내 나로 하여금 크게 울게 하는 것도 너〔시편들〕로 말미암고 나로 하여금 울지 않게 하는 것도 너로 말미암으니 네 뜻을 어찌 표현하지 않겠는가? 무진년(戊辰年, 1748년, 영조24) 6월 모일에 소화병부(少華病夫)가 정백당(靜白堂)에서 쓰다.

80 기류(氣類) :《주역》〈건괘(乾卦) 문언(文言)〉의 "같은 소리끼리 서로 응하고 같은 기운끼리 서로 찾나니……이것은 각자 자신에 맞는 성향을 따르는 것이다.〔同聲相應, 同氣相求……則各從其類也.〕"라는 말이 있다. 그 기맥(氣脈)이 서로 통한다는 의미이다.

문헌공[81]이 손수 쓴 시권에 붙인 발문 경오년(1750, 영조26)[82]

文憲公手書詩卷跋 庚午

선군자(先君子)께서는 늘 말씀하시기를 "선조께서 손수 쓰신 〈동사시첩자(東槎詩帖子)〉[83]라는 책은 내 어릴 적에도 본 적이 있는데 지금은 없어졌다." 라고 하셨다. 말씀이 이에 이를 때마다 근심스러워하시던 목소리가 지금도 나의 귓가에 쟁쟁하다.

경오년(庚午年) 여름에 내가 선군자의 상중에 있을 때에 서강(西江) 김 첨지(金僉知) 광필(光弼)이 와서 조문을 하였다. 이어 말하기를,

> "내 이웃에 강문망(姜文望)이라는 자가 있습니다. 약 시장에서 옛 첩자(帖子) 하나를 사왔는데 뜯어서 방을 바르려고 하자 한 서생이 그것을 알아보고는 '이것은 호곡(壺谷)의 책입니다.'라고 하였습니다. 강씨는 본디 무인(武人)이라 책은 알지 못하였으나 호곡의 이름은 익히 들었기 때문에 새로 장정하여 깊숙이 간직하고는 다시는 남에게 보여주지 않았습니다."

라고 하였다. 나는 놀랍고도 기뻐서 김 첨지를 통하여 강문망에게 말을 전하여 보여 달라 청하였다. 다음날 강문망이 기꺼이 소매 속에

81 문헌공(文憲公) : 남유용의 증조부 남용익(南龍翼, 1628년~1692)이다. 자는 운경(雲卿), 호는 호곡(壺谷), 효종, 현종, 숙종 3대에 걸쳐 청요직을 두루 역임하고 문명을 날렸다.

82 경오년(1750) : 남유용의 나이 53세 되던 해이다.

83 동사시첩자(東槎詩帖子) : 남용익이 1655년(효종 6) 통신사의 종사관으로 일본에 파견되었는데, 이때 남긴 시로 추정된다.

넣어 가지고 오니 과연 문헌공의 수필(手筆)이었고, 동쪽으로 사신 가서 지은 5언 7언 율시와 잡시 약간 편이 적혀있었으며, 제목은 〈수여만필(睡餘漫筆)〉로 되어 있었다.

아! 이래서 선군자께서 항상 말씀하시면서 근심스러워하셨던 것이 틀림없다. 그것을 쓰신 해가 경신년(庚申年, 1680년, 숙종6)이라 지금부터 71년 전인데 없어진 것이 어느 해였는지 알 수 없으니 없어진 후 찾기까지 몇 년 되었는지 자세하지 않다. 또 몇 명이나 거쳐서 다시 나에게 돌아왔는지도 알 수 없다. 사물이 모였다 흩어지고 일어나고 없어짐에 과연 운수가 있는 것인가? 마침내 면저(綿楮 두껍고 질긴 종이 종류) 5속(束)을 주고 바꾸어 와서는 사당에 진열하고 물러 나와 또 눈물을 흘리며 기록한다.

임재[84]의 유묵으로 이루어진 작은 병풍에 쓰다
臨齋遺墨小屛識

임재(臨齋) 윤경평(尹景平)이 작고를 하고 한 달이 지났을 때 그 종제(從弟) 경이(敬以)가 유묵(遺墨)을 벽 사이에서 얻어서, 생각이 나면 쳐다보고 고개 숙여 울곤 하다가 이읏고 엮어서 작은 병풍을 만들고는 내가 임재의 벗이라고 하여 그 밑에 글을 적어달라고 하였다.

아! 그 사람을 그리워하면서 볼 수 없으면 슬퍼지고 심획(心劃)[85]을 보고 마치 그 사람을 본 듯하면 슬퍼지리니 경이의 슬픔은 그칠 날이 없을 것이로다.

임재(臨齋)의 해박하고 고아한 학문과 맑고 아름다운 조행은 일대의 모범이 되기에 충분하였다. 필찰(筆札)은 소예(小藝)인지라 굳이 정교한지 아닌지를 논할 것이 없으나, 나는 유독 그의 결구(結構)[86]가 단정하고 반듯하여 마음의 상태가 맑고 속되지 않음을 좋아하였으니, 비록 술 마시는 사이에 장난삼아 쓴 글씨라고 하더라도 질편함에 흐르는

84 임재(臨齋) : 윤심형(尹心衡, 1698~1754)으로, 본관은 파평(坡平), 자는 경평, 호는 임재(臨齋), 시호는 청헌(淸獻)이다. 정언·교리·이조 좌랑·헌납 등을 역임하였다.

85 심획(心畵) : 글 또는 글씨를 가리킨다. 한(漢)나라 양웅(揚雄)의 《법언(法言)》 〈문신(問神)〉에 "말은 마음의 소리요, 글씨는 마음의 그림이다. 따라서 소리와 그림으로 나타난 것만 보아도, 그 사람이 군자인지 소인인지를 알 수가 있다."라는 말이 나온다.

86 결구(結構) : 서화(書畫)와 시문(詩文) 등에서 각 부분을 안배하고 배열하는 것을 말한다.

실수가 절대로 없는 것이 그 사람됨과 매우 비슷하였다. 또 그가 쓴 고인의 말은 모두가 자신의 뜻을 스스로 의탁한 것이어서 되풀이하여 읊조리노라면 어렴풋이 옷깃을 나란히 하고 이야기하는 것 같다. 오랫동안 매만지고 있노라니 나도 모르게 눈물이 흘렀다. 아, 이 세상에서 이러한 사람을 어느 곳에서 얻겠는가. 갑술년(甲戌年, 1754년, 영조 30) 계하(季夏)에 쓰다.

〈납국가〉 3첩에 대한 발문 을해년(1755, 영조31)[87]

蠟菊歌三疊跋 乙亥

선군자(先君子)께는 여섯 분의 누이가 있었는데 서로 우애하는 것이 여일하여 규문의 즐거움이 화락하기 그지없었다. 병신년(丙申年) 겨울 선군자께서 오래 병을 앓다 막 나으셨는데 밤마다 잠을 이루지 못하시자, 백고모(伯姑母)이신 숙인(淑人)께서 납국 화분 한 개를 직접 지으신 소사(小詞)와 함께 보내 오셨다. 선군자께서 그것을 벽 사이에 두고 밤마다 촛불을 들고 비추시니 그 그림자가 길고 짧고 성글고 촘촘한 형세를 이루므로 왕왕 웃음을 터트리시면서 잠을 잊다가 잠을 이루신 것이 여러 번이었다.

이미 노래를 지어 화답하였고, 주고받고 한 것이 3첩에 이르렀는데 나의 형제와 외형 이여교(李汝喬)가 거기에 받들어 화답하고, 백씨(伯氏)는 또 손으로 써서 소첩(小帖)을 만드시고는 아녀자들을 시켜 노래를 부르게 하였다. 그러나 지금은 없어졌다.

을해년(乙亥年, 1755년, 영조31) 인일(人日)[88] 밤에 내가 내사(內舍 부인이 거처하는 안채)에 이 노래를 부르는 자가 있다는 말을 듣고 물으니 이씨 가문에 시집간 여동생의 딸이 그 어머니에게 배워 노래를 부르고

87 을해년(1755) : 남유용의 나이 58세 되던 해이다.

88 인일(人日) : 음력 정월 초이렛날의 별칭이다. 이날 일곱 가지 나물로 국을 끓여 먹고, 사람 모양의 각종 장식물을 만들어 병풍에 붙이는 등의 풍습이 있었다. 《事物紀原 卷1 天地生植部 人日》

있다 하였다. 아! 그 어머니가 처음 이 노래를 배웠을 때는 겨우 계례를 올릴 때였는데 지금은 늙어 흰머리가 되어서 또 그 소리를 딸에게 전하였구나. 그러나 그 소리를 듣고 이 노래임을 아는 자는 오직 내가 남았을 뿐이니 인사(人事)의 변화를 또 알 수 있도다.

아, 슬프다. 숙인은 재주가 남들보다 뛰어나서 선군자께서 늘 지목하여 말씀하시기를 "우리 집안의 도온(道韞)[89]이다"라고 하셨는데 지금 그 사(詞)를 읽어보니 아름답고 깨끗하며 우아하고 얌전한 것이 임하(林下)의 풍도[90]가 있다. 성품 또한 자혜롭고 베풀기를 좋아하여 보답받지 못할 사람까지 곤궁함을 구제하셨다. 우리 어머니가 돌아가셨을 때에도 숙인께서 돈 5천을 내어 관을 장만하여 주셨으니 지극한 자애로움이 마음에 새겨져 있어 감히 잊을 수 없기로 아울러 적는다.

89 도온(道韞) : 남조(南朝) 진(晉)나라 사안(謝安)의 질녀이자 왕응지(王凝之)의 아내인 사도온(謝道韞)을 말한다. 명민하고 글솜씨가 뛰어났기에 재능이 출중한 여성의 대명사로 쓰인다.

90 임하(林下)의 풍도 : 사도온(謝道韞)을 두고 혹자가 평하기를, "정신이 초일하고 명랑하여 임하의 풍기가 있다.〔神情散朗, 故有林下風氣.〕"라 하였다. 은거한 사람의 자연스럽고 담박한 풍도(風度)를 이르면서 고상하고 기품 있는 여인의 모습을 비유하는 말로도 쓴다.

〈패사중구시〉[91]에 붙인 발문 정축년(1757, 영조33)[92]

涀社重九詩跋 丁丑

가을은 슬프고 국화는 써늘하니 노인이 느꺼워지기 쉬운 때라, 두로(杜老)는 스스로를 "강철심장〔剛腸〕"이라 말하였는데[93] 중구일에 남전(藍田)에서 지은 작품을 보면 "오늘은 한껏 즐거워하였으나 내년에는 누가 건강할지 모르겠다〔今日盡歡, 明年誰健.〕"고 하는 한탄이 있다.[94] 하물며 노인들이 함께 자리하면 사람마다 각각 이러한 탄식을 할 터인

91 패사중구시(涀社重九詩) : 정확히는 〈패사윤구시권(涀社閏九詩卷)〉이다. '패사'는 황대후(黃大厚)가 대동강변에 살면서 연로한 자신의 부친에게 백낙천(白樂天)의 구로회(九老會)와 같은 즐거움을 제공하기 위해 봄가을로 벗들과 즐길 수 있도록 주선한 모임이고, '윤구시권'이란 병자년(1756) 윤달 중구일에 이 모임에서 만들어진 시권을 말한다. 남유용의 발문 이외에도 윤봉구(尹鳳九)의 《병계집(屛溪集)》 권43에 이 시권의 서문이, 김원행(金元行)의 《미호집(渼湖集)》 제13권에 〈패사윤구시권에 제하다〔題涀社閏九詩卷〕〉라는 발문이 있다. 황대후(黃大厚, 1727~?)는, 본관은 상주(尙州), 자는 재지(載之)이다. 1750년(영조26) 식년시(式年試)에 진사로 합격하였다.

92 정축년(1757) : 남유용의 나이 60세 되던 해이다.

93 두로는……말하였는데 : 두보(杜甫)는 〈장유(壯遊)〉라는 시에서 자신의 성격을 묘사하여 "성품이 호방하여 술을 즐기는 것을 업으로 삼고, 악을 미워하여 강직한 마음을 품었네.〔性豪業嗜酒, 嫉惡懷剛腸.〕"라고 하였다. 《杜甫全詩集 卷7》

94 중구일에……있다 : 두보가 중구일에 남전(藍田)에서 읊은 〈구일에 남전의 최씨 별장에서〔九日藍田崔氏莊〕〉라는 시를 말한다. 그중에 "남전의 물은 저 멀리 일천 시내를 따라 떨어지고, 남전의 옥산은 저 높이 두 봉우리 모두 차가워라. 내년의 이 모임엔 누가 건강할지 모를 일, 술 취해 수유 쥐고서 자세히 들여다보네.〔藍水遠從千澗落, 玉山高竝兩峯寒. 明年此會知誰健, 醉把茱萸仔細看.〕"라는 표현이 나온다. 《杜少陵詩集 卷6》

즉 내 생각에 패사(浿社)의 한 번 모임은 오히려 그 시름과 걱정을 이루다 할 수 없었을 것이다.

그런데 지금 창수한 여러 시편을 읽어보니 어쩌면 한결같이 내 마음을 즐겁게 하는지. 창안(蒼顔) 백발(白髮)에 왼쪽에는 지팡이를 오른쪽에는 안석을 둔 모습을 초연히 그림으로 그려낸 듯하고, 시가에 표현해낸 것들은 여유롭고 시원스러워 마음이 편안해지고 기가 화평해진다. 음식을 더 드시라 서로 권하고 옛 도를 가지고 서로 권면할 뿐 늙음을 걱정하는 마음이 담소하고 농담하는 사이에 드러나지 않았으니 《주역》에서 이른바 "노인이 질장구를 치는"[95] 것에 거의 가깝지 않겠는가. 성조(聖朝)에서 어른을 받들어 보양하던 덕화의 일단을 볼 수 있다. 정축년(丁丑年, 1757년, 영조33) 국월(菊月)[96]에 소화산인(少華山人)이 쓰다.

옛 사람이 중양절에 대해 쓴 시에 "젊은이의 향락을 부질없이 보고 있자니 참고 있던 눈물이 어느새 옷깃을 적시네〔漫看年少樂, 忍淚已沾衣.〕"[97]라는 구절이 있다. 아! 젊은이의 유람이 아무리 즐거워도 도리어 노인으로 하여금 눈물을 떨구며 슬퍼하게 하였다면 향당의 풍속이 너

95 질장구를 치는 : 《주역》 〈이괘(離卦) 구삼(九三)〉에 "기우는 해가 서산에 걸려 있으니, 질장구를 두드려 노래하지 않으면 대질을 서글퍼함이어서 흉하리라.〔日昃之離, 不鼓缶而歌, 則大耋之嗟, 凶.〕"라는 말이 있다. 원문의 '天耋'은 '大耋'의 오자로 보여 바로잡는다.

96 국월(菊月) : 9월을 말한다. 음력 9월에 국화꽃이 피는 까닭이다.

97 젊은이의……적시네 : 두보의 《구일에 사람들이 숲에 모이다〔九日諸人集於林〕》라는 시이다.

무 야박한 것이 아닌가? 내 듣건대 이 모임은 상사(上舍) 황재지(黃載之)가 실제로 주관하였다고 한다. 여러 노인들이 그 즐거움을 온전히 누릴 수 있었던 것은 아마도 재지(載之)의 어짊이 도와서일 터이니 어찌 거듭 기쁘지 않겠는가? 또 쓰다.

망아의 〈영고〉[98]에 쓰다 계미년(1763, 영조39)[99]

書亡兒零藁 癸未

망아(亡兒) 공보(公輔)는 12세 때 선고(先考)께 시를 전수받아 고풍(古風)을 익혔고, 약관의 나이에는 비로소 근체시(近體詩)를 배워 붕우들과 산수를 유람할 때마다 시를 지었다. 그러나 명이 짧았기 때문에 시 또한 많지 않아 아이가 죽고 나서 상자를 열어 얻은 시는 겨우 90여 편이었다. 대개가 모두 깨우쳐 계발된 진정(眞情)에서 얻어진 것으로 그 아이의 사람됨이 잘 표현되어 있다.

아! 이 몇 편 안 되는 시들이 진실로 지금 유통되고 후세에 전해지기는 부족하지만 장차 버려지게 할 수야 있겠는가? 자취 없는 물건이 되게 하는 것도 차마 할 수 없어서, 그중 온전하고 순수한 것 13편을 골라서 잡문 4편과 함께 합하여 한 통(通)으로 만들고, 그 머리에 몇 줄의 글을 써서 선고의 문집 끝에 놓았다. 잎이 떨어져 뿌리로 돌아가는 것은 이치라. 또 아는 자로 하여금 그가 죽어서 알려지지 못한 것이

98 망아의 영고 : 남유용의 아버지 남한기(南漢紀)의 문집인 《기옹집(寄翁集)》에 저자보다 몇 개월 앞서 죽은 손자 남공보(南公輔)의 〈성재영고(省齋零藁)〉가 부집(附集)되어 있다. 그 말미에 남유용이 1752년에 지은 묘표가 있고 첫머리에는 남유용이 이 영고를 직접 편찬한 경위를 짤막하게 기술한 글이 있다. 또 오재순(吳載純)의 《순암집(醇庵集)》 권6에 있는 〈성재영고발(省齋零藁跋)〉에는 "뇌연공이 상자 안에 있던 약간의 시를 모아 〈성재영고〉라고 했다.〔雷淵公收錄其箱篋若干首曰省齋零藁.〕"는 말이 나온다.

99 계미년(1763) : 남유용의 나이 66세 되던 해이다.

타고난 자질 탓이 아님을 슬퍼하게 하려 할 뿐이로다. 뇌연옹(雷淵翁)이 쓰다.

태화 형님께서 손수 쓰신 〈대학첩〉에 붙인 발문
太華手書大學帖跋

기억하기로 옛날 정유년(丁酉年)에, 돌아가신 형님 태화공(太華公)께서는 눈병을 앓은 지 일 년이 넘어 거의 사물을 분별하지 못하셨다. 그래서 시서(詩書)는 시렁에 묶어두고 마음이 답답하고 무료하면 문득 《대학장구(大學章句)》가 쓰인 침실의 작은 병풍 앞으로 다가가서 아침부터 밤까지 눈을 감고 읊조리셨다. 긴가민가하는 글자가 있으면 바짝 가서 살펴보시고 간간이 또 말없이 생각에 깊이 잠기기도 하시면서 글의 뜻을 연구하시는 것이 마치 마음으로 재계하면서 물아일체가 된[100] 사람 같았다. 이와 같이 며칠을 보내시니 몇천 번이나 암송하였는지 모를 정도였다.

공은 항상 "내가 경전에 있어서는 오직 《대학》만이 입에 익다."라고 말씀하셨다. 그러나 공의 평생을 돌아보면 집에 있을 때는 효우(孝友)하셨고, 사람들과 지내면서는 충신(忠信)하셨다. 본말을 아우르고 시종을 꿰셨고, 마음씀의 전일함이나 공력의 깊음은 실로 가릴 수 없는 것이 있었다. 어찌 입에 익숙하게 외는 것에 그칠 뿐이었겠는가?

공이 돌아가시고 영인(令人)이 울면서 그것을 거두어 간직하고 계시

100 물아일체 : 원문의 '坐忘'은 《장자(莊子)》〈대종사(大宗師)〉에 나오는 말로, 물아(物我) 양쪽이 서로 잊어서 도(道)와 더불어 합일(合一)되는 정신 경계(精神境界)를 말한다. "자신의 신체나 손발의 존재를 잊어버리고, 눈이나 귀의 움직임을 멈추고, 형체가 있는 육신을 떠나 마음의 지각(知覺)을 버리고, 모든 차별을 넘어서 대도(大道)와 동화되는 것이 좌망(坐忘)이다." 라고 하였다.

다가 아들이 장성할 때를 기다려 건네주셨다. 지금 공필(公弼)이 또 닳고 해진 곳을 보수하고 장정을 다시 하여 첩자(帖子)로 만들고는 나에게 소지(小識)를 지어달라고 청하였다.

아! 공의 심획(心畫)[101]은 비록 장난삼아 쓰고 휘갈겨 쓴 것이라 하더라도 사람들에게 진기한 완물로 여겨졌거늘 하물며 이 하나의 첩자는 공의 초년 학문의 정교함을 볼 수 있어 더욱 귀하게 여겨질 수 있음에랴. 질병을 근심한 것이 아니라 황폐하고 태만한 것, 이것을 두려워하며 힘써 훈전(訓典)에 마음을 기울이셨으니 뜻이 돈독하셨기 때문이요, 고인의 격언이라면 무엇인들 암송할 만한 것이 아니겠는가마는 유독 《증전(曾傳)》[102] 한 책을 취하셨으니 지키는 것이 간략하셨기 때문이다.

일찍이 이것을 쓰실 때 보니 눈이 부시어 매번 아직 햇살이 퍼지지 않을 새벽을 타서 두세 줄을 적으시고 여러 날 걸려서 완성하셨으니 노고가 심하셨다. 그러나 글자 하나하나에 마음을 담아 한 획도 흐트러뜨리지 않았으니 어디서든지 공경하는 마음을 기울이지 않음이 없었기 때문이었다. 대저 한 가지 일로 삼선(三善)[103]이 갖추어졌으니 후대

101 심획 : 146쪽 주85 참조.

102 증전(曾傳) : 《대학(大學)》을 가리킨다. 증자(曾子)가 공자가 말한 것을 기술하고 증자의 문인들이 전술하였기 때문에 《증전(曾傳)》이라 한 것이니, 증자가 공자의 가르침을 전하였다는 의미가 담겨 있다.

103 삼선(三善) : 세 가지 잘 섬기는 것이다. 즉 신하로서 임금을 섬기고 아들로서 아버지를 섬기고 어린이로서 어른을 섬기는 것이다. 《예기》 〈문왕세자(文王世子)〉에 "한 가지 일을 행하여 세 가지 선이 모두 이루어질 수 있는 사람은 세자(世子)일 뿐이다.〔行一物, 而三善皆得者, 唯世子而已.〕"라고 하였다. 위에서 형님의 《대학》 공부가

사람들이 알지 못해서는 안 될 것이기에 그 아래에 적어 돌려준다.

효우(孝友)와 충신(忠信)으로까지 이어졌다고 언급했기 때문에 이른 말이다.

오로[104]가 쓴 염락시로 만들어진 작은 병풍에 붙인 발문
五老書濂洛詩小屛跋

양래(陽來)[105]는 소자(邵子)의 시[106]를 썼다.

숲 속에서 살다보니 늘 느지막히 일어나는데	林下居常睡起遲
근래엔 찾아오는 손님 없으니 어이 견디랴	那堪車馬近來稀
봄 깊어 해는 길어지고 주렴은 땅까지 드리웠는데	春深晝永簾垂地
마당엔 바람 없건만 꽃잎은 제냥 날리네	庭院無風花自飛

계장(季章)[107]은 주자(朱子)의 시[108]를 썼다.

104 오로(五老) : 윤봉오(尹鳳五) · 정형복(鄭亨復) · 유최기(兪㝡基) · 윤급(尹汲) · 남유용(南有容)을 말한다. 《뇌연집(雷淵集)》 권7에 이날 남유용이 이 시운을 써 각각 한 편씩을 지은 다음 다시금 당사자에게 창화를 구한 시, 〈초여름 을미일에 지추 윤계장, 사재 유양보, 이부 윤경유와 함께 판돈녕 정양래 집에 모였다. 계장이 술과 안주를 마련하니 주인옹이 이어서 대접을 하였고 저녁 내내 실컷 놀다 헤어졌다. 다섯 노인이 모두 기사에 든 사람이라 마침 수양의 고사와도 부합하기에 계장이 두기공이 당일 썼던 운을 가지고 제공들에게 화답하라고 하였다〔初夏乙未 同尹知樞季章兪四宰良甫尹吏部景孺 集鄭判敦寧陽來宅 季章具酒饌 主人翁繼之 竟夕極歡而罷 五老皆耆社中人 而適符睢陽故事 季章用杜祁公當日韻 屬諸公和之〕〉와 〈오로가 쓴 〈염락〉 다섯 편 시의 운을 써서 제공에게 편지 삼아 부치면서 창화를 구하다〔用五老書濂洛五詩韻 簡諸公求和〉를 남겼다.

105 양래(陽來) : 정형복(鄭亨復, ?~1769)으로, 본관은 동래(東萊), 자는 양래(陽來)이다. 대사간 · 대사성 · 호조 판서 · 형조 판서 등을 지냈고 강원도 · 전라도 · 황해도 관찰사 등 수령과 방백을 여러 차례 역임하였다.

106 소자(邵子)의 시 : 소옹(邵雍)의 〈모춘음(暮春吟)〉이다.

107 계장(季章) : 윤봉오(尹鳳五, 1688~1769)로, 본관은 파평(坡平), 자는 계장(季章), 호는 석문(石門), 시호는 숙간(肅簡)이다. 부수찬 · 교리 · 동지의금부사 · 대사헌

홀로 요금을 안고 옥계를 지나노라니	獨抱瑤琴過玉溪
낭랑한 맑은 소리 달 밝은 때라네[109]	琅然清韻月明時
지금은 이미 무심해진 지 오래되었건만	秪今已是無心久
도리어 두렵구려 산 앞의 삼태기 멘 이[110]가 알까봐	却怕山前荷蕢知

성지(性之)[111]는 주자(朱子)의 시[112]를 썼다.

반 이랑 네모난 연못에 거울 하나 펼쳐지니	半畝方塘一鑑開
하늘빛과 구름 그림자 함께 일렁거리네	天光雲影共徘徊
연못에게 묻노니 어이하여 그처럼 맑은가	問渠那得清如許
근원에서 콸콸 물이 흘러오기 때문이라네	爲有源頭活水來

경유(景孺)[113]는 정자(程子)의 시[114]를 썼다.

등을 역임하였다.

108 주자(朱子)의 시 : 주희(朱熹)의 〈이빈로의 옥간시를 읽고 우연히 읊다〔讀李賓老玉澗詩偶吟〕〉이다.

109 낭랑한……때라네 : 주희의 원작은 "환하게 맑은 밤 달 밝은 때라네〔朗然清夜月明時.〕로 되어 있다.

110 삼태기 멘 이 : 혼란한 세상을 피해 숨어 사는 사람을 말한다. 《논어(論語)》〈헌문(憲問)〉에, 삼태기를 메고 가던 사람〔荷蕢人〕이 공자의 경쇠 소리를 듣고는 "경쇠 두들김이여, 마음이 세상에 있구나.〔有心哉 擊磬乎〕"라고 비평한 내용이 나온다.

111 성지(性之) : 안윤행(安允行, 1692~?)으로 본관은 죽산(竹山), 자는 성지(性之), 시호는 충헌(忠憲)이다. 교리·승지·대사간·형조판서 등을 거쳐 판돈녕부사에 이르렀다.

112 주자(朱子)의 시 : 주희의〈관서유감(觀書有感)〉이다.

113 경유(景孺) : 윤급(尹汲, 1697~1770)으로, 본관은 해평(海平), 자는 경유(景孺), 호는 근암(近庵), 시호는 문정(文貞)이다. 이조 판서·한성 판윤·좌참찬 등을 지냈다.

114 정자(程子)의 시 : 정이(程頤)의 〈왕전기가 약을 부쳐준 것에 사례하다〔謝王佺期寄藥〕〉이다.

지극한 정성은 성인과 통하고 약은 신령과 통해　至誠通聖藥通神
멀리서 노쇠한 늙은이에게 부쳐 병든 몸 구제하였구려　遠寄衰翁濟病身
내게도 단약[115] 있는데 그대는 믿겠는가　我亦有丹君信否
때맞춰 잘 쓰면 이 백성을 장수하게 할 수 있다네　用時還解壽斯民

덕재(德哉)는 주자(朱子)의 시를 썼다.[116]
어젯밤 조각배에 비 내리기에 도롱이 걸쳤는데　昨夜扁舟雨一蓑
묻노니 강 가득했던 풍랑은 어찌 되었을까　滿江風浪問如何
오늘 아침에 가만히 외로운 봉창 걷고 내다보니　今朝試揭孤篷看
다 그대로인데 청산에 푸른 나무들 많아졌구나　依舊青山綠樹多

기축년(己丑年 1769, 영조45) 무진월(戊辰月) 경술일(庚戌日)에 다섯 노인이 수양(睢陽)의 고사(故事)[117]를 본떠서 정 상서(鄭尙書)의 집에 모였다. 술이 반쯤 거나해졌을 때 화전(花牋) 몇 폭을 꺼내 다섯 명이 각각 염락시(濂洛詩)를 쓰니 대개 밤에 촛불을 잡고 노니는 뜻[118]

115 단약 : 세상을 경륜하고 구제할 수 있는 유가(儒家)의 도(道)를 의미한다.

116 덕재(德哉)는……썼다 : 덕재는 남유용의 자이고, 주자의 시는 〈배를 타고 수구로 가면서〔水口行舟〕〉이다.

117 수양의 고사 : 수양(睢陽)은 남경(南京)으로 지금의 하남성(河南省) 상구현(商丘縣) 남쪽의 지명이다. 북송(北宋)의 두연(杜衍)이 재상에서 물러난 뒤 수양에서 왕환(王渙)·필세장(畢世長)·주관(朱貫)·풍평(馮平)과 함께 오로회(五老會)를 결성하여 시주(詩酒)를 즐겼다. 당시 그의 나이 80세였고 나머지 사람들의 나이도 80세부터 94세까지였는데 모두 고령인데도 강녕(康寧)하여 세인의 부러움을 샀다고 한다. 《澠水燕談錄 高逸》

118 촛불을……뜻 : 원문의 '秉燭'은 무상한 인생을 헛되이 보내지 말고 실컷 즐기자는 의미로 흔히 쓰인다. 고시(古詩)에 "사는 나이는 백 년도 채우지 못하면서, 항상 천 년의 시름을 품고 있구나. 낮은 짧고 밤이 긴 것이 괴로우니, 어찌 촛불 손에 쥐고 노닐지 않겠는가?〔生年不滿百, 常懷千歲憂. 晝短苦夜長, 何不秉燭游?〕"라는 구절이

이었다. 이 뒤를 이어 몇 년이나 이 모임을 열 수 있을지 알 수 없지만, 매번 모일 때마다 이 화전을 꺼내서 한 번씩 읊조리고 또 각각 시 한 수씩을 적어 질장구 두드리는 노래[119]를 대신한다면, 비록 수백 장에 이른다 해도 많다고 싫어하지는 않으리라. 이에 적는다.

기억하기로 예전 정해년(丁亥年, 1767년, 영조43) 중하(仲夏)에 나는 두 분의 윤 대감과 정공의 집에 모였다. 그때 유 사재(兪四宰) 양보(良甫)[120]가 우리 4명과 함께 오로(五老)가 되어 함께 두기공(杜祁公)의 수양시(睢陽詩)[121]에 화답하면서 즐거워하였다. 지금 두 해가 지나 이어서 이 모임을 열었는데 유공(兪公)은 가고 안공(安公)이 왔다. 술 마시고 담소하는 사이에 훤칠한 모습이며 흰 살쩍이 눈에 선하여 처연히 감회가 일지 않을 수가 없었다. 또 쓰다.

나온다.《文選 卷29 古詩19首》

119 질장구……노래 : '鼓缶歌'는 질그릇 치며 노래한다는 뜻으로, 노년을 여유롭게 즐기는 것을 말한다. 151쪽 주95 참조.

120 유 사재(兪四宰) 양보(良甫) : 유척기(兪拓基, 1689~1768)로, 본관은 기계(杞溪), 자는 양보(良甫), 호는 자락헌(自樂軒)·무수옹(無愁翁), 시호는 정간(貞簡)이다. 대사성·대사헌·지의금부사 등을 역임하였고 뒤에 판의금부사를 거쳐 우참찬에 이르렀다. 사재(四宰)는 우참찬(右參贊)의 별칭이다.

121 두기공(杜祁公)의 수양시(睢陽詩) : 오로회를 결성하면서 당시 두연(杜衍)이 썼던 원시는 〈수양 오로도(睢陽五老圖)〉이다.

윤계장 봉오 의 〈오로회도〉에 쓰다
尹季章 鳳五 五老會圖題

기축년(己丑年 1769, 영조45) 모춘(暮春) 경술일(庚戌日)에 삼재(三宰)[122] 윤공(尹公) 계장(季章)이 장차 호중(湖中 충청도 지방)으로 돌아가려 할 때 내가 윤 상서(尹尙書) 경유(景孺)·안 경윤(安京尹) 성지(性之)와 함께 정 판돈(鄭判敦) 양래(陽來)의 집에서 송별을 하였다. 이에 오로회(五老會)를 결성하고 술기운이 오르자 화전(花牋) 몇 폭을 내어 다섯 노인이 각각 좋아하는 염락시를 써서 잔치의 즐거움을 북돋았으니 이 또한 한때의 풍취있는 일이었다. 이윽고 계장(季章)이 솜씨 좋은 화가[123]를 고용하여 그림을 그리도록 하고는 돌아가는 행장에 넣어 주었다.

아! 나는 알겠노라. 산 속 집에 술 익고 사립문에 객이 없으면 옛날 노닐던 일이 선명히 마음속에 떠오를 것을. 이때에 이 그림을 내어 본다면 고요한 정원 깨끗한 대자리에서 흰머리 서로 바람에 날리며 술 마시면서 붓을 휘두르는 웃는 얼굴들이 손에 잡힐 듯할 터, 공 또한 그 속에 있는 한 노인일 뿐이리라. 이것으로 마음을 즐겁게 하고 근심을 쏟아내는 것이 오히려 꿈속에서 길을 찾아가는 것[124]보다 낫지 않겠

122 삼재(三宰) : 재상의 차례에서 세 번째가 된다는 뜻으로 '좌참찬(左參贊)'을 달리 이르는 말이다. 윤봉오가 좌참찬을 지냈기 때문에 이른 말이다.

123 솜씨……화가 : 원문은 '龍眠'으로 본래 송대(宋代)의 저명한 화가 이공린(李公麟)을 가리키는 말이다. 용면산(龍眠山)에 살면서 용면거사(龍眠居士)라 자호했다.

는가? 공이 나에게 한마디 말을 부탁해 온 것은 내가 이 뜻을 안다고 여기기 때문이런가? 덕재(德哉)가 영로당(榮老堂)에서 쓰다.

124 꿈 속에서……것 : 남조(南朝) 송(宋)나라 심약(沈約)의 〈별범안성(別范安成)〉에 "우리네 인생살이 젊은 시절에는, 헤어질 때 만날 기약하기 쉽더니, 그대와 함께 늙은 지금 이 시절은, 다시 서로 헤어질 때 아니라네. 한 잔 술 별거냐고 말하지 마오. 내일 이 술잔 잡기 어렵나니. 꿈속에 찾아갈 길 알지 못하는데, 무슨 수로 그리움을 달래 보리오.〔生平少年日, 分手易前期. 及爾同衰暮, 非復別離時. 勿言一樽酒, 明日難重持. 夢中不識路, 何以慰相思.〕"라고 하였다.《文選 卷20》 주자(朱子)는 이 시를 이계장(李季章)에게 보낸 편지에 인용하여 그리워하는 마음을 나타내었는데 이 글 또한 윤계장에게 주는 글이기 때문에 끌어온 것으로 보인다.《朱子大全 卷29 與李季章書》

화양선생[125]께서 손수 쓰신 간독에 붙인 발문 신묘년(1771, 영조47)[126]

華陽先生手簡跋 辛卯

위의 첩자(帖子)는 한 태복(韓太僕) 백창(伯昌)의 집안에 보관되어 있던 화양선생(華陽先生)의 수간(手簡)이다. 선생의 학문은 산악처럼 높고 바다처럼 드넓어서 온축되어 있지 않은 바가 없다. 보통의 필묵에 나타난 것이라 하더라도 거침없는 것이 우임금이 물을 흘러가게 하였으되 아무 일도 하지 않았던 것[127]과 같았으니 세상에서 격식이나 법도, 태도나 얼굴빛에 얽매여 있는 사람과는 진실로 이를 말하기에 부족하다.

대개 백창(伯昌)의 선친은 사계(溪門 김장생) 가문의 외손이었다. 그 덕분에 선생을 심복하여 섬기면서 서로를 사우(師友)로 여겨 주고받은 서찰이 수십 장에 그치지 않는다. 시대를 애달파하고 도를 근심하는 뜻과 선을 행하고 잘못을 바로잡는 말이 슬프고 온순(溫醇)하였으니 후대에 보는 자들로 하여금 참으로 스승님 앞에서[128] 말씀을 직접 받드

125 화양선생(華陽先生) : 우암(尤菴) 송시열(宋時烈)을 가리킨다.

126 신묘년(1771) : 남유용의 나이 74세 되던 해이다.

127 우임금이……것 : 물 흐르듯 자연스러운 이치대로 일을 처리하기 때문에 일이 없는 것과 같다는 의미이다. 《맹자》〈이루 하(離婁下)〉에 "우 임금이 물을 흘러가게 하신 것은 그 무사(無事)한 바를 행하신 것이니, 만일 지혜로운 자가 또한 무사(無事)한 바를 행한다면 지혜가 또한 클 것이다."라는 말이 나온다.

128 스승님 앞에서 : 원문의 '函丈'은 원래 한 길〔丈〕을 용납할 수 있는 공간으로, 스승

는 듯 느끼게 할 것이다.

아! 존경스러울 뿐이로다. 예전에 덕을 좋아하는 한씨 3대의 정성이 평소 사문(斯文)에 중망을 받지 않았더라면 또 어찌 대현에게 이러한 글을 받을 수 있었겠는가? 옛 도를 찾아보기 어려움을 개탄하고 지금은 그렇지 못함을 슬퍼하면서 그 아래에 써서 돌려준다.

의 자리를 말한다. 《예기(禮記)》〈곡례(曲禮)〉에, "만약 음식을 대접하는 손님이 아니고 스승과 강론하는 자리이면 자리를 펴되 한 길쯤 되는 공간을 띄운다.〔若非飮食之客, 布席, 席間函丈.〕"라는 말에서 유래하였다.

도곡[129] 오세보에 붙인 발문

陶谷五世譜跋

나의 방조(旁祖)이신 동지공(同知公), 영평공(永平公) 부자(父子)께서는 덕이 높고 풍류가 있어 당시에는 명성이 높았다. 그러나 후손이 한미해져 문헌을 징험할 수 없게 되더니 세대가 멀어질수록 점점 민멸되어 거의 무덤의 풀과 함께 썩게 되었다. 슬픈 일이었다.

종인(宗人) 공리(公理)는 영평공(永平公)의 서증손(庶曾孫)이다. 대대로 양주(楊州)[130] 선영 아래 집을 짓고 살면서 아이 때부터 태화(太華) 형님을 심복하며 섬겼고, 또 유배 가신 남쪽 변방으로 따라가서는[131] 신중하고 성실함으로 특별히 칭찬과 사랑을 받았다. 태화 형님께서 돌아가시고 군은 고향의 전원으로 돌아갔다.

아들 한길(漢吉) 또한 한양으로 나를 따라 왔는데 처음 올 적에는 더벅머리로 장성하지 못한 상태였으나 지금은 머리숱이 무성하게 검어졌다. 그러나 춥고 배고파도 떠나지 않고 근심과 즐거움을 함께 하였으니 그의 아버지와 너무도 비슷하였다. 때로는 눈으로 보고 귀로 들은 것으로 능히 그 내면을 꾸며서 내가 시서를 교수(校修)하는데 자못

129 도곡(陶谷) : 현 남양주 와부읍 도곡리를 말한다. 이곳에 남유용의 별장이 있었다.

130 양주(楊州) : 원문의 '維楊'은 경기도 양주의 다른 이름이다. 여기 남유용(南有容) 집안의 선영이 있었다.

131 유배……따라가서는 : 남유상이 1728년 소론(少論)의 우두머리 이광좌(李光佐)를 논척(論斥)하다가, 당론을 일으켰다 하여 영암(靈巖)으로 유배간 사실을 말한다.

힘을 써 주었으니 참으로 가인(可人)[132]이었다

군은 선조의 아름다움이 가라앉고 묻혀서 드날리지 못하게 된 것을 스스로 슬퍼하며 세보(世譜)·가승(家乘) 및 비각문자(碑刻文字)를 널리 수집하여 선사(繕寫 부족한 점을 보충하여 정서함)하여 한 책으로 만들었다. 그리하여 그 5세 동안의 일사(逸事)가 찬연히 전술(傳述)되기에 충분해졌으니, 이전에 부지런히 마음을 쓴 것이 항상 근본을 도타이 하고 조상을 추모하는 데 있지 않았다면 어찌 능히 이를 이룰 수 있었겠는가? 또 '이 기록이 못난 자손에게서 나왔기 때문에, 사람들에게 중시를 받지 못하게 된다면 후세 사람들에게 반드시 믿음을 얻으리라고 어찌 보장할 수 있겠는가?'라고 생각하고 나를 찾아왔으니, 아! 나는 그대가 행한 것이 참으로 기특하면서 또 슬픈 마음이 든다.

세상 사람들은 자신이 어디에서 나왔는지 아는 자가 드물다. 지위와 문벌로 출세를 해야 하는 길에 이르러서야 모공(某公)이니 모경(某卿)이니 즐겨 들먹거리면서 사람의 가치를 높이려 드니, 이와 같은 자라면 이 기록에 부끄러움이 없을 수 있겠는가? 드디어 권의 말미에 써서 보낸다.

132 가인(可人) : 재덕이 있는 사람을 말한다. 《예기(禮記)》 〈잡기 하(雜記下)〉에 "그가 교유한 사람이 잘못된 것이지 이 사람은 가인이다.〔其所與遊辟也, 可人也.〕"라고 하였는데, 공영달(孔穎達)의 소(疏)에 "가인은 성품과 행실이 올바른 사람이다."라고 하였다.

조 학사 경서 준[133]의 〈사목도설〉[134] 뒤에 쓰다

題趙學士景瑞 竣 四木圖說後

위 그림은 아이들 놀이인데, 기술은 비록 말단이지만 도(道)에 돌이켜 보면 지극한 이치가 존재하고 있다. 감(坎)에서 일어나 진(震)으로

133 조 학사 경서(趙學士景瑞) : 조경(趙璥, 1727~1789)을 가리킨다. 본관은 풍양(豊壤), 자는 경서(景瑞), 호는 하서(荷棲), 시호는 충정(忠定)이다. 준(竣)은 그의 초명이다. 1763년(영조39) 문과에 급제한 후 검열·부제학·대사성·공조 참판·좌승지·대사헌·함경도 관찰사·지돈녕부사·형조 판서 등을 역임하였다.

134 사목도설(四木圖說) : 지금의 윷놀이와 유사한 민속놀이로, 사목도는 팔괘 방위의 모습을 근간으로 하여 그려졌을 것으로 추정된다. 조경의 〈사목도설〉에 나와 있는 내용을 요약하면 다음과 같다. 사목도는 둥근 종이에 점을 나열하여 판을 만든다. 판의 모양이 둥근 것은 하늘을 본뜬 것이다. 한 판에서 얻을 수 있는 점의 수는 29개이다. 그중 한 개는 중앙에 있으면서 사방을 응대하는데 이것이 추(樞)이고, 하늘의 추를 본뜬 것이다. 추 밖에 줄을 지어 둘러있는 점은 28개인데 별자리를 본뜬 것이다. 판 속에는 가로 세로 두 개의 길이 서로 섞여 있으니 일월의 길을 본뜬 것이다. 놀이를 하는 자는 네 개의 나무를 던져 판 위에 말을 달리게 한다. 판은 간(艮)에서 시작하여 감(坎)에서 마치는데 그것은《역》에 이르기를 "만물이 시작되는 것은 간보다 성한 것이 없다"라고 하였고 또 "감은 만물이 돌아가는 바이다."라고 하였기 때문이다. 그러나 간으로부터 감에 이르는 데에는 네 개의 갈림길이 있다. 진(震)으로부터 들어가 판 속의 세로 길을 얻어 서쪽으로 태(兌)에 이르고 북쪽으로 꺾어 감(坎)에 이르는 방법, 진(震)을 건너고 손(巽)을 넘어 이(离)를 따라 들어가 판 속의 가로 길을 얻어 감(坎)의 두 갈래 길에 도달하는 방법 등이다. 길을 가다가 중앙에 있는 추(樞)을 얻으면 지름길로 감(坎)으로 나올 수 있다. 모든 움직이는 말은 모두 네 갈래길을 따라 앞서거니 뒤서거니 하면서 감(坎)에 도달하게 되고 한 판의 승패가 결정나게 된다. 혹 두 말이 서로 한 점에서 만나면 뒤에 도달한 말이 덮쳐서 먼저 도착한 말이 죽게 된다. 이는 해와 달이 서로 먹는 것과 같다.《荷棲集 卷10 雜著》

들어가는 길은 판 가운데 곧은 길을 따라 서쪽으로 태(兌)에 이르고 또 북쪽으로 꺾어 감(坎)으로 돌아오니 이로움이 나가는 데 있다. 그러나 늘 득실과 성패의 길을 가기 때문에 근심과 걱정이 그칠 때가 없는데, 추(樞)를 만나 머물러 있지 않으면 근심 걱정을 거의 면할 수 있다.

대저 진(震)으로 들어가 추(樞)를 얻어 길을 꺾어서 곧바로 감(坎)으로 나오면 이로움이 빠른 것에 있다. 그러나 추(樞)라는 것은 한 판에서 다투는 곳이라 세력을 독점적으로 얻을 수도 있지만 받아들이는 적이 많아서 죽음을 면하는 것이 요행일 따름이다.

진(震)을 넘어가 남쪽으로 이(離)에 들어가 북쪽으로 꺾어 아래로 감(坎)에 도달하는 길은 진실로 더디고 느려 재미난 것이 없는 것 같다. 그러나 요해처로 전투가 벌어지는 곳에서는 멀어져 있다. 마치 용마루에 웅거하고 관문을 내려다보는 것 같아 어렵다 여기면 그치고 괜찮다 싶으면 움직이면 되니 기미를 보고 변고를 제압하기에 충분하다. 그래서 이(離) 밑에 있는 한두 집을 판 가운데 제일의 복지(福地)라고들 한다.

대저 세상에서 추(樞)를 하려는 자들은 무한정 많고, 추를 만남에 머물러 있지 않는 자들은 적다. 아득히 높은 곳으로 올라가 뜻을 추에 두지 않는 자는 원대한 자이다. 여기에서 상(象)을 보고 자신에게 반성할 수 있다면 대인의 도에 거의 가까울 것이다. 또한 시작은 좋았으나 끝이 없는 자도 있고 시작은 막혔으나 끝은 형통하는 자도 있으며 처음과 시작 모두 근심이 없는 자도 있다. 이것은 시운(時運)이다. 군자는 도를 말하지 시운을 말하지 않는다. 그러나 자만하면 손해를 부르고 겸손하면 이익을 얻는 것이 하늘의 도이다.[135] 경서(景瑞)의 이 〈사목도설〉은 참으로 훌륭하다. 다만 하늘의 운만을 말하고 인사에는 미치지 못하였으니 석주(石洲)의 〈종정도설(從政圖說)〉[136]의 풍계(諷戒)가 간절하고 세상에 도움이 되는 것만은 못하다.

135 자만하면……도이다 : 《서경》 〈대우모(大禹謨)〉에 "자만하면 손해를 부르고 겸손하면 유익함을 얻으니 이것이 곧 천도이다.〔滿招損, 謙受益, 時乃天道.〕"라는 말이 나온다.

136 석주(石洲)의 종정도설(從政圖說) : 권필(權韠)이 종이를 펼쳐 놓고 소리치며 주사위를 던져서 나오는 글자에 따라 관반과 작질을 올리고 낮추어 관반과 작질의 귀천에 따라 승패를 결정하는 민속놀이에 대해 설명한 글이다. 이 글에서 권필은 "올라서 귀하게 된 자라고 해서 반드시 그 사람들이 모두 어진 것도 아니며, 내려가서 천하게 된 자라 해서 반드시 그 사람들이 모두 어리석은 것도 아니다. 처음에는 물러났다가 나중에 나아간 자가 어찌 앞에서는 재주가 없었다가 뒤에는 재주가 있는 것이겠으며, 처음에는 나아갔다가 나중에 물러난 자가 어찌 앞에서는 재주가 있었다가 나중에 재주가 없는 것이겠는가. 관반과 작질이 오르고 내리는 것을 이미 어질고 어리석음과 재주 있고 재주 없음으로 논할 수 없은즉 단지 우연히 운수가 좋으냐 나쁘냐를 점칠 뿐이다."라고 하여 놀이를 인사의 문제와 연관 지어 논했다. 《石洲集 外集 卷1》

유옥류동기[137] 을미년(1715, 숙종41)[138]

遊玉流洞記 乙未

도곡(陶谷)에 있는 우리 별장에서 서쪽으로 5리를 가면 골짜기가 둘러싸 그윽한 곳이 있다. 샘물이 벼랑을 타고 내려와 뿜으면 폭포가 되고 멈추면 맑은 못이 되는데 마을 사람들이 이를 옥류동(玉流洞)이라고 불렀다. 예전에 우리 증조부(남용익)께서 벼슬을 그만두고 산에 사실 때에 견여(肩輿)로 그곳을 유람하시면서 돌아보고 즐거워하시었다. 그러다가 서암(西巖)의 정상을 택하여 정자[139]를 짓고는 내려 보시며 일세의 명사들과 서로 어울려 시를 지으셨으니 옥동(玉洞)의 폭포가 비로소 나라 안에 이름이 났다.

을미년(乙未年, 1715년, 숙종41) 가을 나는 산사에서 글을 읽다가

137 유옥류동기 : 현 남양주 별내면 청학리 수락산에 있는 옥류동 일대를 유람하며 쓴 기문이다.

138 을미년(1715) : 남유용의 나이 18세 되던 해이다.

139 정자 : 옥류동에 위치한 간폭정(看瀑亭)이다. 남용익은 이 정자를 짓게 된 계기와 느낌을 〈간폭정기(看瀑亭記)〉에 남겼다. 《壺谷集 卷15》

마을 노인 두 분을 따라 이곳을 거닐면서 노닐었다. 이날 하늘에서 비가 내리기 시작하자 계곡의 물이 수락산 오른쪽 등성이에서 내려온 물과 합쳐서 한 물줄이로 쏜살같이 내려오니, 폭포는 이 물을 얻자 기운이 더욱 웅장해지고 소리가 더욱 사나워져 양 봉우리 사이에서 물을 뿜어대며 격렬하게 쏟아내는데 그 기세를 제어할 수 없을 듯, 매우 기이하였다.

함께 노닐던 노인이 나를 돌 비탈에서 부르며 말하기를 "이곳은 자연대(紫烟臺)입니다." 라고 하고, 나를 깎아지른 낭떠러지에 세워놓고는 "이곳은 향로봉(香爐峯)입니다"라고 하였다. 나를 소나무 한 그루와 두 바위 사이에 앉히고는 "이곳은 옛 정자 터입니다. 돌아가신 상서(尙書)께서 여기에서 잔치를 벌이시고 술을 마시셨는데 아무 객은 시중을 들었고 술잔을 돌린 자는 아무 승려였지요."라고 하였다.

아! 노인이 옛날에 우리 조부와 정자에서 술을 마실 때 용마루는 날아갈 듯하고 잔치 자리는 정연하였을 것이다. 그런데 지금 나와 술을 마실 때는 시든 풀만 내 신발을 뒤덮고 푸른 안개와 맑은 이슬만 내 옷을 적시고 있구나. 또 어찌 알겠는가. 훗날 왔을 때 소나무가 바위가 되지 않고 바위가 소나무가 되지 않을 줄을. 또 어찌 알겠는가. 창안 백발의 노인이 오늘처럼 나와 함께 술을 마시고 있을 줄을. 이에 술잔을 들어 서로 즐기면서 노래를 불러 뜻을 읊었다. 술자리를 파하고 나서 마을 사람들이 "기록이 없어서는 안 됩니다."라고 하기에 드디어 동암(東庵)의 등영료(燈影寮) 아래에서 쓴다.

이송원기 병신년(1716, 숙종42)[140]

二松園記 丙申

정원에 두 그루 소나무 있는 곳이 어찌 우리 정원뿐이랴. 그런데 우리 정원을 특별히 이송(二松)으로 이름한 것은 무엇을 나타내려 함인가? 옛날에는 정원에 큰 나무들이 많아 봄과 여름에는 대궐 동산의 나무들과 뒤엉켰다. 그러자 나라에서는 대궐 동산 가까이 있는 민가의 나무들이 빽빽하게 우거져, 도둑질하는 무리들이 이를 인연하여 자취를 숨기므로 매우 편치 못하다고 하여 모두 베라는 명령을 내렸다. 이에 우리 정원의 나무 가운데 높고 큰 것들은 도끼에 모두 베어졌고 유독 소나무 두 그루와 잣나무 한 그루만 요행히 살아남았다.

그 후 10년이 지나 잣나무 또한 풍우에 뽑혀 버리고 나머지 단풍나무와 전나무, 꽃과 대나무의 움튼 것이나 떨기지어 자란 것들도 꺾이고 쓰러진 것이 이루 다 셀 수 없었다. 오직 두 그루 소나무만이 부러진 줄기, 떨어진 잎 사이에 우뚝 서 있는데 그 빛깔은 더욱 엄숙하고 그 기운은 더욱 씩씩하였으니 아! 신기한 일이었다.

이에 가대인(家大人)께서 두 아들을 데리고 소나무 아래에서 술잔을 드시고는 이윽고 근심스레 일어나 말씀하시기를,

"소나무 무성한 이곳은 우리 조부께서 쉬셨던 곳이라. 도끼도 너를 해치지 못하고 풍우도 너를 꺾지 못해 울창하게 고가(故家)의 교목(喬木)[141]이 되었으니 아마도 하늘이 붙들고 귀신이 도운 것이런가.

140 병신년(1716) : 남유용의 나이 19세 되던 해이다.

내가 대나무 정자의 옛 재목을 취하여 정원 속에 서까래 몇 개를 새로 세우려고 한다. 이 돌을 쌓고 이 못을 파 너에게 안식처를 제공하리니, 선대의 홍망을 서술하는 것은 자손의 잘하는 일이라.-정원 속에 일섭(日涉)이라고 하는 대나무 정자가 있었다.[142] 증왕고께서 건축하신 것인데 지금은 없어졌다.- 너는 기억할지어다."

라고 하셨다. 이윽고 그 정원의 이름을 "이송(二松)"이라고 하여 이 뜻을 잊지 않음을 보이셨고 훗날 정자가 이루어지면 장차 "이송"이라는 편액을 달겠노라 하셨다. 우선 기문을 적는다.

141 고가의 교목 : 교목은 몇 대에 걸쳐서 크게 자란 나무라는 뜻으로, 《맹자》〈양혜왕 하(梁惠王下)〉의 "이른바 고국이란 대대로 커서 높이 치솟은 나무가 있다는 말이 아니요, 대대로 신하를 배출한 오래된 집안이 있다는 것을 의미한다.〔所謂故國者, 非謂有喬木之謂也, 有世臣之謂也.〕"라는 말에서 유래하였다. 여러 대에 걸쳐 중요한 지위에 있으면서 나라를 다스려온 집안을 말한다.

142 정원……있었다 : 남용익의 《호곡집》 권3 〈집 뒤편에 일섭정(日涉亭)이 완성되어 기뻐하며 짓다〔家後日涉亭成喜而有賦〕〉라는 시가 있는데 그 첫 구절에 "동산 위에 모정이 다행히 그런대로 완성되니, 시야가 비로소 탁 트이고 무릎이 비로소 편안하네.〔園上茅亭幸苟完, 眼初開豁膝初安.〕"라고 하였다.

유서호기

遊西湖記

이의숙(李宜叔 이천보(李天輔))이 서호(西湖)에 사는데 종형(從兄) 사수(士受)[143]에게 편지를 보내 삼월 삼짇날에 서호(西湖)를 유람하기로 약속하였다. 사수는 의숙의 편지를 가지고 우리 형제에게 함께 가자고 청하였다.

이에 술병 두 개를 가지고 도화동(桃花洞)을 출발하여 물가에 살고 있는 외족을 방문하였다가 말을 달려 현석강(玄石江)[144]에 이르니 제군들은 이미 배를 타고 있었다. 사수는 술 한 병을 들고 왔고, 황중원(黃仲遠)은 술 두 통을 가지고 뒤에 도착하였고, 이계화(李季和)[145]는 가지고 온 것이 없었다. 사아(士雅 남유상)는 큰 술잔 두 개를 구비해 오셔서 이것으로 장차 두 사람에게 벌주를 먹이려 하였는데 끝내 벌주를 먹이지는 못하였으니[146] 계화는 가장 먼저 왔고 중원은 가지고 온 것이 과분

143 종형(從兄) 사수(士受) : 이정보(李鼎輔, 1693~1766)로, 본관은 연안(延安), 자는 사수(士受), 호는 삼주(三洲)·보객정(報客亭)이다. 대사간·대사성·승지·이조 판서·대제학·예조 판서 등을 역임하다 만년에 벼슬이 판중추부사에 이르렀다.

144 현석강(玄石江) : 지금의 마포구 현석동 일대인 현석촌 앞을 흐르는 한강을 이른다.

145 이계화(李季和) : 이정섭(李廷燮, 1688~1744)의 자가 계화(季和)이다. 시직(侍直)·익찬(翊贊) 등의 벼슬을 하였다.

146 벌주를……못하였으니 : 《안자춘추》 〈내편(內篇) 잡하(雜下)〉에 제(齊)나라 경공(景公)이 조회에 늦게 도착한 안자(晏子)에게 벌주를 내린 이야기가 나온다. 술을 따르는 자가 술잔을 받들어 올리며 "군주께서 그대에게 벌주를 명하셨습니다.〔君命浮

하였기 때문이었다.

김선택(金先澤) 여술(汝述)은 큰 물고기 두 마리를 삶아 술안주를 만들어 주었다. 술잔이 돌아가는 것은 계화(季和)부터 시작하여 나에게서 마쳤으니 나이 순서대로였다. 의숙이 배 안에서 음식을 차려 각각 한 그릇씩 먹었다.

드디어 떠나 수현정(守玄亭)을 지나 배를 매고 올라가 조망하였다. 대체로 사아가 앞장을 서셨고 나와 의숙이 뒤따랐으며 나머지 사람들은 쫓아오지 못하였다. 시인(詩人) 윤치(尹治)가 강둑에 우거하고 있어서 사람을 시켜 맞아오라 하였으나 결국 만나지 못하였다. 선유봉(仙遊峯)[147] 아래에 이르러 중원이 술병을 두드리며 노래를 부르니 여술이 화답하고, 제군들도 술잔을 들어 서로 권하며 즐거워하였다. 이후로는 취해서 기억이 나지 않는다. 소악루(小岳樓)[148]로 나아가서 정박하고 행주(杏洲 고양(高陽)의 옛 이름)에 이르려고 하였으나 중원이 술을 이기지 못하여 작은 배를 타고 달아나 버리고 날 또한 저무는 바람에 결국 배를 돌리고 말았다.

子.〕"라고 하였다.

147 선유봉(仙遊峯): 서울의 양화진 근처에 있는 작은 산봉우리로, 신선들이 놀던 곳이라고 하여 지어진 이름이다.

148 소악루(小岳樓) : 영조13년 동복현감을 지낸 이유(李楡)가 양천 현아 뒷산 기슭, 한강변 옛 악양루터에 재건한 누각으로 이곳 한강변 경관이 중국 동정호의 악양루에 버금가는 곳이라 하여 붙여진 이름이다.

농고와기

聾瞽窩記

부풍자(扶風子)[149]가 늙어서 마강(馬江)[150]가에 집을 짓고는 이름을 농고(聾瞽)라 하고 나에게 기문을 지어달라고 하였다. 내가 말하기를,

"신수(申繻)가 말하기를 '이름에는 다섯 가지가 있는데 은질(隱疾 숨겨진 병)로는 이름을 짓지 않는다'고 하였소.[151] 지금 농(聾)과 고(瞽)는 천하의 은질(隱疾)인데 노인께서는 어찌 여기에서 취하여 노인의 당 이름으로 삼으려 하시오? 노인은 늙었으니 귀는 장차 어두워지고 눈도 장차 어두워지겠지요. 그러나 안 들리고 안 보이는 지경에는 이르지는 않을 터인데 그렇다면 이 이름은 이미 실정을 넘어서는 것이 아니겠소?"

라고 하였다.

149 부풍자(扶風子) : 의령(宜寧) 남씨 집안의 종로(宗老)로, 휘는 용성(龍成)이고 자는 여오(汝五)이다.

150 마강(馬江) : 부여 백마강(白馬江)을 가리키는 것으로 보인다. 남유용이 지은 〈부풍자전(扶風子傳)〉에 그가 "호중에 살았다.〔扶風子居於湖中〕"고 하였다. 《雷淵集 卷27 雜著》

151 신수(申繻)가……하였소 :《춘추좌씨전》 환공(桓公) 6년(B.C.706) 조에 보인다. 환공이 대부 신수(申繻)에게 이름에 대해 묻자 신수가 대답하는 내용 가운데 "나라의 이름을 이름으로 사용하지 않으며, 관직의 이름을 이름으로 사용하지 않으며, 산천의 이름을 이름으로 사용하지 않으며, 숨겨진 병(病)의 이름을 이름으로 사용하지 않으며, 축생(畜牲)의 이름을 이름으로 사용하지 않으며, 기물과 폐백의 이름을 이름으로 사용하지 않습니다."라고 하였다.

노인이 웃으며 응답하여 말하기를,

"내 나이 70인데 귀가 본디 밝지는 못하나 육률의 음을 변별하지 못하는 데는 이르지는 않았고, 눈도 본디 밝지는 못하나 오색의 문채를 살피지 못하는 데는 이르지 않았으니 이를 농고(聾瞽)라고 하는 것은 실정을 넘어서는 것임을 저 스스로도 알고 있습니다. 그러나 저의 집 이름을 지으면서 굳이 농고(聾瞽)를 가져온 것은 다름이 아니라 대개 세상에서 쓸모없음을 취했을 따름입니다. 내가 꼭 그대에게 글을 부탁하는 것 또한 나의 쓸모없음을 아는 분으로 그대만 한 분이 없기 때문입니다."

라고 하였다. 나는

"예예. 지금 온 세상이 사람들에게 쓸모 있음으로 요구하지 않음이 없는데 노인은 쓸모없음으로 자신을 권면하시니 과연 세상에서 쓸모가 없으실지요. 옛날에 남백자기(南伯子綦)가 상구(商丘)에서 노닐 적에 큰 나무를 보았는데 가는 가지는 구불구불해서 대들보로 삼을 수 없었고, 큰 뿌리는 옹이가 맺혀서 관곽을 만들 수도 없었습니다. 자기는 말하기를 '이는 병든 나무이기 때문에 이렇게 크게 된 것이다.'라고 하였지요. 지리소(支離疏)라는 자는 턱이 배꼽에 숨어 있고 어깨가 머리보다 높으며, 두 다리가 옆구리에 있고 오장은 위쪽에 붙어 있었으니 그 병이 귀머거리나 장님보다 심한 것이 있었습니다. 그러나 쓸모가 없는 것 때문에 그 몸을 잘 보전하여 천수를 누릴 수 있었지요.[152]

152 지리소(支離疏)라는……있었지요 : 지리소는 《장자》의 〈인간세〉에 나오는 인물이다. 육신이 온전치 못했기 때문에 병역(兵役)이나 부역(賦役) 등을 모두 면제받고

대저 그 몸을 잘 보전하여 천수를 누리려 할진댄 비록 참으로 폐질이 있어서 천하에 쓸모가 없을지라도 옛날의 달인들은 오히려 취함이 있었습니다. 비록 그러하나 이른바 귀머거리는 스스로 들을 수 없는지라 사람들과 듣는 것을 가지고 다툴 일이 없고 장님은 스스로 볼 수 없는지라 사람들과 보는 것을 가지고 다툴 일이 없습니다. 그래서 그런 사람을 쓸모없다고 한 것이지요. 그러나 노인께서 귀머거리도 아니고 장님도 아닌 것을 사람들이 아는 바인데 귀먹지 않은 것을 귀먹었다고 하고 눈멀지 않은 것을 눈멀었다고 하여 쓸모없음을 구하려 한다면 사람들이 믿겠습니까?

노인께서는 어찌 그 마음과 함께 귀머거리가 되고 장님이 되지 않는 것입니까. 노인께서 집에 계실 때에 눈과 귀를 기쁘게 해주는 사물이 있는데 노인께서 이를 막으면서 기쁘지 않다 여기신다면 이는 저 기뻐할만한 것이 벌써 마음에 들어와 있는 것입니다. 대저 사물이 마음에 있는데 이목이 쓰임을 당하지 않을 수 있겠습니까? 반드시 그 마음을 어둡게 하여 이목에 있는 사물로 하여금 맞아들이지도 않고 막지도 않고 오로지 주장함도 없고 그렇게 하지 않는다는 것도 없이[153] 정신과 더불어 노닐게 하여, 귀는 눈과 함께 잊고 눈은 귀와 함께 잊고 마음은 눈과 귀와 함께 잊는 경지에 이르러야 비로소 참으로 무용(無用)이라 이를 수 있고 비로소 함께 대도(大道)를 말할 수 있고 비로소 그 몸을

국가의 구호물품으로 생활하며 오히려 장수를 누렸다고 한다.

153 주장함도……없이 :《논어(論語)》〈이인(里仁)〉에서 공자는 "군자는 천하의 일에 있어서 오로지 주장함도 없으며, 그렇게 하지 않는다는 것도 없어서 의를 따를 뿐이다.〔君子之於天下也, 無適也, 無莫也, 義之與比.〕"라고 하였다.

보존하여 천수를 누릴 수 있습니다. 노인께서는 어찌하여 그 마음과 함께 귀머거리가 되고 장님이 되지 않는 것입니까?"

라고 하였다. 노인은 흐뭇해하며 말하기를,

"이것이 나의 뜻이오. 그대가 능히 밝혀 주셨으니 청컨대 이러한 내용을 써서 기문으로 삼아 주시오. 내 장차 이 일을 실천해 보리이다."

라고 하였다.

송 휘종[154]화기 경자년(1720, 경종즉위년)[155]

宋徽宗畫記 庚子

연경을 다녀온 사람이 옛 그림 한 폭을 사서 돌아왔는데 그 무리에 있던 변군(卞君)이 나에게 기문을 지어달라고 청하기에, 살펴보았더니 송(宋) 휘종(徽宗)이 그린 〈도원도(桃源圖)〉였다. 어부는 한 사람이고 도원 속 사람은 모두 27명인데 사람마다 각기 모습을 달리 하고 있는 것이 마치 조물주가 만물에 부여한 모습인 것 같았다.

내가 무릎을 치며 탄식하며 다음과 같이 말하였다.

그림이여, 그림이여. 황제를 오국성(五國城)에 머무르게 한 것은[156] 포로가 된 것 때문이 아니라 그림 때문이로구나. 천자부터 공경대부(公卿大夫)와 사(士)·농(農)·상(商)·백공(百工)에 이르기까지 각자 맡은 일을 하지 않음이 없으니 하루라도 과업을 태만히 하면 천하의 일이 이루어지지 않는다. 그러므로 대우(大禹)는 촌음(寸陰)을 아꼈고,[157] 문왕(文王)은 한낮이 되어도 밥 먹을 겨를이 없었으며,[158] 주공

154 송 휘종 : 북송의 제8대 황제이다. 온갖 재예(才藝)에 통하였고, 특히 서화(書畫)에 뛰어난 재주가 있었다.

155 경자년(1720) : 남유용의 나이 23세 되던 해이다.

156 황제를……것은 : 금(金)나라가 쳐들어와 정강(靖康)의 난(難)을 당하여 수도 변경(汴京)이 함락되자, 휘종은 그 아들 흠종(欽宗)과 함께 금나라 군사들에게 포로로 잡혀와 오국성(五國城)에서 살다 죽었다. 《宋史 卷22 徽宗本紀》

157 대우(大禹)는……아꼈고 :《진서(晉書)》〈도간열전(陶侃列傳)〉에 "대우(大禹)는 성인이면서도 오히려 촌음을 아끼셨으니, 보통 사람의 경우는 마땅히 분음을 아껴야

(周公)은 앉아서 아침을 기다린 것이다.[159] 맹자(孟子)는 말하기를 "닭이 울 때 일어나 부지런히 선을 행하는 사람은 순(舜)의 무리이다."[160] 라고 하였다. 당시는 천하가 이미 치평(治平)을 이룩하였고 사이(四夷)가 모두 복종하여 내조하였던 때였는데도 성인께서는 여전히 아직 그렇게 되지 못하였다고 걱정하셨기 때문에 부지런함이 이와 같았던 것이니 대개 자신이 천하 사람들보다 먼저 부지런히 생업에 힘썼던 것이다.

아! 내가 《송사(宋史)》를 읽으니 휘종(徽宗)의 시대는 가히 통곡할 만하였다. 천하가 무너져 찢기고 융적들이 마구 날뛰어 사직의 운명은 아침에 저녁을 도모할 수 없었으니 바야흐로 그때 임금과 신하가 두려워하면서 안으로는 나라를 다스리고 외적을 물리칠 방책을 강구하고 밖으로는 공수(攻守)의 방비를 마련하기를 불에 탄 사람을 구제하고

할 것이다."라는 말이 나오고, 진(晉) 나라 황보밀(皇甫謐)이 지은 《제왕세기(帝王世紀)》에도 "우가 부친인 곤의 뒤를 이어 홍수를 다스릴 적에, 몸을 괴롭히고 열심히 수고하면서, 직경 한 자 되는 벽옥은 중하게 여기지 않고, 날마다 촌음을 애석하게 여겼다."라는 말이 나온다.

158 문왕은……없었으며 : 《서경(書經)》 〈무일(無逸)〉에 주공(周公)이 문왕을 두고 말하기를, "아침부터 해가 중천에 뜨고 해가 기울 때에 이르도록 한가히 밥 먹을 겨를도 없이 부지런히 하여 만민들을 모두 화합하게 하였다"라는 내용이 나온다.

159 주공은……것이다 : 《맹자》 〈이루 하(離婁下)〉에 "주공은 우・탕・문무 삼왕의 일들을 혼자 겸해서 행하려고 생각하여 그중에 혹 부합되지 않는 일이 있을 적에는 밤낮으로 우러러 생각하다가 다행히 터득한 것이 있으면 그대로 앉아서 아침을 기다렸다."라고 하였다.

160 맹자는……무리이다 : 맹자의 말에 "닭이 울 때 일어나 부지런히 선을 행하는 사람은 순의 무리이고, 닭이 울 때 일어나 부지런히 이를 행하는 사람은 도척의 무리이다." 라고 한 것이 있다. 《孟子 盡心上》

물에 빠진 사람을 건지듯 급급해야 했다. 충량한 신하들을 등용하여 대사를 계획하고 지혜와 힘을 다해 부지런히 노력하기를 사성(四聖)이 했던 것처럼 하면서도 행여 내가 그 성인들에게 미치지 못하는 것이 아닐까 걱정했어야 했다. 그러나 휘종은 편안히 아무 일도 없는 것처럼 여기고 오직 희완(戲玩)만을 숭상하고 일삼았다.

그가 이 그림을 그릴 때 선비들은 아무리 훌륭한 책략과 특별한 꾀를 품고 아뢰려고 하는 자라도 필시 들어갈 수 없었을 것이다. 좌우(左右) 부시(婦寺)[161]들 중에 이러한 것으로 임금의 마음을 엿보고 형혹(熒惑)으로 요행을 구하다가[162] 천하의 일을 망치지 않은 자가 있었던가.

아! 임금의 마음이 이미 변하였는데 공경대부, 사·농·상·백공이 제각기 일을 하지 않는 것을 어찌 탓할 수 있으랴. 상하가 업무를 태만히 하면서 천하의 일로 마음을 삼지 않았으니 그림은 참으로 공교로웠으나 어찌 나라의 멸망을 구할 수 있었으랴. 이 때문에 사로잡히기에 이른 것이고, 그래서 황제를 오국성에 머무르게 한 것은 포로가 된 것 때문이 아니라 그림 때문이라고 말한 것이다.

어떤 이는 "황제가 오국성에서 능욕을 당하였으니 시름겹고 울적해서였을 것이다."라고 말한다. 어떤 이는 "이런 것을 빌어 스스로 즐긴 것이니 이는 슬퍼할 만한 것이지 탓할 것은 아니다."라고 말한다. 이는 더욱 안 될 일이다. 황제가 오국성에서 욕을 당했다는 것은 이미 사직

161 부시(婦寺) : 궁중에서 일을 보던 여자와 환관(宦官)을 일컫는 말이다.

162 형혹으로……구하다가 : 형혹(熒惑)은 재변과 전란을 일으킨다는 별이다. 휘종은 장생궁(長生宮)을 세워놓고 형혹성에 제사를 지낸 바 있다. 《송사 권19》《宋紀八十八》

을 잊었다는 것인데 유독 그림에 대해서만 미련을 두어 차마 잊지 못하고 그래도 그림을 그렸단 말인가? 남쪽 조정[163]의 군신이 이를 듣고는 누군들 마음이 흩어지지 않았겠는가? 아! 만일 황제가 임금 역할에 근실한 것을 오히려 그림 그리듯 하고 천하를 잘 다스리는 것을 오히려 그림 그리듯 하였다면 어찌 유폐되는 능욕을 당하였겠는가? 훗날의 임금들은 아마도 여기에서 거울을 삼을 것이로다. 이윽고 그 말을 써서 기문으로 삼는다.

163 남쪽 조정 : 남송(南宋)을 가리킨다. 휘종과 흠종이 오국성(五國城)에 유배되었다가 죽고 흠종의 동생 강왕(康王) 조구(趙構 고종(高宗))가 응천부(應天府)에서 즉위하여 송 왕조를 중건하였는데 이를 남송(南宋)이라 하였다.

모장군화기[164]

毛將軍畫記

남자(南子)가 유자(兪子)의 방에서 그림을 보았는데 거기에 검은 원숭이가 있었다. 유자가 말하였다.

"그대가 일찍이 말하기를 '그림을 보는 데는 기술이 있는데 색상(色相 눈으로 볼 수 있는 물질의 형상)의 밖, 의장(意匠 그림을 그릴 때의 치밀한 구상)의 사이에서 찾으면 그린 사람의 마음을 열 개중에 늘 8,9개를 얻을 수 있다네.' 라고 했지. 그대가 한 번 보시게. 이 그림이 누구의 그림인지."

남자가 말하였다.

"이것은 도군황제(道君皇帝)의 그림[165]이네."

유자가 물었다.

"어떻게 알았는가?"

남자가 말하였다.

"그 뜻을 보고 알았을 따름이네. 내 보니 원숭이가 새끼를 먹이면서 큰 놈은 돌아보면서 먹이고 작은 놈은 머리를 쳐들고 붙어서 먹이는

164 모장군화기(毛將軍畫記) : 모장군은 명나라 말기의 장군 모문룡(毛文龍)을 가리키는 것으로 보이지만 그가 그림을 그렸다는 기록은 찾지 못하였다.

165 도군황제(道君皇帝)의 그림 : 도군황제는 송(宋)나라 휘종(徽宗)이다. 도군(道君)은 본래 도교(道敎)의 학설에서 나온 것으로 삼청 구궁(三淸九宮)의 요속(僚屬) 중에서 지위가 존귀한 자를 일컫는 말인데, 송나라 휘종이 도교를 좋아하여 자신을 도군황제라 일컬었다 한다. 송 휘종의 〈오원도(烏猿圖)〉로 추정된다.

데 불어주는 그 입김 그 소리가 들리는 듯 하네. 도군(道君)이 오국(五國)에 갇혀 있을 때 부자(父子)가 서로 보살피지 못한 채 하나는 북으로 하나는 남으로 가 있었지. 비록 밥 한 그릇을 먹어도 그 심사는 강왕(康王)[166]과 함께였을 터, 그래서 이 그림을 빌어 부자가 저 원숭이들이 서로 즐거워하는 것만도 못하다는 것을 스스로 표현한 것이네."

유자가 말하였다.

"훌륭하네."

또 흰 매가 있었다. 유자가 물었다.

"그대가 보기에 이것은 누구의 그림인가?"

남자가 대답하였다.

"아. 이것은 모장군(毛將軍)의 그림이네."

유자가 물었다.

"자네는 어떻게 그것을 알았는가?"

남자가 대답하였다.

"역시 뜻으로 알았네. 무릇 매를 그릴 경우 날아가면 높은 하늘이고 내려가면 마른 풀만 가득한 들판이며, 내려갈 때는 반드시 낚아채서 잡는 장면이 있네. 그런데 지금은 바다 가운데 모여 있으니 곤궁해져서 처소를 잃은 것이고, 내려가도 포획할 것이 없으니 마음이 불만스럽다는 것이네. 눈이 여전히 병든 것을 보이거나 날개를 접고 여전히 움츠리고 있는 것을 보이거나 주먹을 쥐고 있으되 단단하지 못한

166 강왕(康王) : 휘종의 아홉째 아들이자 남송을 세운 조구(趙構, 1107~1187)를 말한다.

것을 보이면 힘을 쌓아 떨쳐 날기를 생각하고 있는 것이네. 저 모장군은 궁지에 있었으면서도 뜻을 가지고 있던 사람이네. 안으로는 참소를 근심해야 했고 밖으로는 강성한 오랑캐가 쳐들어왔지. 바다섬[167]에서 살면서도 발돋움하고 목을 빼면서 잠시라도 중원을 잊은 적이 없었네. 그리하여 그 마음에 간직한 것이 그림에 나타나 그림이 그 뜻을 닮아 있는 것이네."

유자가 말하였다.

"훌륭하네. 그대는 나를 위하여 노래를 지어주게나."

남자가 말하였다.

"만약 도군(道君)이라면 나는 취할 것이 없었을 터이지만, 모장군의 그림이라면 노래를 지어줄 수 있겠네."

노래는 다음과 같다.

저 준수한 모습[168] 어쩌면 그리도 깨끗하고 훤칠한가
何彼淸揚兮翯以長

모습 비록 준수하나 처지가 좋지 못하구나　雖則淸揚兮居不臧

이미 구름 자욱하고 내 고향은 아득해졌는데　曾陰靉靆兮逿吾鄕

올빼미[169] 울어대며 높이 날아오르네　鴟梟鳴嘯兮翱且翔

167 바다섬 : 가도(椵島)를 말한다. 서해의 섬으로 평안도 철산부 앞바다에 있다. 1622년, 명의 장수 모문룡(毛文龍)이 이 섬으로 들어와 동강진을 설치하였고, 요동의 명나라 유민들이 귀부하였다.

168 준수한 모습 : 원문의 '淸揚'은 눈썹과 눈의 사이가 완연히 아름다움을 뜻한다. 《시경》 〈야유만초(野有蔓草)〉에 "의로운 한 사람이여! 눈썹과 눈 사이가 완연하구나. 〔有義一人, 淸揚婉兮.〕"라고 하였다.

아홉 개 꼬리 달린 여우가 사람의 침상에 앉고　有狐九尾兮坐人床
머리 둘 달린 살모사가 사람의 내장을 쪼아 먹는구나　有虺兩首兮啄人腸
임금 위해 일격을 가하려니 마음은 다급한데　爲君一擊兮心遑遑
너의 손은 다쳐서 낚아채는 것 군세지 못하고　女手其瘏兮掣不剛
너의 날개 끝내 모지라져[170] 펼쳐지는 것 크지 못하니　女羽卒譙兮決不張
어찌 사나운 새 없겠는가 배불러 날지 못할 뿐　豈無鷙鳥兮飽不颺
흐르는 눈물 두 눈 가득 갑자기 차오르니　流淚滿目兮塡倉皇
슬프도다 아득하여라 때가 상서롭지 못하구나　悲哉遼遼兮時不祥

169 올빼미 : 소인과 악인을 비유한다. 가의(賈誼)의 〈조굴원문(弔屈原文)〉에 군자는 쫓겨나고 소인이 득세하는 것을 비유하여 "난봉이 숨음이여, 치효가 높이 날도다.〔鸞鳳伏竄兮, 鴟梟翺翔!〕" 하였다.

170 날개는……모지라져 : 《시경(詩經)》 〈치호(鴟鴞)〉에 "나의 깃은 몽땅 모지라지고, 나의 꼬리는 다 닳아 빠졌다.〔予羽譙譙, 予尾翛翛.〕"라는 말이 나온다. 간고(艱苦)한 생활을 비유한 것이다.

수후[171] 묘기

壽侯廟記

수후(壽侯)는 옛날 현인(賢人)이다. 그가 살던 때를 고증해 보면 비록 군마(軍馬)가 싸우던 기간이었으나 꿋꿋하게 정직함으로 자처하였으니 이치가 아니고 정상적이지 않은 것으로는 미혹되기 어려웠다. 그런데 후세에 언급되는 수후의 일들은 대부분 신이하면서 괴상하여 군자는 이를 부끄러워한다. 그 이야기는 외사(外史)에 기록된 바, 옥천사(玉泉寺)에 현성(顯聖)하였다는 일에 뿌리를 두고 가져다 붙인 것인데,[172] 중국인들은 신을 매우 좋아하여 집에서 수후를 살아있듯 섬긴다. 우리나라에도 수후를 모신 사당이 둘 있는데 백성들이 사적으로 섬길 수는 없다. 그러나 사당을 세우게 된 이유는 그 설이 또한

171 수후(壽侯) : 삼국 시대 촉나라의 무장 관우(關羽)를 일컫는다. 유비, 장비와 도원결의로 의형제를 맺고, 유비를 보좌하여 손권의 연합군과 함께 적벽대전에서 조조의 대군을 격파했다. 충신의 전형으로 여겨지며 후대에 무신으로 숭배되었다.

172 외사에……것인데 : 외사(外史)는 정사 이외의 야사(野史)를 말하는 것이고 현성(顯聖)은 사람이 죽은 후에도 신령이 되어 나타나는 것을 말한다. 관우를 신격화한 이야기는《삼국지연의》등에서 볼 수 있다. 예를 들어 죽은 관우가 옥천사에 현성하여 "내 머리를 돌려다오!"라고 고함을 쳤는데 보정 선사(禪師)의 가르침을 받고 나서 크게 깨달은 후에 가끔 옥천산에 나타나서 백성들을 보살펴 주었다거나, 관우의 영혼이 여몽의 몸에 붙어 손권이 장수들의 공을 축하하는 만찬에서 갑자기 여몽이 손권을 향해 크게 꾸짖자 놀란 손권이 황망히 대소 장수들을 거느리고 계단 아래로 내려가 절을 올렸는데 그 자리엔 땅바닥에 넘어진 여몽이 일곱 구멍으로 피를 쏟으며 죽어 가는 장면이 보였다거나 하는 등의 이야기이다.

신이하다.

만력(萬曆) 20년(1592년, 선조25)에 왜인이 우리나라의 서경(西京 평양)을 탈취하자 이 대장군(李大將軍)[173]이 군사를 이끌고 와서 구원하였다. 막 전투를 하는 중에 마치 신의 도움이 있는 것 같았는데 군중 사람이 보니 수후가 칼을 휘두르면서 와서 적을 쫓는지라, 적이 이로 말미암아 크게 무너졌다. 그래서 우리가 그를 고맙게 여겨 사당을 세웠다고 한다. 어떤 이는 말하기를,

"대장군이 군사를 성 아래에 주둔시켰는데 적을 두려워하여 감히 전투를 하지 못하였다. 우리들이 이를 근심하여 군사들에게 뜬소문을 퍼트리기를, '내일 반드시 싸워야 한다. 관후가 꿈에 나타나 나에게 내일 네가 적을 죽이는 것을 돕겠다고 말을 하였다.' 라고 하였다. 대장군이 이를 듣고 기운을 떨쳐 새벽이 되자 전투를 하니 병사들이 한 사람이 백을 당해내지 않음이 없었다. 그리하여 사당을 세워 그 꿈을 사실로 드러냈다."

라고 하였다. 어떤 이는 말하기를,

"대장군이 거짓으로 꿈 이야기를 지어내어 적을 두렵게 하고 그 일을 신령스럽게 만들고자 하였기에 우리에게 사당을 만들게 한 것이다."

라고 하였다. 이 두 가지 설은 혹 사실에 가까운 듯하지만 이로 인해 사당을 만들었다는 것은 수후를 영광스럽게 하는 것이 아니다.

대저 수후의 충의(忠義)라면 스스로 응당 사당을 얻었을 터이니, 꼭 괴이하여 상고하기 어려운 말로 근거를 삼은 뒤에야 가능했겠는가.

173 이 대장군(李大將軍) : 명(明) 나라의 장군 이여송(李如松)을 말한다. 신종 황제의 명으로 임진왜란 때에 조선에 나와 왜란을 평정하였다.

그 당시 신하들은 대부분 대체(大體)에 밝아 필시 이렇게 하지는 않았을 것이다. 그렇다면 이는 단순히 아녀자들의 입에서 나왔으리라는 것을 의심할 여지가 없다. 또 가령 수후의 신이 있었다면 소열(昭烈)이 효정(猇亭)에서 패배하였을 때[174] 수후는 죽은 지 얼마 안되었으니[175] 그의 신은 응당 더욱 신령하여야 했을 것인데 수후는 어찌 황제를 도와 육손(陸遜)을 격파하지 않았는가? 한나라가 망할 때에는 또 어찌 부첨(傅僉)[176]을 도와 검각(劍閣)의 수비를 견고히 하여 등애(鄧艾)의 침입을 막지 못하였는가?[177] 어찌 수십 년 사이에 신이한 힘을 발휘하지 못하고 수천 년 멀리 떨어져서 신이한 힘을 발휘하였단 말인가? 그러므로 후신(侯神)이라고 부르는 것은 반드시 수후에게 죄를 짓는 일이 될 것이다.

아! 죽어서 사당에 모셔진 자는 수후 한 사람뿐이 아닌데 유독 수후

174 소열(昭烈)이……때 : 소열은 촉한의 황제 유비이다. 효정(猇亭) 전투는 이릉(夷陵) 지역의 지명으로 이릉 대전(夷陵大戰)이라고도 한다. 의형제인 관우와 장비의 원수를 갚고 형주를 수복하기 위해 손권의 오나라를 침공해 발발한 전쟁의 향방을 결정한 전투이다. 이 전투에서 유비는 참패하였다.

175 수후는……안되었으니 : 관우의 죽음은 219년이고 효정 전투는 221년이니 약 2년 정도 지난 시점이다.

176 부첨(傅僉) : 삼국시대 촉(蜀)의 무장이다. 이릉(夷陵)에서 유비(劉備)를 따라 출전했다가 전사한 부융(傅肜)의 아들이다.

177 검각(劍閣)의……못하였는가 : 검각은 낙양에서 촉(蜀)으로 들어가는 길목에 있는 관문으로, 천 리가 잔도(棧道)로 이어지는 지극히 험한 길로 알려져 있다. 등애(鄧艾)는 위(魏)나라의 명장이다. 등애가 촉을 공격하자 강유(姜維)가 검각(劍閣)에서 굳게 수비하였는데, 등애가 음평(陰平)에서부터 인적이 없는 험난한 골짜기를 지나며 길을 뚫어 부주(涪州)로 나가서 촉의 군사를 격파함으로써 촉의 후주(後主)를 항복시켰다. 《三國志 卷28 魏書 鄧艾傳》

만 신이라고 칭해져서 우부우부(愚夫愚婦)가 한 자 베나 꿰미 돈 같은 예물로 날마다 그 앞을 더럽히고, 근심 걱정에 성내고 한탄하면서 늘 하소연이 있게 만들었으니 수후에게 치욕이 되는 것 또한 너무 심하다. 내 그리하여 이 기문을 짓나니 아마도 사당을 지나가는 사람으로 하여금 엄숙한 마음을 갖게 하리라.

일민 남공[178] 화상기

逸民南公畫像記

고려가 망하고 절개를 온전히 한 선비가 많았으니 정 문충(鄭文忠)은 죽음으로써 절개를 온전히 하였고, 길재보(吉再父)·서견보(徐甄父)[179]는 은거함으로 절개를 온전히 하였다. 정 문충(鄭文忠)·길재보(吉再父)·서견보(徐甄父)은 모두 세상에 알려졌다. 당시에 또 남공(南公) 을진(乙珍)이 있었는데 미친 척하면서 절개를 온전히 하였으나 사전(史傳)에는 보이지 않는다. 양주(楊州)의 벌판에 '사천(沙川)'이라고 하는 골짜기가 있는데 부로(父老)들은 남공이 살던 곳으로 여기고 있다. 또 그 동쪽에 석실(石室)이 있는데 실제로 남공의 상이 돌에 새겨져 있고 머리를 푼 모습이다.

어떤 이는 말하기를,

"남공은 왕씨 정권이 어지러워지자 망할 것을 알고 처자식을 버리고 머리를 풀어헤치고 도망하여 암혈 사이에 숨어 살았다. 고을 사람들이 그 절개를 높이 평가하여 그가 살던 곳에 상을 만들었다."라고 하였다. 어떤 이는 말하기를,

"남공은 처음에 왕씨에게 벼슬을 하였기에 조선이 막 일어나자 병이

178 일민(逸民) 남공(南公) : 남을진(南乙珍, ?~?)이다. 고려 조정에서 참지문하부사(參知門下府事)에 이르렀으나, 고려 말에 정치가 문란하여지자 은거하였다.

179 길재보(吉再父), 서견보(徐甄父) : 길재는 조선 개국 후 불러 벼슬을 주고자 했으나 명에 응하지 않고 후학 양성에 힘썼고 서견 또한 개국 후 청백리(淸白吏)로 녹선(錄選)되었으나 벼슬하지 않았다.

걸린 체하고 떠나 사천(沙川)에서 밭을 갈며 살았다. 태조(太祖)가 거듭 기용하려 하였으나 할 수 없게 되자 그가 살고 있는 땅을 둘러서 봉하고 봉호를 '사천백(沙川伯)'이라고 하였다."

라고 하였다.

두 개의 설이 같지 않으나 내가 고찰해 보니 은둔한 선비는 그 명절(名節)이 한 번 임금에게 인정을 받으면 그 발자취가 언제나 드러나기 마련이다. 그런데 남공은 비록 벼슬은 하지 않았더라도 태조가 이미 토지를 내리고 포상도 하였는데 국사에서는 어찌 유독 드러내지 않았는가. 생각건대 왕씨 왕조의 말기에 기미를 보아 자취를 숨기고 이름을 피하면서 그 뜻대로 살았는데 윗사람들이 알 수 없었기 때문에 그의 일이 결국 드러나지 못한 것이다.

남공의 일은 비록 성인(聖人)의 도에는 맞지 않으나 그 절의는 매우 높았기에 나는 그를 일러 '미친 척하며 절개를 온전히 한 사람'이라고 하리라. 공자는 말하기를 "일민(逸民)은 백이(伯夷)·숙제(叔齊)·이일(夷逸)·주장(朱張)이다."라고 하였다.[180] 백이와 숙제는 전기(傳記)에 보이지만 이일과 주장은 역사에 보이지 않는데 짐작컨대 공은 이일과 주장의 부류일 것이다. 내 그의 인생을 슬퍼하고 이름이 일컬어지지 않은 것을 안타까깝게 여겨 마침내 그 화상에 기문을 써서 세상에 드러낸다.

180 공자는……하였다: 일민(逸民)은 덕을 지니고 있으며 은거하는 사람을 말한다. 《논어》〈미자(微子)〉에 "일민은 백이(伯夷)와 숙제(叔齊)와 우중(虞仲)과 이일(夷逸)과 주장(朱張)과 유하혜(柳下惠)와 소련(少連)이다."라고 하였고, 《후한서(後漢書)》에 〈일민열전(逸民列傳)〉이 있다.

경도암기[181]

景陶庵記

세상에서 도자(陶子 도연명)를 사모하는 사람들은 단지 그 행적을 말할 수 있을 뿐 그 뜻을 말하게 되면 모두 틀린 말을 한다. 도자의 뜻을 근원을 미루어 밝히자면 어찌 참으로 홀로 선하게 하는 것[182]만을 편히 여기면서 임금 섬기는 것은 좋아하지 않았던 자란 말인가? 어찌 참으로 관직이 낮고 녹이 박한 것을 부끄러워했던 자란 말인가? 또한 참으로 향리의 소인에게 허리를 굽히는 것을 욕으로 여겼던 자도 아니다.[183] 그러나 그 행적을 따라가 보면 결국 세 가지에서 벗어나지 않으니 이것이 도자가 더할 나위 없이 우뚝한 사람이 되는 까닭일 것이다.

도자의 뜻은 대개 홀로 선을 행하되 다른 사람들은 깨닫지 못하도록 하는 것에 있었다. 그랬기 때문에 오두미(五斗米)를 빌어 그 자취를

181 경도암기(景陶庵記) : 남유용의 처남 유우기(兪宇基)의 호가 경도암(景陶菴)이다. 그의 거처에 붙인 기문이다.

182 홀로……것 : 《맹자(孟子)》〈진심 상(盡心上)〉에 "궁하면 홀로 그 자신을 닦아 선하게 하고, 현달하면 천하 사람을 함께 선하게 한다.〔窮則獨善其身, 達則兼善天下.〕"라는 말이 있다.

183 관직이……아니다 : 도연명이 일찍이 팽택 영(彭澤令)이 된 지 겨우 80여 일이 되었을 때, 마침 군(郡)의 독우(督郵)가 순시를 나오게 되어 현리(縣吏)가 도연명에게 의관을 갖추고 독우를 뵈어야 한다고 하자, 탄식하며 말하기를 "내가 오두미의 하찮은 녹봉 때문에 향리의 소인에게 허리를 꺾을 수는 없다."라고 하고는, 즉시 인끈을 풀어 던지고 〈귀거래사(歸去來辭)〉를 읊으며 고향인 율리(栗里)로 돌아갔다고 한다. 《晉書 卷94 陶潛列傳》

숨긴 것이고, 독우(督郵)를 빌어 그 뜻을 실천한 것이며, 작은 행실을 빌어 큰 행실로 나아간 것이니 이는 도자가 부득이 했던 바이다. 그렇지 않았다면 다만 지나치게 깨끗하게 자신의 몸을 아낀 자[184]의 행위일 따름일 터, 도자가 그렇게 했다고 생각하는가?

임장(臨漳 경기도 연천에 있던 고을) 현감 기계(杞溪) 유군(兪君)은 처음에 남쪽 고을의 수령이 되었다가 몇 달 채우고 연천(漣川)으로 전임되자 부임하지 않고 처자식을 이끌고 산 속으로 돌아와 그 집에 "경도(景陶)"라는 편액을 걸었다.

나는 알지 못하겠다. 도자는 부득이해서였는데 공은 나아가 사모함에 과연 부득이한 바가 존재하고 있었는지. 나는 아무리 깊이 생각해도 답을 얻지 못하였다. 그런데 거듭 생각해 보니 공은 밭을 갈면서 죽을 때까지 은둔할 수 있는 자는 아니다. 자신을 써주는 자가 있으면 유연히 일어나 나갈 것이요, 꼭 녹봉을 위한 벼슬[185]을 달게 받아들인 다음 그러지는 않을 것이다. 그 만난 시대가 도자와 매우 다르니 그 출처를 같이 놓고 볼 수 없는 까닭이다. 그렇다면 같은 것이라고는 다만 관직을 떠난 것뿐인데 관직을 떠나는 것은 자잘한 절목이요, 뜻을 세우는

184 자신의……자 : 《맹자(孟子)》 〈만장 상(萬章上)〉에 "제 몸을 팔아 그 임금을 이루는 것은, 제 몸을 아끼는 향당에서도 하지 않거늘 하물며 현자가 그런 일을 했다고 말할 수 있겠습니까?〔自鬻以成其君, 鄕黨自好者不爲, 而謂賢者爲之乎?〕"라고 하였는데 주자는 '자호(自好)란 스스로 그 몸을 아끼는 사람이다.〔自好, 自愛其身之人也.〕'라고 주를 달았다.

185 녹봉을……벼슬 : 원문의 '祿仕'는 한유(韓愈)의 〈쟁신론(爭臣論)〉에 "벼슬은 가난 때문에 하는 것이 아니지만 가난 때문에 해야 하는 경우도 있다고 옛사람이 말했는데, 이러한 벼슬을 녹사(祿仕)라고 한다."라고 한 데서 유래하였다.

것이 큰 행실이다. 자잘한 절목을 억지로 큰 행실에 가져다 맞추려 한다면 너무 과장된 것이 아닌가.

일찍이 전몽수(錢蒙叟)[186]의 〈도려기(陶廬記)〉를 읽으니 "지금 세상에 숨어사는 선비들은 살면서 무료하면 몇 편 시 읊조리고 몇 떨기의 국화를 심고는 곧 시상(柴桑)[187]으로 자처한다."[188]라는 말이 있었다. 아마도 동파(東坡)가 이른바 "도연명이 하루 저녁에 온 세상에 가득 찼다."라는 것일 터이니 이 말은 사람으로 하여금 얼굴을 달아오르게 한다. 비록 그렇다 하더라도 할 말은 있다. 대저 거문고를 타면서 근심을 풀고, 술잔 당겨 얼굴을 펴며, 높은 곳에 올라 휘파람을 불고, 물가에 나가 시를 짓는 것, 이는 도자가 즐기던 것이면서 공이 가지고 있는 것이기도 하다. 세상에서는 이런 것을 다투지 않고 사람들은 이런 것을 가까이 하지 않으니 이에 공을 일러 도자(陶子)라고 해도 될 것이고 이를 노래로 불러도 될 것이다. 그리하여 그를 위해 글을 쓴다.

186 전몽수(錢蒙叟) : 명말청초(明末淸初)의 문인 전겸익(錢謙益)을 말한다. 호는 목재 자는 수지(受之)이다.

187 시상(柴桑) : 강서성(江西省) 구강현(九江縣) 서남쪽에 있는 고을 이름인데, 진(晉)나라 도연명(陶淵明)이 이곳에서 살았다.

188 지금……자처한다 : 이 말은 전겸익의 《목재유학집(牧齋有學集)》 보(補) 권1에 있다.

삼구재기
三苟齋記

성인의 도를 행하고 천하의 일을 맡은 자는 대충대충 하거나 대충대충 하지 않을 따름이다. 대충대충 한다는 것은 주자가 이른바 "거칠게 대략〔粗畧〕"의 뜻이요, 또 "쉬 만족한다〔易足〕"고 일컬었던 것이다.[189] 큰 학문과 큰 경륜도 모두 이로 말미암아 생겨난다. 그러나 말미암음에는 안팎의 구분이 있고 의(義)·리(利)와 공(公)·사(私)가 이로 인해 나누어지기에 군자는 이를 엄격히 하여 강대(剛大)하게 지킨다.

안으로부터 말미암는 것은 거칠게 대략하고 쉬 만족하면 뜻이 날로 퇴보하기 때문에 오로지 그 대충대충 하는 것을 두려워해야 한다. 밖으로부터 말미암는 것은 거칠게 대략하고 쉬 만족하면 덕이 날로 진보하기 때문에 오로지 대충대충 하지 못할 것을 두려워해야 한다. 안으로부터 말미암는 것은 수신(修身)·제가(齊家)·치국(治國)·평천하(平天下)의 도이고 자기로부터 나와 사물에 베풀어지는 것이다. 밖으로부터 말미암는 것은 음식(飮食)·거복(車服)·궁실(宮室)·재용(財用)

189 주자가……것이다 : 《논어》〈자로(子路)〉에 공자가 위(衛)나라 공자(公子) 형(荊)을 평가하여 "그는 집안 살림을 아주 잘하는 사람이다. 처음 살림을 나서 재물을 소유하게 되자 '이만하면 모였다.'라고 하였고, 조금 더 장만하게 되자 '이만하면 그런대로 잘 갖추었다.'라고 하였고, 부유하게 되자 '이만하면 충분히 훌륭하다.'라고 하였다." 라고 하였다. 이에 대해 주자는 풀이하기를, "구(苟)는 그런대로 대강이라는 뜻이다. ……공자 형은 모두를 '그런대로 이만하면'이라고 말할 따름이었으니, 이는 외물(外物)로 마음을 삼지 않아 그 욕망이 충족되기 쉬운 때문이었다."라고 하였다.

의 도구이고 사물로 자신을 기르는 것이다. 밖에 있는 것은 천하가 나와 함께 공유하는 것이라 자신이 충분히 가져서는 안 되지만 안에 있는 것은 천하가 나에게 바라는 것이라 자신이 충분히 가지고 있지 않아서는 안 된다.

그러므로 누추한 마을에서 한 대그릇 밥과 한 표주박의 물로 사는 것은 거칠게 대략 생활하는 것의 지극함이라, 안자(顏子)는 스스로 만족하게 여겼다.[190] 그러나 공자의 경지에 이르기를 구하였으나 이르지를 못하자 크게 한숨을 쉬며 탄식하였다.[191] 이윤(伊尹)은 만족스레 밭 가운데서 지내면서 말 1000사(駟)를 매어 놓아도 돌아보지 않았다.[192] 그러나 한 백성이라도 제 살 곳을 얻지 못하면 근심하였고 그 임금으로 하여금 요순에 미치게 하지 못하면 부끄러워하였다.[193]

190 누추한……여겼다 : 《논어》 〈옹야(雍也)〉에서 공자가 안회를 두고 "어질도다, 안회여. 일단사와 일표음으로 누항에 사는 어려운 생활을 사람들은 견디지 못하는데, 안회는 그 즐거움을 바꾸지 않으니 참으로 어질도다, 안회여."라고 하여 안빈낙도(安貧樂道)의 생활을 칭찬하였다.

191 공자의……탄식하였다 : 《논어》 〈자한(子罕)〉에 안연(顏淵)이 크게 탄식하며, "부자(夫子)의 도는 우러러볼수록 더욱 높고 뚫을수록 더욱 견고하며, 바라볼 때 앞에 있더니 홀연히 뒤에 있도다……부자의 도가 내 앞에 우뚝 서 있는 듯한지라, 그를 따라가고자 하나 어디로부터 시작해야 할지 모르겠다."라고 한 말이 나온다.

192 이윤은……않았다 : 《맹자》 〈만장 상(萬章上)〉에, "이윤이 유신(有莘)의 들에서 밭을 갈면서 요순(堯舜)의 도를 좋아했는데, 천하로써 녹을 주더라도 돌아보지 않고, 말 1000사(駟)를 매어 놓아도 돌아보지 않았다." 라는 내용이 있다.

193 한 백성이라도……부끄러워하였다 : 염계(濂溪) 주돈이(周敦頤)의 《통서(通書)》에, "이윤은 자기 임금이 요순 같은 성군이 되지 못함을 부끄럽게 여겼으며, 백성 하나라도 제 살 곳을 얻지 못하거든 자신이 시장에서 매를 맞은 것처럼 부끄럽게 여겼다." 라는 내용이 있다.

대저 덕으로는 안자보다 굳센〔剛〕 사람이 없고 뜻으로는 이윤보다 큰〔大〕 사람이 없으니 그래서 성인의 도와 천하의 일에 대해서 저렇게 지극하게 행동할 수 있었던 것이다. 그러나 그것은 다른 이유가 있는 것이 아니라 밖에 대해서는 대충대충 하면서 안에 대해서는 대충대충 할 수 없기 때문일 뿐이다.[194]

혹 이와 반대로 구체(口體)를 위해 도모하면서 종신토록 부족한 것을 탓하는 지금의 군자들은 천하를 위해 도모하게 되면 "이는 대충대충만 하지 않으면 충분하다."라고 하니 심하도다. 사사로운 이익을 도모하여 남을 해치는 것이! 현명한 자가 아니라면 어찌 족히 이를 말할 수 있겠는가.

기계(杞溪) 유자공(兪子恭)[195]은 우리 당에서 학문에 독실했던 군자이다. 세상에 대충대충 영합하지 않고 처자식을 이끌고 돌아가 강가에 은거하였다. 띠풀 베어 집을 지으니 대충 풍우를 막을 수 있었고, 담 밑에 뽕나무를 심으니 대충 추위를 타지 않을 수 있었으며, 몸소 남쪽 밭에서 경작을 하니 대충 배고픔을 면할 수 있었은즉 자공은 만족스럽게 여겼다. 그래서 큰 글씨로 "삼구(三苟)"이라는 편액을 달았으니 이를 넘어서는 이외의 것은 만종(萬鍾)[196]의 부귀함도 진실로 원하는 것

194 밖에……뿐이다 : 원문은 "能苟於內 不能苟於內而已矣"이다. 앞의 '內'는 '外'의 오자로 보여 고쳐 번역하였다.

195 자공(子恭) : 유숙기(兪肅基, 1696~1752)로, 본관은 기계(杞溪), 자는 자공, 호는 겸산(兼山)이다. 남유용 장인인 유명홍(兪命弘)의 조카이다.

196 만종(萬鍾) : 6곡 4두(六斛四斗)를 종이라 한다. 만종은 가장 많은 녹을 말한다. 《맹자》〈고자 상(告子上)〉에 "만종이라 하면 예의를 가리지 않고 받으니 만종이 내게 무슨 보탬이 되겠는가."라고 하였다.

이 아니었다. 그러나 집에 들어가면 현송(絃誦) 소리가 양양하였고 휘장을 제치면 시서(詩書)와 육예(六藝)[197]의 글이 질서정연하였다. 그의 말을 듣고 있노라면 만 가지 다른 것들을 모아 하나로 귀일시키고 하나의 근원을 미루어서 만 가지로 흩어 놓았다. 음양의 변화와 인의(仁義)의 떳떳함에 대한 은미한 말과 격렬한 담론이 흥미진진하였다. 집에서 행한 뒤 장차 천하에 베풀려 하였으나 아직 그렇게 하지 못하였다고 하여 더욱 머리를 숙이고 글을 읽으며 그 이치를 궁구하면서 행여 미치지 못할세라 급급해 하였다. 자공은 안에 있는 것에 대하여 능히 대충대충 하지 않을 수 있던 것이 이와 같았다.

공자는 대우(大禹)의 덕을 기술하면서 먼저 음식을 박하게 먹고 의복은 검소하게 입으며 궁실을 낮게 하였다는 것을 칭송하고는 "내가 흠잡을 수 없도다."라고 하였다.[198] 맹자가 이른바 "배불리 먹고 따뜻하게 입고 편안히 거처하면서 가르침이 없는 자"[199]는 이 반대로 하는 자를 말한 것이다. 사물 중에 쉬 감정이 생기고 만족하기가 몹시 어려운 것으로는 세 가지[의식주]보다 절실한 것이 없다. 그 때문에 자공은

197 육예(六藝) : 선비들이 익혀야 할 기예, 즉 예(禮)·악(樂)·사(射)·어(御)·서(書)·수(數)를 말한다.

198 공자는……하였다 : 《논어》 〈태백(泰伯)〉에 공자는 "우 임금은 내가 흠잡을 수 없도다. 음식은 박하게 먹으면서 신령을 섬기는 제사에는 효성을 극진히 하고, 의복은 검소하게 입으면서 제사에 착용하는 불과 면류관은 아름다움을 극진히 하고, 거처하는 궁실은 낮게 하여 살면서 치수에는 힘을 다하였으니, 우 임금은 내가 흠잡을 수 없도다."라고 하였다.

199 맹자가……자 : 《맹자》 〈등문공 상(滕文公上)〉에 "인간에게는 도리가 있다. 그런데 배불리 먹고 따뜻이 입으면서 편안히 지내기만 하고 가르침을 받는 것이 없으면 금수에 가까워지고 말 것이다."라는 말이 나온다.

평소 거할 때에 반복하여 스스로를 반성하면서 기둥이나 소반에 붙이는 경계도 반드시 세 가지로부터 시작하였으니 대개 두 부자의 뜻에서 얻은 것이 있었기 때문이다. 그러나 자공은 점점 노쇠해 가는데 그 도가 세상에서 행해지지 못하니 나는 그 뜻이 태만해지고 덕이 더 닦이지 못할까 염려가 되기에 문득 '강대(剛大)하라'는 말을 써서 재기(齋記)로 삼는다.

뇌연집

제14권

記기

유동음화악기[1]

遊洞陰華嶽記

동음현(洞陰縣)은 산수로 유명하지만 그 토양이 척박하여 벼농사나 삼농사를 짓기에 적당치 않다. 그래서 백성들이 사는 경우는 드물고 사대부들 가운데 벼슬에서 물러나 은거하는 자들이 많이 살았다. 그중에서 특히 이름이 드러나신 분은 사암(思庵) 박 문충공(朴文忠公),[2] 봉래(蓬萊) 양 처사(楊處士),[3] 동은(峒隱) 이 처사(李處士)[4] 및 근세(近世)의 농암(農巖)·삼연(三淵) 두 선생[5]이다. 모두들 일찍이 창옥병(蒼玉屛)과 백운계(白雲溪)[6]

1 유동음화악기(遊洞陰華嶽記) : 동음(洞陰)은 경기도 포천(抱川)의 영평(永平)을 달리 부르는 이름이고 화악(華嶽)은 강원도 화천에 있는 산이다. 동음에서 출발하여 화악에 이르기까지의 여정을 엮은 글이다.

2 사암(思庵) 박 문충공(朴文忠公) : 박순(朴淳 : 1523~1589)으로, 자는 화숙(和叔), 호는 사암이다. 극심한 동서당쟁 속에서 이이(李珥)·성혼(成渾)을 두둔하다가 서인으로 지목되어 탄핵을 받고 영평 백운산(白雲山)에 은거하였다.

3 봉래(蓬萊) 양 처사(楊處士) : 양사언(楊士彦,1517~1584)으로 봉래는 호이고, 자는 응빙(應聘), 본관은 청주(淸州)이다. 문장과 서예에 뛰어나 많은 시와 글씨를 남겼다. 영평에 은거하며 살았다.

4 동은(峒隱) 이 처사(李處士) : 이의건(李義健, 1533~1621)으로, 호는 동은, 본관은 전주(全州), 자는 의중(宜中)이다. 젊은 시절 영평(永平) 백운산의 응암봉(鷹巖峯)에 은거하였다. 《淸陰集 卷33 峒隱先生李公墓誌銘》

5 농암(農巖)……선생 : 농암(農巖)은 김창협(金昌協, 1651~1708), 삼연(三淵)은 김창흡(金昌翕, 1653~1722)이다. 영의정 김수항(金壽恒)의 아들로 1689년(숙종15) 기사환국(己巳換局)으로 아버지 김수항이 진도(珍島)에서 사사(賜死)되자, 사직하고 영평(永平)에 은거하였다.

6 창옥병(蒼玉屛)과 백운계(白雲溪) : 모두 영평현(永平縣)의 유명한 명승지이다. 창옥병은 영평천 가에 기암괴석이 병풍처럼 둘러서 있는 절벽이고, 백운계는 깊은 못과

사이에 집을 지었다. 삼연은 행적이 더욱 기이하여 나라 안의 산수에 그의 죽장과 짚신이 두루 미쳤다.

내 한번은 삼연을 고을의 여사(旅舍)에서 만난 적이 있다. 공은 과분하게도 나에게 보신 산수의 승경을 말해 주시면서 유독 동음(洞陰)에 대해서는 흥미진진해 하셨다. 그리고는 말씀하시기를,

"바다와 산이 탁 트이기로는 관동(關東)이 최고이고, 강산이 수려하기로는 사군(四郡)[7]이 우위에 있으며, 시내와 산이 그윽하기로는 동음(洞陰)이 첫째이다. 일찍이 노닐만한 동음의 명승지에 대한 기문을 지었는데 늙고 병이 들어 원고를 마무리 짓지 못하였구나."

라고 하셨다. 이때 가대인께서 이 현의 수령이 되심에[8] 나는 장차 나귀를 타고 한 번 나가 산수의 그윽한 경치를 모두 감상하고 전현(前賢)께서 남긴 발자취를 찾아 가려고 하였다. 그런데 잠시 기문이 나오기를 기다려 그것을 가지고 동쪽으로 가려 하였건만 얼마 되지 않아 삼연이 돌아가셨다. 아! 만일 산수가 선생을 만나지 못하였다면 그만이거니와 기왕에 만나게 되었고 게다가 큰 즐거움까지 드렸는데 끝내 그의 문장을 얻어 기문을 이루지 못하였으니 불행한 일일 따름이다.

그 뒤에 내가 마침내 나가 유람을 하게 되었는데 화음(華陰)의 승려 승천(勝天)이 함께 하여 주었다. 승천은 옛날에 두 선생을 따라 오랫동안 유람하면서 출입하실 때나 기거하실 때나 늘 곁에 있었다. 그래서 고을에 있는 승경에 대해 승천은 샘 하나 바위 하나의 기이함이라도 반드시 나를 위해 말을 해주었고, 매 걸음마다 번번이 석장을 휘두르며 앞장을 서 주었다. 지금 비록 선생의 기문을 얻어 함께 가지고 갈 수는 없지만, 이 승려와 함께 유람을 하게 되니 기문을 얻은 것이나 마찬가지였다. 돌아오고 나서 그 유람을 기록하여 아래와 같이 한 통의 글로 만들었다. 이번 유람은 실로 백운계에서 출발하여 굽이돌아 화악(華嶽)의 북쪽으로 들어가 이틀을 소요

긴 여울이 위아래로 아득히 이어져 있는 계곡이다.

7 사군(四郡) : 호서 지방에서 산수의 풍광이 아름다운 4곳으로, 단양(丹陽)・청풍(淸風)・제천(堤川)・영춘(永春)을 가리킨다.

8 가대인께서……되심에 : 남유용의 아버지인 남한기(南漢紀)가 1720년(숙종46) 영평(永平) 현령이 되었기 때문에 이른 말이다.

하다가 돌아왔는데 기록 속에서 아울러 언급을 하였기 때문에 제목을 〈동음화악기(洞陰華嶽記)〉라고 하였다.

임인년(壬寅年 1722, 경종2) 3월 13일, 무술일(戊戌日)이다. 형님과 함께 동음(洞陰)의 관아로 아버님을 뵈러 가는데 매서(妹婿)인 완산(完山) 이문원(李文遠),[9] 서종숙(庶從叔) 종지(宗之)[10]가 실로 따라왔으니 대개 이번 기회에 산을 유람하려는 것이었다. 동소문(東小門)을 나와 석관촌(石串村)을 지나는데 당시 삼연 선생이 돌아가시고 장례를 아직 치르지 않은 터라 빈소가 계씨(季氏)인 가재공(稼齋公)[11]의 댁에 있었기로 이에 조문하고, 겸하여 김 존부(金尊父)의 형제분들을 위문하였으며 저녁에는 양주(楊州)의 묘려(墓廬)[12]에 투숙하였다.

밥을 먹고 같이 유람 온 사람 및 마을의 노인들과 함께 달빛 타고 나란히 걸어가 운수암(雲水庵)의 문을 두드렸다. 이때는 밤이 이미 깊어 승려들이 막 잠자리에 들려고 할 때였는데 홀연 산골짜기에서 사람의 목소리가 들리니 산도둑인가 의심이 들었는지 놀라 서로 부르며 가시 몽둥이를 들고 나왔다가 가까이 보고는 의심이 풀려 다들 기뻐하면서 이를 드러내며 함께 웃었다. 이날 밤은 승방에서 기숙하였다.

기해일(己亥日)이다. 이른 아침에 산의 서쪽에 있는 작은 시냇가를 따라 걸어갔다. 이 해 절후(節候)가 매우 빨라서 산골 마을의 꽃과

9 이문원(李文遠) : 남유용 누이의 남편인 이덕홍(李德弘)이다. 자가 문원(文遠)이다.

10 서종숙(庶從叔) 종지(宗之) : 남한종(南漢宗)이다. 남용익의 측실 소생 남성중(南聖重)의 아들이다.

11 가재공(稼齋公) : 김창흡의 동생 김창업(金昌業)의 호가 노가재(老稼齋)이다.

12 양주의 묘려 : 남유용의 선영이 있는 곳이다.

버들이 곳곳에 만발하였는데 한창 때를 지나 시들어가고 있었다. 우리들이 서로 돌아보며 때를 넘긴 것을 매우 안타까워하고 있는데 어떤 동음(洞陰)의 관리가 술병을 짊어지고 쫓아와서는 웃으며 나에게 말하기를, "걱정하지 마십시오. 동음은 산이 있는 곳은 반드시 물에 임해 있는데 물 기운이 차기 때문에 매년 꽃 소식이 유달리 늦답니다. 4월 초에 이르러서야 바야흐로 이곳은 3월 중순의 날씨가 되지요."
라고 하였다.

점심은 포천(抱川) 송우촌(松隅村)에서 먹고, 지나다가 화산서원(花山書院)[13]에 배알하고 백사(白沙)의 유상(遺像)을 보았다. 이윽고 말을 달려 현재(縣齋)에 이르니 날은 벌써 저녁이 되었다. 가대인께서는 동헌(東軒)에서 정좌를 하고 계셨고, 아전들은 퇴근하고 관청의 사무[14]도 없었는데 느닷없이 네 사람이 잇따라 들어와 배알하니 그 위로와 기쁨을 알만하였다. 술을 내오고 시를 짓자 하셔서 새벽닭이 울 때까지 모시고 이야기를 나누다가 물러나 초당(草堂)에서 잤다.

경자일(庚子日)이다. 네 사람은 말을 타고 가대인의 견여를 따라가서 창옥병(蒼玉屛)에서 노닐었다. 창옥병은 고을 문과의 거리가 10리가 안 되게 가까운데 사암(思庵)의 사당이 있는 곳으로 동은(峒隱)과 문곡(文谷) 김공(金公 김수항(金壽恒))을 아울러 배향하였고, 사암과 문곡의 초상이 있다.[15]

13 화산서원(花山書院) : 포천시 가산면에 있는 서원으로, 이항복(李恒福)의 위패를 모셨다.

14 관청의 사무 : 원문의 '簿書'는 특히 전곡(錢穀)을 출납하는 장부를 말한다. 여기서는 관청의 자질구레한 사무를 뜻한다.

일찍이 사암(思庵)의 〈이양정기(二養亭記)〉를 본적이 있는데 거기에 "우리 동방의 산수 가운데 영평(永平)이 가장 유명하고, 영평현 한 곳에서 말하자면 청령담(淸泠潭)이 더욱 빼어나다. 청령담은 바로 백운(白雲)의 여러 계곡물들이 모이는 곳이며 백운산에서 발원한다."[16] 라는 말이 있다. 현의 명산으로는 종현산(鍾賢山)이 있다. 그 동쪽 지맥이 우뚝 솟았다가 청령담의 입구에 이르러 점점 줄어 벼랑이 되고 벼랑의 맥은 흩어져 바위가 되어 너럭바위들이 온 골짝을 두루 채우고 있기에 청령담 밑에는 완전히 돌만이 펼쳐져 있을 뿐 한 치 흙도 없다. 조금 높은 것은 수면 위로 드러나 있어 마치 거북이나 용이 햇빛을 쬐고 있는 듯, 섬들이 바다에 떠있는 듯하다. 기궤한 모습으로 뒤섞여 늘어서 있는데 석상(石牀)과 비슷한 것은 '토운상(吐雲牀)'이라 하고 한 말들이 돌절구처럼 생긴 것은 '와준(窪樽)'이라 한다. 토운상엔 거문고나 바둑판을 놓을 만하고 와준에는 술을 담을 만하다. 청령담은 북쪽으로 흐르다가 서쪽으로 꺾여 여울이 되는데 이를 '명옥(鳴玉)'이라 한다.

큰 벼랑이 우뚝 솟아 청령담 북쪽의 한 면을 막고 있는데 가파른 것은 칼을 뽑은 듯, 빼어난 것은 죽순이 삐져나온 듯, 돌출된 것은 원숭이가 매달려 있는 듯, 움푹 들어간 것은 용이 숨은 듯, 기궤한 온갖 모습이 한데 뒤섞여 한 덩어리를 이루어 조화옹 조각 솜씨의 극치

15 사암의……있다 : 사암(思庵)의 사당은 옥병서원(玉屛書院)을 말한다. 1658년(효종 9)에 지방유림의 공의로 박순(朴淳)의 학문과 덕행을 추모하기 위해 창건하여 위패를 모셨고 1698년(숙종 24)에 이의건(李義健)과 김수항(金壽恒)을 추가 배향하였으며, 1713년에 '옥병(玉屛)'이라고 사액되었다.

16 우리……발원한다 : 《사암선생문집(思菴先生文集)》 권4에 있다.

를 보여주고 있으니 이를 '창옥병(蒼玉屛)'이라 한다. 구름과 노을이 그 속에서 뭉게뭉게 일고 수증기가 위로 증발하여 항상 상서로운 빛이 있는 것 같다. 세상에서 전하기를, "동은(峒隱)이 늘 학창의를 입고 절벽을 기어올라 꼭대기까지 가는데 그 가는 모습이 나는 듯하였다. 보는 자들은 모두 아연실색을 하여도 공은 무서워하지 않고 옥처럼 선 채 철적(鐵笛)으로 몇 곡조를 불고는 한참을 돌아가지 않았다"고 한다. 청령담의 물은 모두 창옥병을 따라 흘러 내려와 창옥병 뒤를 감돌아 나와서는 연장(漣漳 연천 임장)에 도달한다.

벼랑이 구불구불 내려가다 청령담을 굽어보며 대(臺)를 이룬 것이 4개가 있다. 백학대(白鶴臺)라고 하고 청학대(靑鶴臺)라고 하는 것은 사암(思庵)의 기(記)에서 "사실을 기록한 것이다."라고 하였으니 대개 그 당시에 희거나 푸른 학의 무리가 물가 섬 사이를 왕래하며 대 위를 빙빙 날아다녔기 때문에 그런 이름이 붙었을 것이다.[17] 산금대(散襟臺)라 하고 수경대(水鏡臺)라 하는 두 대의 사이에는 "송균절조 수월정신(松筠節操 水月精神 소나무 대나무처럼 꿋꿋한 절조요, 물에 비친 달처럼 맑은 정신)" 여덟 글자가 돌에 새겨져 있으니 우암의 글씨이자 선묘(宣廟)께서 사암을 칭송하신 말씀이다.[18]

청령담의 서쪽 산금대(散襟臺)의 위에 배견와(拜鵑窩)[19]라는 곳이

17 벼랑이……것이다 : 이 이야기는 박순의 〈이양정기(二養亭記)〉에 나온다. 《思菴先生文集 卷之四》

18 선묘께서……말씀이다 : 선조가 사암에 대해 이렇게 칭찬한 바 있다. 《思菴集 卷5 附錄 領議政贈謚文忠公思菴朴先生行狀》

19 배견와(拜鵑窩) : 배견은 두견새에게 절한다는 뜻으로, 흔히 임금을 그리워하는 마음을 뜻한다. 박순이 만년에 영평에 은거할 때 배견와라는 별장을 짓고 "배견와 속의

있으니 사암(思庵)이 옛날 살던 집인데 지금은 서원(書院)이 되었다. 청령담의 서쪽, 서원의 왼쪽, 청학대의 위에는 이양정(二養亭)이라는 곳이 있는데 곧 사암이 독서하시던 곳으로, 이천(伊川)의 "덕을 기르고 몸을 기르다〔養德養體〕"라는 말[20]에서 취해 이름을 지은 것이다. 이양정에 올라가 멀리 바라보면 뭇 산들은 푸르고 가파른데 구름 안개가 나왔다 들어갔다 하고 숲 속 나무는 어슴푸레하며, 조수는 즐겁게 노닐고 어별은 물속에서 헤엄친다. 피고 지는 풍경이 만 가지로 변화하고 안팎이 서로 모습을 드러내면서, 서로 양보 없이 기이함을 다투고 수려함을 다투다가 결국은 모두 정신을 거두고 모아 궤석이나 연회 자리 사이에서 공효를 바쳐, 사람으로 하여금 시를 읊조리고 한가로이 노닐게 한다. 정경이 깨끗하고 나의 맘과도 잘 맞아 형해가 나에게 있기나 한 지, 만물이 나에게 누가 되는지를 절로 알지 못하니 어찌 즐겁지 않으랴. 이때는 꽃 필 철이 아직 일러 반만 핀 것이 열에 여덟아홉이었고 완전히 핀 것은 열에 두세 개밖에 없었으며 나머지는 모두 꽃봉오리 상태였으니 앞서 술을 지고 왔던 자의 말과 같았다.

이필문(李必文) 노인은 사암의 외손이면서 서원 고을에 살고 있었고 옛날 일을 잘 알아 말해 줄 수 있었다. 유생 정국빈(鄭國賓)은 아미산(峩嵋山) 사람으로 시를 잘하고 산수를 좋아하였는데 서원의 유생 5,6인과 함께 걸어서 도착하였다. 와준(窪樽)[21]에 술을 담아 놓고 한나절

배견 옹이 밤마다 창에 기대 소쩍새 소리 듣네.〔拜鵑窩裏拜鵑翁, 夜夜憑窓聽業工.〕"라는 시를 읊었다고 한다.《思菴集 卷2 拜鵑窩》

20 이천의……말 : 정이천이 "언어를 삼가 덕을 기르고 음식을 절제하여 몸을 기른다.〔愼言語以養其德, 節飮食以養其體〕"라는 말을 한 바 있다.《近思錄集解 卷之四 存養》

술을 마시고 시를 읊조렸다. 저녁이 다 되었을 때 금수정(金水亭)[22]을 찾아가려고 시내를 거슬러 올라가 몇 바탕[23] 길을 걷다가 연화암(蓮花巖)을 발견하였다. 연화암은 시내 한복판에 있었는데 직접 쓴 봉래(蓬萊)의 시가 새겨져 있었다.-시에 이르기를, "녹기금[24] 타는 소리는, 백아의 마음. 한 곡조 탈 때마다 다시 한 수 읊조리니 종자기가 이 음을 앎이라. 청량한 바람 소리 먼 봉우리에서 일어나니, 강에 비친 달 어여쁘고 강물은 깊구나〔綠綺琴伯牙心, 一彈復一吟, 鍾子是知音. 泠泠虛籟起遙岑, 江月娟娟江水深.〕[25]"라고 하였다.- 다 읊고서 서로 화답을 하였다.

방향을 바꾸어 왼쪽 산기슭 작은 지름길을 따라 닭 울고 개 짖는 농가를 뚫고 수십 보를 가니 산기슭의 기세는 점점 솟아오르는데 위는 자못 평평하고 드넓었고, 소나무 삼나무가 섞여 심어져 있었으며, 깨끗하기가 소제한 것 같았다. 드디어 지팡이를 세우고 풀을 깔고 앉았다가

21 와준(窪樽) : 바위 구덩이 술동이로, 바위가 움푹 패여 그곳에 술을 부어놓고 떠 마실 만하다는 데서 생긴 이름이다. 당(唐)나라 호주 별가(湖州別駕) 이적지(李適之)가 현산(峴山)에 올라가 한 말 술을 부어놓을 만한 바위 구덩이를 발견하고 그 자리에 와준정(窪罇亭)을 세우고 놀았다고 한다. 《明一統志 卷40》

22 금수정(金水亭) : 영평(永平) 즉 지금의 포천의 영평천(永平川) 절벽 위에 있는 작은 정자이다.

23 바탕 : 원문의 '帿'는 '사후(射帿)'로 활을 쏘아 살이 미치는 거리를 의미하며, 우리말로는 '바탕'이라고 한다.

24 녹기금 : 한나라 때 사마상여(司馬相如)가 〈옥여의부(玉如意賦)〉를 지어 양왕(梁王)에게 바치자, 양왕이 기뻐하여 사마상여에게 하사했다는 명금(名琴)이다. 일반적으로 좋은 거문고의 뜻으로 인용된다.

25 녹기금……깊구나 : 연화암에 새겨져 있는 양사언의 시 원문의 앞부분은 "녹기금 소리는 백아의 마음. 종자기만이 그 음을 아니 한 곡 탈 때마다 다시 한 수 읊조리네.〔綠綺琴伯牙心, 鍾子是知音, 一彈復一吟〕"이다.

일어나 우두담(牛頭潭)을 굽어보니 때는 석양이 바로 연못 위를 비출 때라 연못이 햇빛을 받아 더욱 맑았고, 물 밑의 모래와 돌은 모두 노란 빛으로 마치 금가루를 펼쳐 놓은 것 같았으며, 물고기들이 왔다갔다 하는 것도 하나둘 헤아릴 수 있었다.

조금 왼쪽으로 몇 걸음 가면 산기슭의 형세가 홀연 평평하고 깊숙해지면서 네모반듯하기가 마치 바둑판 같은데 정자가 그 가운에 서 있으니 규모는 아담하나 지은 것은 정교하였다. 옆으로 쳐다보니 소고산(小姑山)[26]이 있고 앞에는 부운벽(浮雲壁)이 있으며 오른쪽에는 연화암(蓮花巖)이, 왼쪽에는 회란석(迴瀾石)이 있었다.[27] 대개 물이 송정(松亭)-고을 문 밖에 있다-에서부터 매우 요란하게 치달려 흐르다가 돌 모서리에 이르면 물살이 꺾이고 정자 앞에 도달하면 도리어 못의 물처럼 퍼지고 멈추는데 수석이 이름을 얻은 것은 이 때문이다.

난간에 기대 멀리 바라보니 눈에 보이는 모든 것들이 모두 마치 정자를 위해 기이한 풍경을 바치는 듯 그 자태가 한껏 아름다웠다. 정자가 세워진 곳의 형세는 궁벽하고 후미지지만 만나는 경지가 그윽하고 한적하니 삼연(三淵)이 "산인(山人) 운석(韻釋 시승(詩僧)) 같다"라고 이

26 소고산(小姑山) : 금수정 앞에 있는 산이다.

27 앞에는……있었다 : 부운벽(浮雲壁), 연화암(蓮花巖), 회란석(迴瀾石) 모두 글씨가 새겨진 바위의 이름이다. 염석진(廉錫珍)의 《남곡유고(南谷遺稿)》〈원유일기〉에 "물가에 각석(刻石)이 있는데 존암(尊岩)이라 하고, 연화암(蓮花岩)이라 하고, 부운벽(浮雲壁)이라 하고, 금대(琴臺)라 하고, 백운계(白雲溪)라 하고, 환선대(喚仙臺)라 한 것은 양봉래(楊蓬萊)가 쓴 것이고, 동천석문(洞天石門)이라고 한 것은 한석봉(韓石峯)이 쓴 것이고 , 회란석(廻瀾石)이라고 한 것은 명나라 학사 허국(許國)이 쓴 것이다. 조대(釣臺)라 하고, 경도(瓊島)라고 한 것은 도사(金相元)의 9대조가 쓴 것이다."라는 내용이 있다.

른 것은 참으로 훌륭한 평가이다. 이로(李老)가 말하기를 "정자는 본래 사암의 옛 거처였고 창옥병(蒼玉屛)은 봉래(蓬萊)의 소유였는데 뒤에 각자 좋아하는 것으로 바꾼 것이다"라고 한다. 내 그 말을 통해 두 공의 기상을 묵묵히 상상해 보니 봉래는 기이한 것을 지나치게 좋아하고 사암은 가슴 속이 절로 너그럽고 평탄했음을 알겠다.

가대인께서 먼저 돌아가시고 우리들은 손님들과 남아 술을 마셨다. 취하여 귀가 달아오르자 각자 난간 밖의 꽃가지를 꺾어 물에 담가 얼굴에 뿌렸다. 좀 있다 달 뜨는 것을 바라보고는 드디어 일어나 떠났다. 정자 뒤편으로부터 돌아가니 홀연 돌 절벽이 쌍으로 우뚝 서있고 길이 그 사이에 나 있었다. 쳐다보니 크게 '동천석문(洞天石門)'이라고 새겨져 있는 것이 있기에-앞면은 '회란석(廻瀾石)'이라고 되어 있다.- 비로소 석문에서부터 정자에 이르는 길이 정로(正路)이고 앞서 연화암(蓮花巖)를 따라 온 길은 창옥병을 노니는 사람들을 위한 지름길이었음을 알았다.

신축일(辛丑日)이다. 초당에 있으면서 어제 노닐면서 지은 시축을 점검하였다. 노곤하였기로 또 남쪽 시내로 걸어 나가 송정(松亭)에서 바람을 쐬었다. 정자와 고을 문과의 거리는 수십 보 정도이고, 앞으로 큰 시내를 굽어보니 이 시내는 실로 수동(水洞)에서 내려와 동쪽으로 흘러 우담(牛潭)이 되고 또 서쪽으로 꺾여 청령담(淸泠潭)이 되며 또 꺾여 북쪽으로 가서 창옥병(蒼玉屛)을 휘돌아 임장(臨漳)으로 나간다. 시냇가에는 숲이 있는데 빽빽하기가 마치 장막을 펼쳐놓은 것 같고 녹음이 땅을 가득 덮고 있어서 자못 깊고 그윽한 것이 마음에 맞았다. 고을 민가 속에 끼어 있어 닭 울고 개 짖는 소리 들리니 어느새 무릉도원의 상상[28]을 하게 된다.

임인일(壬寅日)이다. 백운산(白雲山)을 유람하려고 하는데 백운산

은 현문(縣門)에서 60리 떨어져 있었다. 아버님께서 이르시기를,

"마부를 며칠이나 산중에서 머물게 하는 것은 폐를 끼치는 것이라, 다만 사흘만 허락할 테니 곧 돌아오라."

라고 하셨다. 그래서 가벼운 행장을 청구하여 두 채의 이불, 두 개의 술병, 한 개의 안주 찬합, 쌀 서말 가량을 한 사람이 짊어지고 따랐다. 한 개의 작은 자루에는 벼루와 시 쓸 종이를 넣어 말의 머리에 걸었고, 안장 허리에는 말 식량을 나누어 쌌다. 가노(家奴)인 노동(盧同)·정봉(丁鳳)·이걸(伊傑)·중창(仲昌)과 한 명의 관노가 함께 하였다.

조반을 마친 뒤 네 명이 나란히 말을 타고 수동(水洞)에서 나왔다. 온 골짝이 모두 물이었고 붉은 꽃이 만발하여 30리에 걸쳐 끊임없이 이어졌다. 어떤 이는 말을 타고 시내를 따라 가고 어떤 이는 걸어서 물의 얕은 곳을 따라 돌을 밟으며 갔다. 길에서 화악산(華嶽山) 승려 승천(勝天)을 만나 잠시 모래사장 가에서 쉬면서 함께 백운산에 대해 말하다가 함께 노닐만한 사람임을 알고는 굳이 가자고 청하였다. 그러자 승천이 말하기를,

"소승이 이미 일이 있어 산을 내려왔기로 따라 갈 수는 없으나 오늘 밤엔 의당 빠른 걸음으로 백운산에 도달할 것이니 절에서 서로 만날 수 있을 것입니다."

라고 하였다. 우리들은 이 승려를 얻고서 기세가 올라 마치 한 명의 구마라습(鳩摩羅什)[29]을 만난 듯하였다.

28 무릉도원의 상상 : 한 어부가 무릉도원에 들어갔더니 닭 울고 개 짖는 소리가 들려왔다〔雞犬相聞〕는 도연명의 〈도화원기〉의 내용을 연상시킨다.

29 구마라습(鳩摩羅什) : 인도의 승려이다. 중국으로 와서《법화경(法華經)》《반야

산길을 굽이돌아 와룡암(臥龍巖)[30]으로 올라갔다. 와룡암은 승경으로 이름이 나 금정(金亭 금수정), 노주(鷺洲)[31]와 함께 일컬어졌는데 돌아보니 볼만한 것은 없고 다만 구불구불한 하나의 바위가 있을 뿐이었다.

풍패동(風珮洞)에서 점심을 먹고 농암(農巖)의 옛 집에서 쉬었다.[32] 문 앞길은 풀들만 무성한데 한 노복이 남아 지키고 있었고, 창과 벽 사이에는 고인(古人)의 시구들이 많이 보였는데 서성거리며 읊조리노라니 사람으로 하여금 처연하게 감회를 자아내게 하였다.

가벼운 옷으로 청령뢰(淸泠瀨) 일곱 소나무 사이를 산책하였는데 곧 동은(峒隱)의 낚시터였다.-사암(思庵)이 일찍이 동은(峒隱)의 계정(溪亭)을 지나며 지은 시에 "길은 밭 사이로 들어 겨우 말만 지나갈 수 있고, 초정은 다 쓰러져 가는데 석양만 붉네. 왕손은 오지 않았는데 봄이 먼저 가니, 꽃은 낚시터에 떨어지고 못 그림자 텅 비었구나.〔路入田間纔過馬, 草亭傾側夕陽紅. 王孫未到春先去, 花落釣臺潭影空.〕"[33]라고 하였는데 바로 이곳이다.-

경(般若經)》 등을 번역하였다.

30 와룡암(臥龍巖) : 경기도 영평(永平) 물가 수석으로 물속에 있는 암석이 누워 있는 용과 같다고 하여 와룡암(臥龍巖)이라고 부른다.

31 노주(鷺洲) : 백로주(白鷺洲)로 영평(永平) 8경 중 하나로 알려진 유명한 경승지이다. 전체가 하나의 바위로 이루어져 있다.

32 풍패동(風珮洞)에서……쉬었다 : 김수항의 아들 김창협이 지은 〈영령정기(泠泠亭記)〉를 보면, 아버지 김수항은 백운산(白雲山) 주위에서 이의건(李義健)의 낚시터를 발견하고 좋아하여 '풍패동(風珮洞)'이라고 이름 짓고, 그곳에 송로암(送老菴)을 지었다고 한다. 농암도 아버지 김수항이 기사환국 때 사약을 받고 죽은 후 모든 벼슬을 사양하고, 경기 영평(永平) 백운산(白雲山) 아래 농암(農巖) 주변의 청령뢰 물가에서 만년을 보낼 생각으로 정자를 짓고 살았다.《農巖集 年譜下》《農巖集 卷24》

그 이후 김씨의 소유가 되었고 문곡(文谷)이 만년에 띠풀 정자 하나를 지어서 돌아와 쉴 곳으로 삼으려 하고는 먼저 이름을 영령(泠泠)[34]이라고 하였다.-갈치천(葛稚川)의 시에 "골짜기 그늘진 곳은 늘 시원하고, 바람은 패옥소리인 양 맑고 맑네.〔洞陰泠泠, 風珮淸淸.〕[35]라는 말이 있고 고을 이름이 동음(洞陰)이기 때문에 이에 풍패동(風珮洞), 청령뢰(淸泠瀨), 영령정(泠泠亭)의 이름이 있게 된 것이라고 한다.-

그러나 정자가 다 지어지기 전에 세상의 화란을 만났기로[36] 아들인 농암에 이르러서야 비로소 지을 수 있었다. 그런 말이 《농암집(農巖集)》 속에 있는데 정자는 지금 없어졌다.

못물은 바닥까지 다 보이도록 맑고 깨끗하여 이따금 바위 면에 먹으로 쓴 글씨를 비추었는데 지팡이로 헤집어 보면 대개는 다 삼연(三淵)의 필체였다. 혹은 "침석(枕石 돌을 베다)"이라고 써 있고 혹은 "수류(漱

33 길은……비었구나 : 박순이 지은 〈이직장 의건의 계정〔李直長義健溪亭〕〉이라는 시이다. 《思菴先生文集 卷二》

34 영령(泠泠) : 김창협의 〈영령정기(泠泠亭記)〉에 "정자의 이름 '영령'은 우리 선친이 지은 것이다. 이름을 지을 적에 정자는 아직 지어지지 않았으니, 정자가 지어지기 전에 이름을 먼저 지은 것은 그곳의 아름다운 경치를 좋아하여 그 뜻을 드러낸 것이다." 라는 말이 있다. 《農巖集 卷之二十四》

35 갈치천의……맑네 : 갈치천(葛稚川)은 진(晉)나라 갈홍(葛洪)을 가리킨다. 자호를 포박자(抱朴子)라 했는데, 양생술(養生術)을 익혀 단약(丹藥)을 구운 것으로 유명하다. 이 시는〈세약지(洗藥池)〉에서 볼 수 있다.

36 세상의……만났기로 : 숙종15년(1689)에 일어난 기사사화(己巳士禍)를 이른다. 당시 집권세력인 서인(西人)들이 숙원 장씨의 소생인 왕자 이윤(李昀)의 원자(元子) 책봉을 반대하자, 이에 분노한 숙종(肅宗)이 서인의 지도층을 정계에서 대거 축출하며, 경신대출척(庚申大黜陟)으로 실각하였던 남인(南人)들을 다시 등용한 사건이다. 이 사건으로 김수항은 사사되었다.

流 흐르는 물에 양치질하다)"라고 써 있고 [37] 혹은 "가수원장배(可受元章拜 원장의 절을 받을 만하다)[38]"라고 써 있었는데 이와 같은 것이 한두 가지로 셀 수 있는 것이 아니었다.

얼마 지나지 않아 못 입구에 있는 푸른 돌을 보게 되었는데 모습이 자못 기이하였고 그 위에 "친구라고는 오직 옛 소나무요, 운치는 또 푸른 대나무라네. 삼연옹을 만나지 못했다면 누가 빈 골짜기에서 늙어가는 것을 가련해 하랴?〔朋徒惟古松, 韻味亦蒼竹. 不遇三淵翁, 誰憐老空谷?〕"[39]라는 시가 적혀 있었다. 나는 그 옆에 쓰기를,

"처사의 이 시를 음미하니 유감이 있는 듯하다. 내 들으니 처사가 못가에 앉아서 색다른 돌이 바둑알처럼 펼쳐져 있는 것을 보고는 문득 좌우 사람들을 시켜 가져 오게 하였는데, 이 돌이 마침 그들의 손에 들어가 처사에게 전달이 되었다면 그 중에는 또 필시 불행히

37 혹은……써 있고 : 진(晉)나라 손초(孫楚)가 숨어 살려고 하면서, "돌을 베고 물에 양치질하련다.〔枕石漱流〕"라고 말해야 할 것을, "물을 베고 돌로 양치질하련다.〔枕流漱石〕"라고 잘못 말했는데, 왕제(王濟)가 그 말을 듣고는 잘못을 지적하자, 손초가 "물을 베는 것은 속진에 찌든 귀를 씻어 내기 위함이요,〔洗其耳〕, 돌로 양치질하는 것은 연화(煙火)에 물든 치아의 때를 갈아서 없애려 함이다.〔礪其齒〕"라고 대답했던 고사가 있다.《世說新語 排調》전하여 산림에 은거하는 것을 의미한다.

38 가수원장배(可受元章拜) : 송나라 서화가(書畫家)인 미불(米芾)이 기암괴석을 좋아했는데, 언젠가 보기 드문 기이한 돌을 대하고는 뜰 아래로 내려와서 절을 하며 "내가 돌 형님 보기를 소원한 지가 20년이나 되었소.〔吾欲見石兄二十年矣〕"라고 했다는 일화가 송나라 비연(費兗)이 지은《양계만지(梁溪漫志)》〈미원장배석(米元章拜石)〉에 나온다. 원장(元章)은 미불의 자(字)이다.

39 친구라고는……하랴 : 김창흡이 지은〈맥암 명학재에서 바위 표면에 쓰다〔麥巖鳴鶴齋 題石面〕〉중의 7번째 시이다.《三淵集 卷之十五》

만나지 못한 것도 있었을 것이다. 처사는 아마도 여기에 유감이 있었던 것일까."라고 하였다. 다 쓰고 나서 옛 거처로 돌아오는데 오는 길에 도리평(桃李坪)을 지나다 이른바 선유담(仙遊潭)[40]을 만나니 이곳이 백운동(白雲洞)의 어귀이다. 그윽하면서 깨끗한 것이 기뻐할만 하였다.

날이 저물녘에 비로소 내원(內院) 상선암(上禪庵)[41]에 도착하였다. 노승(老僧) 혜운(惠雲)의 독경 소리 들리고 등불이 막 켜지더니 어떤 승려가 기둥 사이에서 절을 하며

"산행이 수고롭지 않으셨습니까?"

라고 말을 하는데 쳐다보니 승천(勝天)이었다. 이날 밤하늘에는 조각구름도 없었고 달빛은 환하였다.

계묘일(癸卯日)이다. 새벽에 일어나 조계(曺溪)를 유람하였다. 절의 승려 계찰(戒察)에게 짚신을 하나 얻어 신었고 승천(勝天)은 앞에서 인도하였다. 조계와 절의 거리는 몇 리 되지 않았는데 처음 시냇가를 따라 백여 보를 가니 온통 흰 돌이 영롱하였고 흙덩이와 자갈의 성가심이 전혀 없었다. 물이 그 사이를 지나가면서 지형에 따라 고여 있기도 하고 쏟아져 내리기도 하는데, 깊고 얕고 굽고 곧은 곳이 모두 곡진하게 훌륭한 자태를 지니고 있었다. 이 물줄기를 따라 들어가면

40 선유담(仙遊潭) : 영평8경 중의 하나로, 신선들이 놀던 곳이라고 하여 붙은 이름이다.

41 상선암(上禪庵) : 허목의 〈백운산수기(白雲山水記)〉에 의하면 "백운사에서 동북쪽으로 5리 되는 곳에 상선암(上禪庵)이 있으니, 이 산에서 가장 높은 곳에 자리 잡고 있다. 석봉(石峯)에 둘러싸여 산과 골짜기가 깊은데, 늘어선 봉우리들을 바라보니 자욱한 이내가 산중의 절경을 이루었다."고 한다. 《기언 별집 제9권 記》

조계사(曺溪寺)에 이를 수 있는데, 조계사라는 곳은 옛날에 있던 절로, 지금은 문을 닫았다. 절터 아래에는 흰 돌이 비탈을 이루고 있는데 꼭대기부터 바닥까지의 길이가 거의 십 수 길이나 되었고, 샘이 그 위에 옆으로 뻗어 와폭(臥瀑)이 되었다. 폭포는 대체로 두 번 꺾여, 꺾인 곳은 작은 못이 되었는데, 맑고 얕아 물장난을 할 수 있었다.

조계 남쪽에는 푸른 절벽이 가로로 둘러쳐져 있었으니 농암이 이른 바 "요컨대 백운산 전체에서 가장 아름다운 곳이다."[42]라고 한 것은 믿을만한 말이다. 절에서 돌아와 낮잠[43]을 자고 다시 시냇가로 나와 폭포를 거슬러 올라가 태평동(太平洞)을 찾아갔다. 태평동은 이 산에서 가장 깊은 곳으로, 산봉우리와 골짝이 고요하고 아름답게 둘러싸고 있는데 석벽은 더욱 청수하고 드높아 볼만 하였다. 다만 안타까운 것은 지세가 넓고 평탄하지 못하여 물이 넓게 퍼져서 흘러가지 못하고, 돌무더기가 잔뜩 쌓여 있어서 사람들로 하여금 굽어보고 쳐다보면서 한가로이 유람할 맛을 느끼게 하지 못한다는 것이었다.

두암(斗巖)으로 건너가 비스듬히 조망해보니 구름과 노을이 끼어 있는 듯한 소나무와 녹나무가 우뚝 서 있는 것만 보이는데, 서로 이끌고 더 들어가 보려 하니 승천이 말리며 말하기를,

42 농암이……곳이라 : 김창협의 〈유백운산기(游白雲山記)〉에 나온다. 《農巖集 卷之二十四》

43 낮잠 : 원문의 '攤飯'은 식후의 낮잠을 말한다. 육유(陸游)의 〈춘만촌거잡부(春晚村居雜賦)〉에 "요서하여라 거품 뜬 술잔을 가득 마시고, 탄반하여라 꿈 나비 침상에 가로누워 자네.〔澆書滿挹浮蛆甕, 攤飯橫眠夢蝶牀.〕"라고 하였는데, 그 자주(自注)에 의하면 "동파 선생은 새벽 술 마시는 것을 요서라 하였고, 이 황문은 낮잠 자는 것을 탄반이라고 했다.〔東坡先生謂晨飮爲澆書, 李黃門謂午睡爲攤飯.〕"라고 하였다.

"여기부터는 숲이 깊고 길도 험하여 끝까지 탐방하는 것은 쉽지 않고 또 별반 기이한 승경도 없습니다."

라고 하였다. 마침 날이 저물었는지라 마침내 벽의 남쪽에 이름을 쓰고는 혜운(惠雲)의 선방으로 돌아와 잤다. 이번 유람에서 문원(文遠)은 남여를 타고 가려고 하였으나 형님께서 내켜하시지 않으면서 말씀하시기를,

"옛 사람의 여민동락(與民同樂)[44]에는 미치지는 못할지언정 어찌 느닷없이 남을 수고롭혀서 자신을 편안하게 할 수 있겠는가?"

라고 하셨다. 이에 오직 지팡이 하나로 걸어가 매우 험한 곳까지 오르내리면서 끝내 견여는 쓰기 않았다. 그 덕분에 깊숙이 있고 숨어있는 곳까지도 다 찾아가 볼 수 있어서 승경을 놓친 것이 거의 없었고, 또 화락한 모습으로 가는 곳마다 친절하고 정성스럽게 대하였기에 승려들에게 미움을 사지 않았다.

이날 밤 비가 조금 왔다. 승천이 화악(華嶽)의 여러 승경들을 매우 자세하게 말해주어 어느새 새벽종 치는 시간이 되었으나, 우리들은 사뭇 기뻐 잠들지 못하였고 훌쩍 떠나고픈 흥취로 마음은 벌써 화음(華陰)과 곡운(谷雲) 사이에 가 있었다. 그러나 올 적에 아버님을 뵙고 친히 가르침을 받았기에 마음대로 멀리 떠나는 것은 어려웠는지라, 서로 연명으로 편지를 써서 이튿날 아침에 곧바로 화음에 가겠다는

44 여민동락(與民同樂) : 《맹자(孟子)》 〈양혜왕 하(梁惠王下)〉에 "즐거움을 얻지 못했다고 그 임금을 비방하는 것도 옳지 못하며, 백성들의 윗사람이 되어서 백성들과 즐거움을 같이하지 않는 것도 옳지 못하다.〔不得則非其上者, 非也, 爲民上而不與民同樂者, 亦非也.〕"라는 구절이 있다.

의사를 현(縣)의 관아에 급히 알리고, 또 사람과 말 양식을 조금 더 보내주실 것을 청하였다.

갑진일(甲辰日)이다. 새벽에 개었다. 노복 한 명을 달려 보내 편지를 가지고 현의 관아로 들어가게 하고 드디어 출발을 하였다. 절의 오른쪽 산등성이로부터 비스듬히 수백 보를 달려가니 홀연 산기슭이 둘로 나뉘어져 하나는 동북쪽으로 뻗어가고 다른 하나는 길 왼쪽으로 뻗어가는데 솟았다 낮아졌다 하는 모습이 마치 절구의 주둥이가 이지러진 것과 비슷하였으나 떨기나무가 덮어주고 있어서 자못 고요하고 아늑하였다. 또 솟아서 십여 보를 가다가 휘돌아들면서 건너편 산기슭과 마주하고 떨어지는데 서로 미치지 못한 사이가 겨우 말 탄 사람 하나를 용납할 정도였다. 대체로 솟은 것은 푸른 절벽이 되고 꺼진 것은 흐르는 샘이 되었는데, 샘물이 처음 떨어질 때 콸콸 우르릉 하는 것이 마치 물방아를 찧는 것 같았다.

이윽고 절벽을 굽이돌아 가다가 떨어진 사이로 나오니 호연한 그 기세를 막을 수 없었다. 승천에게 이름을 물어보니 승천이 말하기를,

"산중에 사는 사람이 매일 이 사이를 왕래하여도 일찍이 이러한 폭포가 있는지 알지 못하였는데 지금 알았으니 아마도 기다림이 있었나 봅니다. 제가 일찍이 들으니 농암과 삼연이 시원한 바위 폭포를 찾아갔으나 끝내 그곳을 찾지 못하였다고 합니다. 한 노인이 들어가는 길을 가르쳐 주어 산택 사이로 끝까지 찾아가 보았는데도 역시 찾지 못하고 한탄하며 돌아오셨다고 하지요. 고을 사람 김생(金生) 석구(錫龜)가 나에게 그 일을 말하여 주었는데 이 폭포가 아마 진짜 그 폭포인 듯합니다."

라고 하였다.

이에 이름을 무엇으로 할까 서로 상의하니 어떤 이가 말하기를, "이 물은 절벽이 가로막지 않았으면 장차 흩어져 흘러가서 길 위의 고인 물과 다름없이 될 것이니 절벽의 공이 특별합니다. 그 절벽으로 이름을 지읍시다."

라고 하였다. 내가 대답하기를,

"그렇지 않소. 태산(泰山)엔 물이 없지 않으나 산으로 이름을 하고 동정(洞庭)[45]에는 산이 없지 않으나 물로 이름을 하니 대개 그 큰 것을 취하기 때문이지요. 이 물은 백운산에서 발원하여 수동(水洞)에서 물결로 노닐다가 우저(牛渚)에선 큰 물을 내보내니 이 고을의 승경은 물이 도와주는 것이 많습니다. 또 이미 솟았다가 가운데가 꺼지고 합해지려 하다가 끝내 떨어지는 것이 어찌 절벽이 하고자 하는 것이겠소? 조물주가 꺼지게 만들어 길을 통하게 하고, 막히게 만들어 정기를 온축하게 하며, 떨어지게 만들어 다시 흐름을 트이게 하는 등 서로 잘 배치되게 한 것은 전적으로 물길을 위한 것입니다. 하늘의 뜻을 어길 수 있겠소? 그러니 물로 이름을 짓도록 합시다."

라고 하였다. 형님이 "그렇다"고 말씀하시고는 붓을 휘둘러 크게 벽에다 쓰시기를 "백운폭(白雲瀑)"이라고 하고 아래에 네 명의 이름을 적었다.

드디어 떠나 동북쪽 기슭 오솔길을 따라가니 돌은 더욱 많아지고 숲은 더욱 깊어져 말을 타고 갈 수가 없기로 말에서 내려 걸어가며 숲 속의 꽃나무를 베어 지팡이를 만들었다. 길은 점점 험해져 높아졌다

45 동정(洞庭) : 중국 호남성(湖南省) 북부에 있는 큰 호수의 이름으로, 양자강(揚子江) 남쪽 유역에 있다.

낮아졌다 하였고 유안치(踰鞍峙)·도마치(桃麻峙) 두 고개를 넘으면서는 다리 힘이 자못 풀려 고목의 무성한 그늘을 만날 때마다 앉아서 쉬어야 했다.

이와 같이 8,9리를 지나고 나니 산세가 조금씩 트이고 눈앞의 시야가 조금씩 넓어졌다. 졸졸 흐르는 시내 하나가 앞에 가로질러 있는데 승천이 웃으며 말하기를,

"여기서부터 점점 가경(佳境)으로 들어가게 됩니다."

라고 하였다. 비로소 말을 타고 시내를 건너 수십 걸음을 가니 또 시내가 나타났다. 이때는 산꽃이 반쯤 망울을 틔웠고, 진달래와 철쭉은 더욱 활짝 피었으며, 사이사이 등넝쿨이 깊은 숲을 이루어 온산이 붉은 빛과 푸른 빛으로 물들었고 산새들은 서로 찾느라 우는 소리가 오르락내리락하였다. 문득 오던 길을 돌아보니 흔연히 속세를 나온 듯한 상상이 들었다.

정오에 보슬비가 내려 잠시 맹남촌(孟南村)[46]에 들어가 점심을 먹었다. 비가 조금 잦아들자 칠선동(七仙洞)[47]을 찾아가니 커다란 너럭바위가 아홉 층계 폭포를 이루었는데 바위 위에서부터 세차게 흘러 층계를 따라 꺾어져 길이가 대략 수백 척 남짓 되었다. 눈가루처럼 하얀 물거품이 거꾸로 쏟아지고 산골짜기에 우레 소리 크게 울리는 것이 웅장하

46 맹남촌(孟南村) : 이하곤(李夏坤)의 〈동유록(東遊錄)〉에 "또 꺾어 동쪽으로 3리를 가니 산을 등지고 계곡을 끼고 있는 마을이 있다. 그윽한 운치가 있으니 이곳이 맹남촌이다. 맹씨 남자들이 여기서 살았기 때문에 그런 이름이 붙었다고 한다."라는 말이 있다. 《頭陀草 冊十四》

47 칠선동(七仙洞) : 지금 화천의 광덕계곡이라 불리는 곳이다. 뛰어난 경관으로 많은 시인묵객들이 유람하고 글을 남기곤 하였다.

기가 조계(曺溪)를 능가하였다. 칠선(七仙)의 뜻에 대해 승천에게 물으니 그 대답이 실로 허황한 말에 가까워 전할 만하지는 않다.-승천의 말에 의하면 산은 고요하고 달은 밝은 밤에 일곱 노인이 흰 사슴 흰 나귀를 타고 와서 노닐었기 때문에 그런 이름이 붙었다고 한다.- 내 그 근원을 찾아보려고 폭포 위로 한참을 거슬러 올라갔으나 그저 뭇 산들이 빙 둘러 있는 것만 볼 수 있을 뿐이었다.

산 아래 상수리나무로 만든 집이 있는데, 노인이 넝쿨을 끌어다가 울타리를 고치고 있었다. 가서 물의 발원지를 물으니 매우 멀고 험하여 짧은 시간에 찾아 갈 수는 없을 것이라고 하였다. 갑자기 비가 다시 내렸다. 옷이 다 젖었기로 낭패하여 오던 길을 찾아 되돌아왔다.

성씨(成氏)의 정자[48]에 올라가니 함께 유람하던 사람들이 모두 비를 피해 올라와 쉬고 있었다. 정자는 폭포에서 동쪽으로 열 발자국도 떨어지지 않은 곳에 있는데 자못 상쾌한 것이 마음에 꼭 들었고 서생 두세 명이 그 가운데서 책을 읽고 있었다. 쇠솥을 얻어와 술을 데워 서로 권하고 난간에 기대 필운산(弼雲山)의 모습을 바라보았다. 포시(晡時 오후 3시에서 5시까지)에 잠깐 개었기로 빨리 말을 몰아 돌무더기를 지나 저물녘에 비로소 화음동(華陰洞) 어귀로 들어갔다. 우선 곡운옹(谷雲翁)[49]의 사당을 찾아가 영정에 배례하고 농수정(籠水亭)[50]에 올라가 우

48 성씨의 정자 : 성씨는 성규헌(成揆憲,1647~1741)을 말한다. 어유봉(魚有鳳)이 〈동유기(東遊記)〉에서 칠선동 근방에 대한 설명 가운데 "서쪽 벼랑 꼭대기에는 띠를 새로 엮어 만든 정자가 있었는데, 그것을 만든 이는 성규헌(成揆憲)이라고 한다."라는 말이 있다.《杞園集 卷之二十》

49 곡운옹(谷雲翁) : 김수항(金壽恒)의 형인 김수증(金壽增, 1624~1701)의 호가 곡운이다. 본래 강원도 화천군 용담리 화악산(華嶽山) 일대의 계곡 이름인데 김수증이

암(尤菴)이 지으신 비기(碑記)를 읽었다. 노복과 말을 먼저 보내 반수암(伴睡庵)에 가서 꿀을 끓이라고 하고는 지팡이를 지고 그 뒤를 따랐다. 반수암은 동구와의 거리가 매우 멀면서도 후미진 곳에 있어서 쉬었다가 일어나기를 반복하면서 종이 울릴 때가 되어서야 겨우 절문에 도착하였다. 길 옆 숲 사이에 아스라이 솟은 정자가 희미하게 보였으나 다들 올라갈 경황은 없고 다음날 한번 구경하기만을 기다렸다.

10여 명의 승려가 모두 문자를 잘 알았고 또 산과 물에 대해 이야기하는 것도 좋아하여 말이 떨어지자마자 응대하는 것이 메아리 같았다. 젊은 사미승은 지행(智行)이 특히 맑고 명민하여 사랑스러웠는데, 등불을 가지고 와서 손님을 맞이하여 방으로 데려가서는 다락 속에 있던 매화를 가리켜 말하기를,

"이것이 선생께서 옛날 기르시던 매화입니다. 소승 등이 함께 기르고 보호하면서 마치 선생을 대하듯 하고 있습니다. 이쪽 사람들은 모두가 연옹(淵翁)을 진사선생(進士先生)이라고 부릅니다."

라고 하였다. 이날 김 존부(金尊父)께서 연옹의 유고를 검토하느라 아랫마을 삼연의 고택에 와서 머무셨는데 승천을 통해 우리가 왔다는 소식을 듣고 《곡운집(谷雲集)》을 빌려오시니, 화악(華嶽)의 명승을

곡운이라는 이름을 붙인 뒤 30년 가까이 은둔하였고, 자호(自號) 역시 곡운이라고 하였다. 《谷雲集 卷4 谷雲記》

50 농수정(籠水亭) : 김수증이 백운산에 정자를 짓고 농수정이라고 이름을 붙였다. 이는 최치원(崔致遠)의 시 〈가야산 독서당에 대해 지음〔題伽倻山讀書堂〕〉의 "시비를 따지는 소리 들려올까 두려워, 유수로 산을 온통 감싸게 하였구나.〔常恐是非聲到耳, 故教流水盡籠山.〕"라고 한 데서 따온 것이다. 《宋子大全 제143권 籠水亭記》《西河集 卷13 籠水亭記》

기록한 것이 매우 자세하였고 승천에게 들은 것과 하나하나 서로 부합하였다. 다만 이른바 '표독립대(表獨立臺)', '소요유당(逍遙遊堂)', '한래왕교(閒來往橋)' 등의 장소[51] 는 문집 속에는 실려 있으나 승천은 말을 하지 못하였으니 아마도 이름에 대해 논의는 하였으나 미처 판목에 써서 걸지는 못했기 때문에 전해지지 않은 듯하다. 그러나 그 역시 우리들이 가 본 곳에 불과하였을 뿐 특별한 구역이 있는 것은 아니었다.

밤이 이슥하여 잠을 자려고 하는데 홀연 문 두드리는 소리가 들렸기로, 중을 불러 나가 보도록 하니 새벽에 보낸 사람이었다. 중도에 관아의 심부름꾼을 만나 편지를 주어 관아로 가게 하고, 그는 곧 돌아서서 이곳으로 뒤쫓아온 것이었다. 가대인께서 주신 편지를 전하였는데 거기에 이르기를,

"백운(白雲)에는 진실로 명승지가 많고 또 부연(釜淵)[52]과 곡운(谷雲)이 가까우니 사흘 동안 다 유람할 수는 없을 것 같다. 만일 남은 흥이 있으면 며칠 더 머물러도 좋다. 다만 과음을 하거나 험한 곳에 가지 말아라. 겸하여 술과 안주 노자를 약간 보낸다."

라고 하였다. 때마침 전대도 비고 술병도 말라서 막 근심 걱정을 하던 차에 깊은 산 적적한 밤에 이러한 맛난 술 맛있는 안주를 얻어 눈앞에

51 이른바……장소 : 김수증의 〈화음동지(華陰洞志)〉에 '한래왕교(閒來往橋)' 라는 이름이 나오고 김창흡이 지은 〈곡운제영(谷雲諸詠)〉이라는 시 가운데도 '한래왕교(閒來往橋)', '표독립대(表獨立臺)'라는 제목으로 되어 있는 5언절구가 있다. 《三淵集卷之十二》 '소요유당(逍遙遊堂)'은 찾을 수 없다.

52 부연(釜淵) : 삼부연(三釜淵)으로 강원도 철원에 있는 폭포 이름이다. 김창흡(金昌翕)은 삼부연(三釜淵)의 경치를 좋아하여 자신의 호를 삼연이라 했다.

펼쳐 놓으니 내일 산을 유람할 밑천이 조금 또 풍성해진 셈이다. 드디어 함께 몇 잔술을 마시며 보내주심에 감사하고 시 한수를 지어 기쁨을 표하였다.

을사일(乙巳日)이다. 날이 개였다. 밥을 먹고 산을 내려와 송풍정(松風亭)[53]에 올라가 쉬었다. 대체로 이 곳은 높은 산 긴 고개가 둘러싸서 사면에 넓고 탁 트인 길이 없었고, 긴 내와 큰 골짝이 그 사이에 가로 세로로 놓여 있다. 처음 여기에서 살게 된 것은 모두 산골 백성이나 도망 온 사람들이 조수처럼 무리지어 모여살기 시작하면서부터인데, 비단 맥국(貊國)[54]과 가까이 있어서 그러했던 것이 아니라 실로 지세가 그렇게 만든 것이다.

청한자(淸寒子)가 처음 가시덤불을 헤치고 띠풀을 베어 집을 짓고 사니 산속 사람들이 '오세동자(五歲童子)'를 말할 수 있게 되었고,[55] 수백 년이 지나 곡운옹(谷雲翁)이 또 그곳에 집터를 잡았으며, 곡운옹이 작고한 뒤에는 삼연(三淵)이 그 자취를 이었다. 이 정자는 즉 곡운

53 송풍정(松風亭) : 화천군 사내면 곡운계곡에 있었던 작은 정자다.

54 맥국(貊國) : 춘천(春川) 일대를 가리킨다. 그곳에 맥족(貊族)이 세웠다는 소국(小國)이 있었는데 산천이 험하고 궁벽하여 예부터 피난처로 일컬어졌다.

55 청한자(淸寒子)가……되었고 : 청한자(淸寒子)는 김시습의 호이다. 김시습은 나면서부터 총명하여 3세 때에 능히 글을 지을 줄 알았고 5세 때는 세종이 그를 인견하였는데, 응대하는 것이 마치 신과 같았으므로 당시에 오세동자(五歲童子)라 칭하여졌다고 한다. 김수증의 〈곡운기(谷雲記)〉를 보면 "관아 서쪽에 폐허가 된 터가 있는데 오세동자(五歲童子)의 터라고 전해진다."라는 내용이 있고 김수증의 조카인 김창협의 〈유지당기(有知堂記)〉에도 " 곡운은 본디 매월공이 거처했던 곳으로, 산중 사람들은 아직도 오세동자(五歲童子)의 옛터라고 말하고 있으며, 그 곁에는 와룡담(臥龍潭)이 있다." 라는 언급이 있다.

이 처음 세운 것으로, 석벽 위에서 맑은 물을 굽어보도록 지어서-석벽의 윗면에는 화음동천(華陰洞天)이라는 글자가 새겨져 있었고 아랫면에는 월굴천(月窟泉)이라는 글자가 새겨져 있다.- 크고 널찍하면서 맑고 깨끗한 맛을 만끽하게 하였다. 바위 밑둥은 시내를 지나가면서 더욱 비탈을 만들었고 십수인은 앉을법한 '인문석(人文石)'이라는 바위에는 하락(河洛) 도서(圖書)의 형상이 새겨져 있었다.[56] 곁에는 작은 바위가 있는데 앞은 넓고 뒤는 좁아져 4,5인이 앉을 만 하였다. 옛날에는 세 개의 기둥 한 개의 대마루로 이루어진 삼일정(三一亭)이라는 정자가 있었다는데 지금은 없어졌다.

시내 속에는 흩어져 있는 돌들이 많았는데 모두 투명하고 반드르르하기가 옥과 같았고 하얀 물결이 서로 부딪치며 솔바람과 어울리는 것이 마치 생황과 금슬을 연주하는 것 같았다. 이에 좌태충(左太冲)의 "어찌 꼭 악기가 필요하랴. 산수에 맑은 소리 다 있는 것을.〔何必絲與竹? 山水有淸音.〕"이라는 구절[57]을 읊조리며 오래도록 떠나지 못하였다.

56 인문석(人文石)이라는……있었다 : 김수증의 〈화음동지(華陰洞志)〉에 "정자(삼일정) 아래에 수십 칸은 됨직한 큰 너럭바위가 있는데 회옹(晦翁)의 각조산(閣皁山) 고사를 본 따 '하도낙서선후천팔괘태극도(河圖洛書先後天八卦太極圖)'라고 새기고 그 돌의 이름을 인문(人文)이라고 하였고 전서로 '하락희문인문석(河洛羲文人文石)' 일곱 자를 새겼다."라는 내용이 있다. 《谷雲集 권4》각조산의 고사란 주희가 채계통(蔡季通)과 바위에 하락선천(河洛先天)의 여러 그림을 새기는 일에 대하여 논의하다가 각조산(閣皁山) 속 새로 정사(精舍)를 지은 곳에 깎아지른 바위가 있어 글씨를 새길 만하다고 했던 것을 말한다. 《朱子大全 續集 卷2 答蔡季通西山先生》

57 좌태충의……구절 : 진(晉)나라 좌사(左思)가 지은 〈초은시(招隱詩)〉에 나오는 구절이다. 《文選 卷22 招隱詩 二首》

아침 안개가 조금 개기를 기다리면서 도로 유지암(有知庵)에 앉았다. 유지암 또한 곡운(谷雲)이 지은 것인데 별도로 동쪽에 한 칸을 만들어서 무후(武侯 제갈량)와 청한자(淸寒子 김시습)의 초상을 받들었으니 대개 청한자는 실로 산을 개척한 공이 있기 때문이고, 시내가 아래로 흘러 고여서 깊은 못이 되는데 예부터 서로 전하기를 와룡담(臥龍潭)이라고 하였기에 여산(廬山)의 사당 고사를 취하여 아울러 무후(武侯)를 받들게 된 것이다.[58] 주자는 〈무후사기(武侯祠記)〉에서 "뒤에 오는 자들이 오히려 나의 뜻을 알아 줄 것이다."라고 하였고 청한자(淸寒子)도 스스로 "후세에 반드시 나를 알아줄 자가 있을 것이다"[59]라고 하였으니 당이 이름을 얻은 것은 아마도 여기에 바탕을 두고 있는

58 무후와……것이다 : 김창협의 〈유지당기(有知堂記)〉에 김수증이 두 사람을 받든 이유가 설명되어 있다. "김시습은 군신간에 의리가 독실하고 충성을 바치는 데에 마음을 두어 인륜을 부지하고 세교(世敎)를 도왔으나……은둔하였기 때문에 세상에서 공공연히 칭송하는 사람이 없고 무후의 훌륭함은 천하 후세 사람들이 모두 흠모하고 있나 지금은 오랑캐가 중원을 점령한 때라 제사를 올려도 형식에 그치지 못하고 있다"라고 하면서 " 오직 우리 동방은 아직까지 의관과 예악을 갖추는 나라이고, 또 이 곡운은 세속과 거리가 먼 깊숙한 산골의 고요한 곳으로 일체의 혼탁하고 더러운 기운이 미치지 못하는 데다, 또 선생이 주인이 되고 매월공이 이웃이 되었으니, 이 점을 가지고 말하면 드넓은 천하의 그 어디에도 이곳보다 더 무후의 고결한 초상을 걸어 놓기에 적합한 곳이 없을 것"이기 때문이다. 와룡의 고사란 주희(朱熹)가 여산(廬山)의 오란봉(五亂峯) 밑에 그곳의 본디 지명인 와룡(臥龍)을 취해 와룡암(臥龍菴)과 무후사(武侯祠)를 지어 촉한(蜀漢)의 승상 제갈량(諸葛亮)을 향사한 일을 말한다. 《농암집 제24권 》《朱子大全 卷79 臥龍菴記》

59 후세에……것이라 : 김시습은 금오산에 들어가 책을 지어 석실(石室)에 간직하고 말하기를, "후세에 반드시 알 사람이 있을 것이다."라고 하였다. 《海東雜錄 二 金時習》《靑城雜記 卷之四》

것이리라. 우리들이 두 분의 초상에 절을 하려고 하였는데 지키는 사람이 문을 감히 멋대로 열 수 없다고 거절하는 바람에 마음이 몹시 창망하였으나 그 말이 도리에 맞는 것이 기뻐 다시 억지로 청하지는 않았다.

시내를 따라 내려가 연옹(淵翁)의 옛집에 들러 존부(尊父)와 함께 이야기를 나누면서 두 공이 산에 사실 때의 일에 대해 들었다. '박후실(博厚室)'이라고 한 곳은 연옹이 평상시에 지내던 곳으로 안석과 지팡이 거문고와 책이 그대로 남아있었다. '유구당(悠久堂)'이라고 하고 '고명루(高明樓)'라고 하는 곳은 더욱 높고 시원하여 눈앞이 탁 트였고 벽 사이에는 연옹이 손수 쓰신 〈형문(衡門)〉[60] 3장을 볼 수 있다. 또 조금 동쪽으로 가면 냇가에서 한 초정(草亭)을 만날 수 있는데 '완재(宛在)'라는 편액을 달았다.

정자 위에 앉아서 물의 동쪽을 바라보니 사슴 비슷하게 생긴 흰색 짐승이 풀 속에 엎드려 있었다. 가서 보려고 목란교(木欄橋)에서 시내를 건너 점점 가까이 가보니 사슴은 잽싸게 달려 소나무 숲 사이로 가서 서서는 사람을 돌아보며 오래도록 가지 않았다. 네 사람이 지팡이를 풀 속에 버리고 등나무 넝쿨을 더위잡고 벼랑을 따라 올라가 겨우 사슴이 있는 곳에 이르렀으나 이미 어디로 갔는지 알 수 없었다. 주둥이가 붉고 깃털이 푸른 작은 새 수백 마리가 있어 숲을 맴돌면서 슬피 우는데 마치 사람을 보고 놀라 서로에게 알려주는 것 같았다.

조금씩 앞으로 걸어가니 오솔길이 아주 끝없이 이어지더니 길이 끊어지자 석굴 하나가 나왔다. 모습은 마치 옥교자(屋轎子)[61] 같았고 겨

60 형문(衡門) : 두 개의 기둥에 한 개의 가로목을 걸어 만든 허술한 문으로 누추한 집의 문을 이른다. 3장으로 되어 있는 《시경》 〈형문(衡門)〉을 이르는 것으로 보인다.

우 세 사람 정도 들어갈 수 있었는데, 앞면에는 두 개의 나무 기둥이 지탱을 하고 있고 작은 난간으로 빙 둘러져 있어서 기댈 수는 있었으나 겨우 무릎 꿇고 앉을 정도의 높이라 서 있을 수는 없었다. 그러나 앞에 보이는 시야는 매우 넓고 탁 트여 반수암(伴睡庵)에서부터 동구에 이르기까지 하루 종일 다녔어도 다 볼 수 없었던 승경들을 한 번에, 앉아서 볼 수 있었다. 아마도 연옹이 만년에 유람에 지친 까닭에 이러한 기이한 생각을 내어 앉거나 누워서 승경을 보려고 계획한 것이 아니었을까. 초막이 새로 지어졌으나 이름이 없기로 나는 '백록암(白鹿庵)'이라는 이름을 지어 주었다. 대개 아까 흰 사슴이 아니었더라면 손님을 이끌어 이곳으로 오게 해서 이 기이함을 보게 할 수 없었을 것이기 때문이다.

이윽고 백록암의 오른편 좁은 비탈길을 골라 곧바로 산 아래로 내려왔다. 와룡담(臥龍潭)을 보니 못빛은 쪽빛과 비슷한 짙은 푸른색이었다. 어린 아이가 물고기 광주리를 허리에 차고 낚싯줄을 드리우고 있었는데 두 번 당기면 한 번은 꼭 고기가 잡혔다. 내가 가서 낚싯대를 빌려달라고 하였더니 난색을 표하기에 나는 속여 말하기를,

"이 산의 진사선생(進士先生)을 모르느냐? 어찌하여 낚싯대 한 번 빌려주지 않느냐?"

라고 하니 아이가 당황해하며 낚싯대를 주었다. 나는 세 번 미끼를 던졌으나 끝내 고기를 잡지는 못하고는, 웃으면서 아이에게 낚싯대를 돌려줬다. 형님께서 웃으며,

61 옥교자(屋轎子) : 출입하는 문과 창을 달아 집처럼 꾸민 가마이다. 옥교(屋轎)라고도 한다.

"일이란 숙련됨에 달려 있는 것. 네가 고기잡는 것이 아이만 못한 것은 숙련되지 않아서일 뿐이다."

라고 말씀하셨다.

드디어 골짜기에서 나오니 마부가 이미 와서 기다리고 있었다. 가면서 망월암(望月巖)을 지나게 되었는데 망월암의 위 아래에 온통 철쭉꽃이 피어 있는 것이 높은 것은 두 길은 됨직하였다. 각각 가지 하나를 꺾어서 말 위에서 가지고 있다가 두 고개를 넘으면서 필요할 때를 대비하였다.

비스듬히 원화벽(元化壁)을 지나는데 원화벽은 길가와의 거리가 매우 가까웠다. 올 때는 날도 저물고 비까지 와서 승천이 일부러 피하였던 까닭에 우리들은 당초에는 원화벽이 있는 줄 몰랐는데 이에 이르러서야 비로소 말을 해주어 두루 살펴볼 수 있었다. 수십 길 높이로 깎아지른 듯 서있고 몇백 보 넓이로 웅장하게 솟았는데 암벽이 갈라진 것은 마치 도끼로 쪼갠 듯하고 색이 검푸른 것은 창옥병과 같으나 아름답고 기이한 것은 창옥병에 미치지 못하였다. 원화벽 꼭대기에서 쏟아져서 골짝의 물과 합해지는 샘이 있는데 절벽의 밑둥이 가로로 길게 온 굴에 펼쳐지고 물이 그 위로 흩어져 흘러내린다. 맑으면서 깊이가 얕아 겨우 말굽을 적실 수 있을 정도인데 이와 같은 것이 모두 여덟 아홉 굽이나 되었다.

너무 험한 곳을 만나면 말안장을 풀고 지팡이를 짚었다.-산에 들어갈 때에는 비를 만나 갈 길이 매우 바빴고 또 마음이 전적으로 화음(華陰)에 있었기 때문에 단지 앞으로 나아가는 것만 신경을 쓰고 길에 있는 산수는 마음을 붙여 감상할 겨를이 없었는데 산을 나오고 나니 행색이 자못 여유롭고 느긋해지는 데다가 또 물길을 따라가다 보니 물의 근원이 시작되는 곳과, 물이 합해지고 흩어지고 몰려들고 물러나는 형세를

알게 되었기에 그 승경을 더욱 자세히 볼 수 있게 되었다.-

처음 하산할 때 백반 한 사발을 미리 준비하고, 떡갈나무 잎으로 청어(青魚)를 싸서 자루 속에 넣었다. 종일 산속 물가에서 한가로이 노닐려고 한 터라 본래 마을에 들어가 밥을 해 먹으며 지체할 필요가 없었기 때문이었다.

두 고개를 넘고 나서 울창한 숲 밑에 나누어 앉아 사발을 열고 함께 밥을 먹었다. 종인들도 역시 모래사장에 모여 앉아 허리에 찬 자루에서 묵은 밥을 꺼내어서 먹었고, 말에게는 콩을 주어 먹이고 풀 가에 풀어 놓았다. 또 수풀 밖에 바위 밑에서 솟는 맑은 샘이 있기로 밥을 다 먹고 나서 함께 움큼으로 떠서 마셨다. 매우 가볍고 간단하기도 하였거니와 또 여운의 맛도 느낄 수 있었다. 가는 곳마다 한가로이 노닐면서 열 걸음마다 한 번씩 쉬니 산 속 해가 이미 기운 줄도 알지 못하였다.

다시 송로암(送老庵)[62]으로 돌아와서 잤다. 즉 농암의 옛집이다. 승천은 객을 전송하고 이곳에 이르러 인사를 하고는 절로 돌아갔다. 이 승려는 어릴 적부터 명공(名公)들 사이에서 어울리며 일을 도왔는데 근실하고 민첩하고 사리에 밝았다. 함께 노닐던 나흘 동안 서로의 정이 자못 얕지 않아 이별에 임해 시를 주면서 은근한 마음에 감사하였다.

병오일(丙午日)이다. 일찍 출발하여 느긋하게 말을 타고 비탈진 오솔길을 골라 응암(鷹巖)[63]을 스쳐 지나면서 아름다운 풍경을 구경하였다. 수동(水洞)에 도착하여 점심을 먹고 말을 달려 고을 관아로 돌아가니 해는 아직 저물지 않았다.

62 송로암(送老庵) : 216쪽 주32 참조.

63 응암(鷹巖) : 영평에 있는 마을로 동음(洞陰)의 별칭이다.

무신일(戊申日)이다. 청학동(青鶴洞)[64]을 찾아갔는데 노니는 이는 다섯 사람이었으니, 정생(鄭生) 상백(尙伯)-즉 국보(國賓)와 함께 창옥병에서 노닐던 자이다.-이 새로 와서 따랐기 때문이다. 청학동은 고을 문과의 거리가 십수 리이고 본디 형승(形勝)으로 일컬어졌는데 직접 보고 나니 듣던 바 기대에 크게 못 미쳤다. 물은 감돌아 흐르는 자태가 없고, 산은 빼어나고 수려한 기운이 없었으며 또, 양치질하고 씻을 수 있는 그윽한 샘이나 더위잡고 오를 수 있는 무성한 숲이 없이 다만 하나의 지루한 산이 한줄기 무정한 물을 두르고 있을 뿐이었다. 동명(洞名)의 뜻을 상백(尙伯)에게 물으니 그의 대답이 칠선(七仙)에 대한 대답과 비슷한지라 황당하여 기술할 수 없다.

종지(宗之)는 매우 민첩하여 물을 만날 때마다 뛰어넘으며 가고, 형님과 문원(文遠)도 그 다음 순서로 건너가는데 나만 건너지 못하여 돌을 주어와 돌다리를 놓은 뒤에야 건넜다. 그러자 종지가 매우 더디다고 하면서 자꾸 나를 "폭포에 막혀있는 신선"이라고 부르고 스스로는 "폭포를 날아다니는 신선"이라고 부르며 장난을 쳤다. 이번 유람에서 운을 뽑아 '선(仙)' 자(字)를 얻었기로 장차 "흰 자라가 어부의 통발로 들어가네〔白鼈入漁人之笱〕"로 지으려고 하였는데 종지가 보자고 하면서 뛰어 물의 남쪽으로 가려고 하다가 이끼 미끄럽고 돌이 기운 통에 결국 물에 빠지고 말았다. 옷과 건이 다 젖었기로 내가 가서 위로하고 이어 시 한 구를 짓기를 "선인의 청학은 어디로 돌아갔는가. 폭포에 나는 신선이 폭포에 떨어진 신선이 되었네〔仙人青鶴歸何處? 飛瀑仙爲

64 청학동(青鶴洞) : 포천시 영중면 금주리에 위치하고 있다. 일동면으로부터 흘러내려온 물을 껴안은 듯한 암석 병풍과 같은 형태의 절벽이다.

落瀑仙.〕"라고 하니 온 좌중이 이를 드러내고 크게 웃었다.

돌아오는 길에는 낙귀정(樂歸亭)에서 놀았으니 곧 지천(芝川) 황공(黃公)이 거처하시던 곳이다.[65] 두견화가 산 가득 활짝 피어 온 계곡에 어리비쳤다. 나그네와 어부 모두 비단 병풍 속에 있는 듯 매우 기이한 경관이었다.

신해일(辛亥日)이다. 나와 종지(宗之)가 한양으로 돌아가려고 아버님께 인사를 올리고, 물러나와 초당(草堂)에 오니 형님과 문원(文遠)이 이참에 백로주(白鷺洲)를 유람하자고 하였다. 백로주는 현문(縣門)과의 거리가 10리로 가깝고 한양으로 가는 길 곁에 있다. 지세가 자못 넓고 탁 트여 산골짝 같지 않고 산수는 여기에 이르면 도리어 흩어져 완만해지고 평평하게 펴진다. 물속에는 큰 바위가 많아 수많은 물줄기들이 세차게 부딪히면서 휘돌아 꺾여 흘러가고 모래와 자갈은 여울머리에서 씻기면서 골라져서 한쪽 편에 눈처럼 쌓여 있다. 푸른 바위가 구불구불 물 속으로 들어갔다가 물 한가운데서 우뚝 솟으니 물이 거기에 부딪혀 마침내 두 줄기로 나뉘어 좌우로 흘러간다. 주(洲)의 이름은 대개 태백(太白)의 시 "두 강물이 중간에서 나누어졌네〔二水中分〕"의 뜻을 취한 것이다.[66] 이에 하류의 가장 완만하면서 굴곡이 많은 곳으로

65 낙귀정에서……곳이다 : 지천(芝川) 황공(黃公)은 선조 연간의 문신 황정욱(黃廷彧, 1532~1607)이다. 낙귀정은 그가 관직을 떠나 고향에 돌아와서 자기 집 근처에 짓고 살았던 정자이다.

66 주(洲)의……것이다 : 이백(李白)은 〈등금릉봉황대(登金陵鳳凰臺)〉에서 "삼산은 푸른 하늘 밖으로 반쯤 떨어져 있고, 두 강물은 백로주에서 중간이 나뉘었네. 이 모두가 뜬구름이 태양을 가린 때문이라, 장안을 볼 수 없어 사람을 시름하게 하누나.〔三山半落青天外, 二水中分白鷺洲. 摠爲浮雲能蔽日, 長安不見使人愁.〕"라고 하였다. 《李

가서 위 아래 물가로 나누어 죽 벌여 앉아 물 위에 술잔을 띄워 술을 마셨다. 몇 순배 마시고 바위 꼭대기에 올라 〈백주(白洲)〉의 시에 화답하였다.-바위 면에 백주(白洲)와 감호(鑑湖)의 시가 새겨져 있었다.-[67] 이별의 회포를 말하며 곧 잡은 손을 놓고 일어났다. 이날밤은 송우촌(松隅村)에서 묵었다.

다음날 도봉산(道峯山)으로 들어가 두 선생의 서원[68]에 배알하고 영귀문(詠歸門 도봉서원의 후문)에서 계곡을 따라 걸어 곧장 만장봉(萬丈峯 도봉산의 봉우리) 아래에 이르렀다. 마땅히 별도로 기문 하나가 있어야 하겠으나 지금은 생략한다. 동문(東門) 밖에 이르러 종지(宗之)와 헤어지고 말을 빨리 달려 도성으로 들어오니 벌써 해가 저물었다.

화음(華陰)을 유람하고 돌아온 지 몇 달 만에 또 동음(洞陰)에 들어

太白集 卷4》

67 바위……있었다 : 성해응(成海應)의 〈기동음산수(記洞陰山水), 백로주(白鷺洲)〉에 "백로주 바위 위에는 우옹(尤翁 송시열(宋時烈)), 백주(白洲 이명한(李明漢)), 용주(龍洲 조경(趙絅)), 감호(鑑湖 양만고 (楊萬古))의 절구시가 새겨져 있다."라는 내용이 나오지만 현재 마멸되어 온전하게 남아있지는 않다. 《研經齋全集 권50》 다만 《영평읍지(永平邑誌)》에 백주(白洲) 이명한(李明漢)의 시 "산에는 흰 구름 뜨고 물가엔 백로들 노니는데 구름은 백로 따라가고 백로는 구름 따라 가네. 산의 구름과 물가의 백로가 서로 따르는 곳에 나도 막 한가로이 한 무리가 되었네.〔山有白雲洲白鷺, 雲隨鷺去隨鷺雲. 山雲洲鷺相隨處, 我方閒情共一群.〕"와 이 시에 차운하여 이루어진 양만고의 시 "봄바람에 꽃은 물속 바위에 떨어지고 해질녘에 객은 소나무 구름아래에 자는 데 취하여 술잔 잡고 백로와 수작하나니 세간에서 누가 우리들과 무리 하겠나? 〔東風花落水中石, 西日客眠松下雲. 醉把一杯酬白鷺, 世間誰與作吾群?〕"가 실려 있다.

68 두 선생의 서원 : 도봉서원(道峰書院)이다. 1573년(선조6)에 창건되었으며, 조광조(趙光祖)의 위패를 모셨다. 창건과 함께 사액을 받았으며, 1696년 송시열(宋時烈)을 추가로 배향했다.

가 화적연(禾積淵)[69]을 보았다. 고을 사람의 자제인 박재성(朴再成)과, 고을 원을 찾아와 관아에 묵고 있던 객 김만언(金萬彦)이 따라왔다. 화적연은 현의 북쪽과의 거리가 30리인데 물이 철원산(鐵原山) 속에서 발원하여 굽이돌아 현의 북쪽으로 들어와 절로 오구(隩區)[70]를 만든다. 처음에는 부딪혀 폭포가 되고 중간엔 고여 못이 되다가 아래로 흘러가 동쪽으로 가는 물길이 된다. 못의 북쪽에는 기이한 너럭바위가 세 층의 대(臺)를 이루고 있다. 소나무・삼나무・단풍나무・전나무가 우뚝 울창하고 밤낮으로 수증기가 피어올라 늘 구름과 이내가 덮고 있는데 한낮이 되어도 가시지 않는다. 아래 대(臺)는 천천히 뻗어 못의 중심으로 들어가다가 우뚝 무더기로 솟아나는데 들쭉날쭉 험하고 괴상한 것을 이루 다 형용할 수가 없고 바라보면 마치 벼를 쌓아놓은 듯하여 그런 이름을 얻었다고 한다. 돌의 밑둥 속은 마치 가마솥처럼 파여져 아래로 못의 물과 통하고, 솟구쳐 오른 바위는 몇 길이나 된다.

주민들은 이곳을 가리켜 '용정(龍井)'이라고 한다. 가뭄이 드는 해에는 현령이 늘 이곳에 와서 비를 비는데 자못 효험이 있다. 또 옆으로 통하여 석문(石門)의 물이 되는데 토하고 삼키고 뿜고 솟구치는 그 소리가 마치 천둥이 요란하게 울리는 것 같다. 삼면의 붉은 절벽 푸른 벼랑의 기궤한 형상과 초목・운연・아침 저녁 모습은 못 속에 그림자로 비치지 않음이 없다. 못의 물은 매우 맑아 그림자를 쉽게 받아들이

69 화적연(禾積淵) : 포천군 영북면 한탄강 가에 있는 명승지이다. 강물이 휘돌아 흐르고 기암절벽이 감싸고 있어 경관이 매우 아름답다. 바위의 모양이 볏단을 쌓은 듯하다고 하여 화적연이라 불렀다.

70 오구(隩區) : 산이 높고 골이 깊어 풍수지리상으로 명당(明堂)인 곳을 가리키는데 '오구(奧區)'라고도 쓴다.

기 때문에 물에 비치는 그림자는 풍광이 만 번 변하고, 물 또한 받아들이는 것에 따라 풍광을 만들어 내니, 이야기하는 자들은 그래서 말하기를, "물이 검푸르고 맑지 않은 것이 어찌 그 본성이랴?"라고 한다. 내가 처음 이르렀을 때는 숙연해지고 두려운 것이 별로 좋지 않았다. 그런데 이윽고 그 물을 한 움큼 떠먹어 보니 달았고 또 갈매기 5, 6마리가 물결 속에서 노닐다가 때마침 와서 사람에게 친근하게 구는 것을 보고 나서야 점차 마음이 펴져 이리저리 바라보다가 즐거운 마음이 들어, 아침에 와서 저녁이 되었는데도 돌아가는 것을 잊었다.

이 못은 예전에 제석(題石)이 없었기에 내가 종자(從者)를 시켜 돌을 져다가 상류(上流)에 던지게 하고는 김군에게 물길을 거슬러 남쪽으로 가서 벽에 세 사람의 이름과 온 날짜를 새기라고 부탁하였다.

삼일당기 경술년(1730, 영조6)[71]

三一堂記 庚戌

사물 중에서 사람들이 좋아하는 것은 반드시 재미가 있어서이다. 그러나 재미가 있어 좋아하는 데 이르게 되면 사람에게 누가 되는 것 또한 분명하다. 나는 육일거사(六一居士)의 자전(自傳)을 읽고 거사가 그저 벼슬과 작록이 누가 되는 것만을 알고 책과 금석문·거문고·바둑판·술 등 다섯 가지 사물이 누가 된다는 것을 알지 못한 점을 늘 괴이하게 여겼다.[72] 어찌 이 다섯 가지 사물이 과연 누가 되지 않을 수 있겠는가? 벼슬과 작록이 거사에게 누가 되는 것이 정말 이 다섯 가지 사물보다 심하였다면 그것이 재미를 준 것도 반드시 다섯 가지 사물보다 심하였을 것이다. 이 때문에 거사가 물러나 이 다섯 가지 물건과 더불어 살아갈 때는 이를 취하여도 마음에 맞아서 그것이 누가 된다는 것을 깨닫지 못하다가 조정에 나아가 벼슬과 작록을 취할 때는 그것이 바로 내 육체를 피로하게 하고 내 정신을 수고롭게 한다는 것을

71 경술년(1730) : 남유용의 나이 33세 되던 해이다.

72 거사가……여겼다 : 구양수의 〈육일거사전(六一居士傳)〉에 "이 물건들 사이에서 나의 즐거움을 지극히 하지 못할까 항상 근심하는 것은 세상일이 나에게 누를 끼치는 것이 많아서이다. 그 큰 것으로는 두 가지가 있으니, 수레며 의복, 옥규(玉圭)와 인수(印綬)는 바깥에서 나의 형체를 수고롭게 하고, 근심걱정과 사려(思慮)는 안에서 나의 마음을 수고롭게 하여, 나의 형체로 하여금 병들기도 전에 이미 초췌하게 만들고 마음으로 하여금 늙기도 전에 먼저 쇠하게 만든다. 그러니 오히려 어느 겨를에 다섯 가지 물건을 누리겠는가."라는 말이 있다. 수레와 의복, 옥규(玉圭)와 인수(印綬)는 벼슬과 작록을 상징하고 다섯 가지 물건은 책·금석문·거문고·바둑판·술이다.

깨닫게 되었던 것이다.

저 이윤(伊尹)과 태공(太公)의 경우는 스스로 농사를 짓고 낚시를 하면서 아형(阿衡)과 상보(尙父)의 벼슬에 이르렀지만[73] 시종 조금이라도 벼슬이 마음에 누가 된다고 여기지 않았으니 이는 다름이 아니라 천하 만물에 대해 재미가 있다는 것을 알지 못하였기 때문일 뿐이다. 그러나 육일거사는 막 벼슬이 재미가 있을 때 이미 그것이 누가 된다는 사실을 알았으니 거사가 보통 사람보다는 훨씬 뛰어나다고 하겠다.

나는 아직 세상에 등용되지 못하여 사물 중에 내가 좋아하는 것이 이 다섯 가지 사물을 넘지 않지만 그럼에도 그것이 마음에 누가 될까 두렵다. 하물며 벼슬과 작록이 나에게 누가 되는 것이 다섯 가지 사물보다 심하지 않을 줄을 어찌 알겠는가? 이제 그 누가 되는 것을 조금이라도 덜고자 한다면 그 좋아하는 바를 간단하게 하는 것만 한 것이 없을 터, 그래서 다섯 가지 사물 중에서 거문고를 없애고 또 바둑판을 없애고 고금의 전서(篆書)로 된 금석문을 없애고 오로지 천권의 책만 소장하고 술 한 병만 두어 나 한 사람과 더불어 셋이 하나가 되는 삼일(三一)을 이루었다. 이것이 내 집 이름을 '삼일'로 삼은 까닭이다.

73 이윤(伊尹)과……이르렀지만 : 아형(阿衡)은 고대 상(商)나라 때의 관명(官名)인데 뒷날 재상에 해당한다. 이윤은 탕 임금에게 나아갈 길이 없자 탕 임금의 처가(妻家) 유신씨(有莘氏)의 잉신(媵臣)이 되어 몸소 요리 기구를 짊어지고 맛있는 요리를 해서 탕 임금에게 접근하여 유세하였다고 한다. 상보(尙父)는 사상보(師尙父)인데, 태공망 여상(呂尙)을 말한다. 집안이 가난해 위수(渭水) 강가에서 낚시를 하다가 문왕(文王)을 만나 은나라를 무너뜨리고 주나라를 세우는 데 공을 세워 제(齊)나라에 봉해졌고 무왕은 그를 높여 사상보(師尙父)라 하였다. 《사기 권3 殷本紀》《史記 卷32 齊太公世家》

어떤 이가 말하였다.

“물건은 많고 적은 것을 막론하고 마음의 누가 되는 것이 마찬가지인데 당신은 책과 술이 당신에게 누가 되지 않을 줄 어떻게 알고 이를 버리지 않으시오?”

내가 답하였다.

“그렇기는 하오. 그러나 내가 유독 이 두 가지 사물만 취한 것은 비록 그것이 내 마음에 누가 될지라도 또한 때때로 내 마음의 누를 없애주기도 하기 때문이라오. 막 술이 내 입술을 적시면 조금씩 그 맛을 음미하고, 책이 내 마음에 파고들면 부지런히 그 기름진 맛을 음미하게 되는데, 그 누가 되는 것이야 고운 노래나 아름다운 여인을 즐기는 것과 무엇이 다르겠소. 그러나 술 한 잔 마시고 시 한 수 읊조리고 나면 편안히 즐거워지고 확연히 기뻐져 앞서 맛이 있었던 것이 끝내 맛이 없는 것으로 돌아가게 되오. 매우 알맞은 상태에 이르게 되어 마음속에 있는 것이 활짝 펼쳐지게 되면 정신이 왕성해지고 기운이 충만해져 온 천하 만물 중에 내 마음에 들어올 만한 것이 없게 되지요. 그러니 또 두 가지 사물이 내 마음의 누를 없애주는 것이 아니겠소? 누가 되는 것은 작고 잠시인 데 비하여 누를 없애주는 것은 크고 오래가니 어찌 이를 없애버리겠소? 비록 그러하지만 책만 있고 술이 없다면 너무 메마른 데 치우칠 것이요, 술만 있고 책이 없다면 점차 방탕해질 것이니 반드시 이 두 가지가 함께 있어야 내 즐거움이 온전해질 것이요.”

기자묘[74]기 임자년(1732, 영조8)[75]

箕子廟記 壬子

성인(聖人)이라고 하는 사람은 감히 하늘을 어기면서 자기의 뜻을 따르지 못하고 또 감히 자신을 굽혀서 하늘을 따르지도 못한다. 그런데 말하는 사람은 "은(殷)나라가 어지럽게 되었을 때 기자(箕子)는 귀척(貴戚)의 신하로 부사(父師)[76]의 지위에 있으면서, 어찌 은나라 사람의 마음을 좇아 주(紂)를 폐위시키고 미자(微子)를 옹립하여 종국(宗國)을 보존하지 못하였는가?"라고 한다.

아! 주(周)나라는 후직(后稷)으로부터 수십 대에 걸쳐 인을 쌓고 의를 쌓아 문왕(文王) 무왕(武王)에 이르러서는 주공(周公)·소공(召公)·태공(太公)·굉요(閎夭)의 무리가 보필을 하였으니[77] 비록 천자가 되지는 못하였으나 진실로 이미 천하의 마음을 다 얻은 셈이었다. 무왕만이 백성을 구제하는 데 급급하여 목야(牧野)[78]의 전쟁을 벌였을

74 기자묘 : 기자(箕子)의 동래설(東來說)에 따라 후대에 추정하여 만든 그의 묘당(廟堂)으로, 평양에 있다.

75 임자년(1732) : 남유용의 나이 35세 되던 해이다.

76 부사(父師) : 상고 시대 삼공(三公) 중의 하나인 태사(太師)의 이칭이다. 기자는 본디 은(殷)나라 주왕(紂王)의 아버지뻘 되는 친척이자 태사였기 때문에 부사(父師)라고 불렸다.

77 문왕……하였으니 : 문왕이 "나는 난을 다스리는 신하 10인이 있는데 마음이 같고 덕이 같다."라고 하였는데, 주에서, 10인은 주공단(周公旦)·소공석(召公奭)·태공망(太公望)·필공(畢公)·영공(榮公)·태전(太顚)·굉요(閎夭)·산의생(散宜生)·남궁괄(南宮括)과, 문왕(文王)의 비 태사(太姒)라고 하였다. 《書經 泰誓中》

뿐이다. 그렇게 하지 않고 옷 늘어트리고 팔장낀 채[79] 편안히 있었어도 은나라 백성 중에 그 임금을 스스로 묶어 주나라로 달려가는 자가 있었을 터인데 어찌 정벌이 필요했는가?

대저 천하의 형세로 하여금 이처럼 극한 지경에 이르도록 한 것은 하늘이다. 제을(帝乙)은 어진 왕이었고 미자는 제을의 장자였는데, 제을이 끝내 기자의 말을 받아들이지 않고 미자를 버려둔 채 주(紂)를 세운 것[80]은 하늘의 뜻이었다. 천명은 둘이 아니니, 천명이 무왕에게 있었다면 필시 미자에게는 있지 않았을 터, 기자는 천명을 알았기에 미자를 세울 수 없음을 알고 세우지 않은 것이다.

그런데 말하는 자들은 "무왕 16년에 기자가 조회를 오다가 옛 은나라 터를 지나면서 궁실이 무너지고 벼와 기장이 자라는 것을 슬퍼하며 맥수(麥秀)의 노래를 지었다"[81]고 한다. 아! 기자는 일찍이 말하기를 "은나라가 망하더라도 나는 신복(臣僕)이 되지 않으리라."[82]라고 하였다. 그랬기 때문에 〈홍범(洪範)〉을 진헌하고 바로 조선으로 망명하였고, 무왕은 그 뜻을 좇아 거기에 봉하였다. 이는 대개 기자를 신하로

78 목야(牧野) : 주(周)의 무왕이 은(殷)의 주왕(紂王)을 토멸한 싸움터이다.

79 옷……채 : 원문의 '垂拱'은 성군(聖君)이 옷을 늘어뜨리고 팔짱을 낀 채 아무 일도 하지 않으면서도 세상이 잘 다스려지게 하는 무위지치(無爲之治)를 뜻하는데, 《서경》〈무성(武成)〉에 이 말이 나온다.

80 제을이……것 : 기자(箕子)가 예전에 제을(帝乙)에게 미자(微子)가 장형(長兄)이면서도 어질다 하여 후계자로 세우도록 권고했는데, 제을이 이 말을 듣지 않고 마침내 주(紂)를 세웠으므로 이른 말이다.

81 무왕……지었다 : 이 이야기는 《사기(史記)》〈송미자세가(宋微子世家)〉에 나온다.

82 은나라가……않으리라 : 《서경》〈미자〉에 나온다.

삼을 수 없음을 무왕 또한 알았기에 그 뜻을 이루어주어 신하로 삼지 않은 것이다. 기자가 이미 주나라에 신하가 되지 않았으니 필시 제후의 예로 무왕을 섬기지는 않았을 것이고, 무왕도 기왕에 기자를 신하로 삼지 않았으니 필시 제후의 예로 책망하지 않았을 터, 누가 조회하러 왔다고 무함할 수 있겠는가? 미자는 선왕의 종사(宗祀)를 지키며 주나라의 빈객(賓客)이 되었으니 〈유객(有客)〉시가 지어진 까닭이다.[83] 기자는 주나라에 신하가 되지 않았고 또 빈객이 되지도 않았는데 조회를 하였다면 어찌 기자라 할 수 있으랴?

이 두 가지 설은 모두 기자라고 하는 분을 알지 못한 것이다. 대저 기자는 미자가 은나라를 보존할 수 있을 줄 알았고, 또 천명을 어길 수 없다는 것도 알았기에 감히 미자를 세우지 못한 것이다. 무왕을 섬길 수 없음을 알았고, 또 천도를 끊을 수 없음을 알았기에 무왕에게 〈홍범〉을 진헌한 것이다. 나는 그래서 "성인은 하늘을 어기면서 자기의 뜻을 따르지 못한다"고 말한다.

하늘이 덮고 있는 억조창생을 주나라에 전부 부속(附屬 작은 나라가 큰 나라에 의탁하는 것)시켰으나 기자는 "나는 못한다."고 하였기에 조선으로 도망간 것이고, 하늘이 세워놓은 사방의 내외국을 주나라에서 전부 제후국이 되어 섬기게 하였으나 기자는 "나는 못한다."고 하였기 때문에 주나라에 조회하지 않은 것이다. 나는 그래서 "성인은 감히 자신을

83 미자는……까닭이다 : 미자는 주(紂)의 서형(庶兄)으로서 주를 자주 간하였으나 듣지 않자, 마침내 은 나라를 떠나 송국(宋國)으로 갔다. 유객시(有客詩)는 《시경(詩經)》 〈주송(周頌)〉에 있는 시로, 미자가 백마를 타고 주나라에 조회하러 오자 이를 칭송하는 내용이다. 미자를 객으로 표현한 것은 주나라에서 미자를 빈객의 예로 대우하고 있었음을 의미한다. 《史記 卷38 宋微子世家》

굽혀서 하늘을 따르지 않는다."고 말한다.

기자의 사당이 평양에 있는데 예전부터 기문이 없었으니 아마도 우리 동방에 세운 성대한 덕과 우뚝한 공을 사람들이 모두 잘 알고 있어서 글을 쓸 필요가 없다고 여긴 것이리라. 나는 두 가지 설이 돌면서 성인의 뜻이 후세에 밝혀지지 못할까 염려되어 이 글을 지어 사당을 지나는 자로 하여금 알게 하려 한다.

익재 이 문충공 화상기 계축년(1733, 영조9)[84]

益齋李文忠公畫像記 癸丑

익재(益齋) 이공(李公)의 휘(諱)는 제현(齊賢)이고 자(字)는 중사(仲思)이니 경주(慶州) 사람이다. 고려 말에 일곱 명의 혼주(昏主)[85]를 섬기고 세 번의 대란[86]을 겪으면서도 시종 신하의 절개를 잃지 않아 군자들이 충성스럽게 여겼다. 충선왕(忠宣王)이 토번(吐蕃)에 유배되었을 때[87] 충숙왕(忠肅王)은 원나라에 있었는데, 간신(奸臣) 권한공(權漢功) 등이 국가의 기밀을 가지고 온갖 방법으로 왕을 참소하였고,[88] 유청신(柳淸臣)・오기(吳祁) 등은 몰래 심왕(瀋王)에 동조하여 정동성(征東省)을 본국에 세우기를 청하였다.[89] 문무(文武) 신하들은

84 계축년(1733) : 남유용의 나이 36세 되던 해이다.

85 일곱……혼주(昏主) : 고려말의 충렬왕・충선왕・충숙왕・충혜왕・충목왕・충정왕・공민왕이다.

86 세 번의 대란 : 정확히 어떤 사건을 가리키는 것인지 분명치 않다. 충선왕의 유배, 조적의 난으로 인한 충혜왕 원나라로 압송, 홍건적의 침입으로 인한 개경 함락과 공민왕의 피난 등을 의미하는 것으로 보인다. 이들 사건에서 이제현은 왕을 호종하거나 모시고 돌아와 사직을 지키는 역할을 하였다.

87 충선왕이……때 : 고려(高麗) 충선왕(忠宣王)이 환관(宦官)인 백안독고사(伯顔禿古思)의 모략으로 원(元) 나라에 의해 토번으로 유배 갔던 일을 가리킨다.

88 충숙왕은……참소하였고 : 원나라에서 영종이 즉위하자 충선왕으로부터 심양왕(瀋陽王)의 작위를 물려받은 왕고(王暠)는 고려의 왕위마저 찬탈하기 위해 충숙왕을 무고하였다. 그러자 원나라에서는 충숙왕의 옥새를 회수하고 충숙왕을 연경(燕京)으로 소환하여 억류하였고, 이 과정에서 권한공(權漢功) 등 심양왕 왕고를 지지하는 세력은 심양왕에게 붙어서 충숙왕의 폐위를 도모하였다.

쏠리듯 따랐으나 공만은 홀로 분노하며 말하기를 "나는 우리 임금이 계심을 알 뿐이다."라고 하면서 여러 번 원(元)의 집사 대신(執事大臣)에게 문서를 보내어 본국이 귀부(歸附)한 공과 선왕이 끊어진 대를 이은 의(義)를 강력히 말하였다.[90] 그 충성스럽고 간절한 말은 끝내 오랑캐를 감동시켜 충선왕은 나라를 회복하였고, 정동성을 세우자는 논의도 마침내 사그라들었다. 그 당시에 공 한 분이 아니었다면 충선왕은 다만 토번의 한 포의로 있었을 터, 수천 리 고려가 동해의 한 군현이 되지 않았으리라고 어찌 알겠는가?

충선왕(忠宣王)이 조적(曹頔)을 토벌할 때에 적(頔)의 무리 중에서 원나라로 도망간 자들이 벌떼처럼 나타나 임금에게 독을 쏘아 원나라 군사가 왕을 형부(刑部)에 구금하니 화가 예측하지 못할 지경에 이르렀다. 공은 "나는 우리 임금의 아들이 있음을 알 뿐이다."라고 하고 왕을 따라 북쪽으로 가서 눈물을 흘리고 호소하였으니 일이 똑똑히 밝혀지고 왕의 수레가 다시 동쪽으로 돌아오게 된 것은 공의 힘이었다.[91]

89 유청신(柳淸臣)……청하였다 : 유청신・오기 등은 충숙왕을 시종하면서 심양왕에 붙었던 인물이다. 이들이 원에다 고려에 정동성을 설치하여 고려를 원의 속령으로 편입시키자는 내용의 글을 올린 사건을 말한다. 《高麗史 世家35》정동성은 원나라가 일본을 정벌하기 위해 고려에 설치하였던 관청이다.

90 원의……말하였다 : 이서(移書)는 동등한 관청 사이에 주고받는 공문서, 또는 그 공문서를 보내는 것을 말한다. 이제현이 원나라에 보내는 표문(表文)이나 이문(移文) 등에서 귀부(歸附)한 공을 말하고, 또 친원을 표방한 '충(忠)'자 왕이 연이어 등극한 것을 말했기 때문에 이런 표현을 한 것으로 보인다.

91 충선왕이……힘이었다 : 충선왕(忠宣王)은 충혜왕(忠惠王)의 오기(誤記)이다. 조적은 고려 말기의 역신(逆臣)으로, 한때 충숙왕의 사랑을 받다가 총애를 잃게 되자

충선왕(忠宣王)이 강화(江華)로 물러났을 때에 강릉군(江陵君)은 아직 우리나라에 도착하지 않았는데[92] 공은 대신으로 나라 일을 임시로 맡아 처리[93]하면서 가장 먼저 난신(亂臣) 배전(裵佺)을 토죄하고 같은 당의 노영서(盧英瑞) 등을 유배보냈다.[94] 당시 나라 안이 텅 비어 백성들이 의심하고 두려워하였는데 공의 조치가 합당함을 얻었는지라 위태로운 상황이 안정되었으니 이 또한 공의 힘이었다. 공이 임금을 섬긴 큰 절개를 모아 보면 속일 수 없는 것이 이와 같다.

내가 한번 논해보건대, 난세에 처하여 혼주를 섬기면서도 좌우에서

심왕 고에게 아첨하여 왕위 찬탈을 꾀하던 중, 충숙왕이 승하하고 충혜왕이 서자, 심왕과 결탁하여 반란을 일으킨 인물이다. 반란군은 충혜왕이 친히 군사를 지휘해 반격해오자 결국 패퇴하게 되었으며, 조적은 충숙왕 비 경화공주(慶華公主)의 처소에 숨었다가 잡혀 죽임을 당하였다. 이 과정에서 연경에 있는 부원세력(附元勢力)들이 충혜왕을 모함하여 원이 충혜왕을 소환, 형부(刑部)에 투옥하였고 이때 이제현은 충혜왕을 호종하고 원에 가서 일을 무마시켰다. 《高麗史 列傳 卷44》

92 충선왕이……않았는데 : 충선왕(忠宣王)은 충정왕(忠定王)의 오기(誤記)이다. 충정왕이 충목왕의 뒤를 이어 즉위하였으나 정세가 좋지 못하였다. 이때 충혜왕의 동생으로 충정왕의 숙부인 강릉대군(江陵大君) 왕기(王祺)가 원나라 위왕(魏王)의 딸 노국공주(魯國公主)와 결혼하여 원나라의 세력을 등에 업었다. 그러자 원나라에서는 충정왕을 폐위시키고 강릉대군 왕기를 왕으로 삼았는데, 이가 바로 공민왕이다. 충정왕은 폐위된 뒤 강화도로 물러나 있다가 짐독(鴆毒)을 먹고 죽었다.

93 공은……처리 : 신묘년(1351) 겨울에 공민왕(恭愍王)이 즉위하여 아직 우리나라에 도착하기 전에 이제현은 우정승(右政丞) 권서정동성사(權署征東省事)에 임명되어, 두어 달 동안 나라가 비어 있는 동안 나랏일을 임시로 맡아서 처리하였다.

94 난신……유배보냈다 : 배전(裵佺)과 노영서(盧英瑞)는 조적(曺頔)의 난 때는 왕을 호종(扈從)한 공으로 일등공신이 되었으나 뒷날 원나라의 비호를 받으면서 권력을 쥐고 비행을 일삼았던 무리이다. 이제현은 권단정동성사가 되고 나서 이들을 옥에 가두고 유배 보내는 등 과감하게 징벌을 단행하였다. 《고려사절요 충정왕(忠定王) 신묘3년》

보필을 잘하여 한 시대를 안정시키고 구제한 자가 옛날에도 그러한 사람이 있기는 하였다. 그러나 유독 공처럼 만난 때가 기구하고 험난한 경우는 옛날에는 일찍이 있지 않았고, 공처럼 변통을 잘하고 밀고 끌어 주는 공을 거둔 것 또한 옛날 사람 중에 있지 않았다. 혹 공의 일을 영무자(甯武子)・태숙의(大叔儀)[95]에 견주기도 하지만, 두 사람이 유세하던 대상은 모두 당시의 패주(覇主)라 그 말이 들어가기가 쉬웠으나 공이 유세하는 대상은 이적(夷狄)과 시랑(豺狼)이라 힘을 쓰기가 더욱 어려웠으니 그 공이 더욱 큰 것이다.

공이 조정에 있을 때 임금의 안색에 개의치 않고 과감히 직간을 하는 것은 이조년(李兆年)[96] 등 몇 사람에 미치지 못하였으나 일에 따라 공을 이루는 것을 잘하였으니 아마도 영민하면서 지혜가 많아서일 것이다.

나는 또 신돈(辛旽)의 시대에 공이 나라의 원로로 있으면서 일찍이 한마디도 신돈에 대해 언급하지 않은 것은 왜인지 의심이 들었다. 그러나 어찌 끝내 말이 없었겠는가? 말했는데 역사에서 생략한 것이다. 목은(牧隱)은 말하기를 "신돈이 실각하였을 때에 공민왕이 신하들에게 말하기를 '익재의 선견지명은 따라갈 수 없도다. 일찍이 「신돈은 단정

95 영무자(甯武子), 태숙의(大叔儀) : 모두 춘추 시대 위(衛)나라 사람이다. 영무자는 무도(無道)하여 나라를 잃을 지경에 이른 성공(成公)을 힘껏 도와 자신도 살고 임금도 구제한 인물이고, 태숙의(太叔儀)는 제나라로 출분(出奔)한 임금 헌공(獻公)을 지킨 인물이다. 《論語 公冶長》《春秋左氏傳 魯襄公 十四年, 壬寅》

96 이조년(李兆年) : 1269~1343. 고려 때 충렬왕・충선왕・충숙왕・충혜왕 4대에 걸쳐 왕을 보필한 인물로, 자주 간했으나 듣지 않자 고향에 돌아가 세상일을 단념하고 여생을 보냈다.

한 사람이 아닙니다」'라고 하더니, 지금 과연 증험이 되었다.[97]'"라고 하였다. 이것으로 상고해 보면 공이 신돈을 언급한 것 또한 분명하다. 그러나 이 말이 어찌 왕이 신돈을 쓰지 못하도록 하기에 충분한 것이었으랴? 애석할 뿐이로다.

공이 충선왕을 호종하면서 강남으로 갈 때에 왕이 항주(杭州)의 오수산(吳壽山)으로 하여금 공의 초상을 그리게 하였다. 전당(錢塘)의 탕선생(湯先生)이 거기에 찬(贊)을 쓰기를 "기운은 바르면서 드넓고, 모습은 엄정하면서 공손하며, 말은 유순하면서 순종적이었네."라고 하였다.[98] 지금 그의 초상을 보니 풍만한 하관에 아름다운 수염이라, 복록이 있는 군자임을 알겠노라. 삼가 기문을 쓰다.

97 신돈이……되었다 : 이색(李穡)이 찬한 〈계림부원군 시 문충 이공 묘지명(雞林府院君諡文忠李公墓誌銘)〉에 이 내용이 나온다. 《牧隱文藁 卷16》

98 공이……하였다 : 이제현이 쓴 시에 〈연우 기미년에 내가 충선왕이 강남의 보타굴에 향을 내린 데에 따라갔을 적에, 왕이 고항 오수산을 불러 나의 초상을 그리게 하였고 북촌 탕선생이 거기에 찬을 지었는데, 북으로 돌아와서 어떤 사람에게 빌려 주었다가 어디 있는지를 모르게 되었다. 그리고 32년 뒤에 내가 나라의 표문을 받들고 경사에 갔다가 그 초상을 다시 찾게 되었는데, 그동안 늙음과 젊음이 차이가 생긴 데에 놀랐고 따라서 헤어졌다 다시 만나는 것이 시기가 있음을 감탄하여 40자를 써서 기록하다.〔延祐己未 予從於忠宣王 降香江南之寶陁窟 王召古杭吳壽山 一本作陳鑑如 誤也 令寫陋容而北村湯先生爲之贊 北歸爲人借觀 因失其所在 其後三十二年 余奉國表如京師 復得之驚老壯之異貌 感離合之有時 題四十字爲識〕〉라는 작품이 있다. 여기 소주에 "연우 기미년 9월 15일에 북촌(北村) 늙은이 탕병룡(湯炳龍)은 79세의 나이로 전당(錢塘) 보화독역재(保和讀易齋)에서 쓰다."로 되어 있으니 탕선생은 탕병룡(湯炳龍)임을 알 수 있다.

청풍부학기[99]

淸風府學記

청풍부(淸風府)에 있는 공자의 사당이 세월이 오래되어 헐고 무너져 옆으로 바람이 들이치고 위에서 비가 새었다. 가대인께서 처음 이 부(府)에 부임하시고는 사당을 수리하지 않아 교화의 기반이 무너질 것을 크게 두려워한 나머지, 장인을 데려오고 자재를 모아 날을 정해 일제히 일을 시작하였다. 그리하여 사흘 지나 정당(正堂)이 이루어지고 또 한 달이 지나 무실(廡室)이 이루어짐에 좋은 날을 가려 장차 공자께 완성을 고하려 하였다.

내가 이에 대중들에게 크게 말하였다.

"옛날에 공자께서는 일찍이 구이(九夷) 지역에서 살고 싶다고 하셨으니[100] 대개 도가 행해지지 않음을 탄식하신 것입니다. 지금 공자께서 가신 지 수천 년이 지나 망치 모양으로 상투를 틀고[101] 옷깃을 왼쪽으로 여미는 오랑캐들이 천하를 가득 채우고 있으니 인의의 도

99 청풍부학기 : 부학(府學)은 부(府)의 치소(治所)에다가 설립하였던 관학(官學)을 말한다. 남유용(南有容)의 부친인 남한기(南漢紀)가 청풍 부사(淸風府使)로 나갔을 때 지은 글이다.

100 공자께서는……하셨으니 : 공자가 구이(九夷) 지역에 살고 싶다고 하자 어떤 사람이 누추한 곳이라고 걱정을 하니, 공자가 "군자가 살고 있다면 그 땅이 누추한들 무슨 상관이 있겠는가?〔君子居之, 何陋之有?〕"라고 대답했던 고사가 있다. 《論語 子罕》

101 망치……틀고 : 원문의 '椎髻'는 상투가 길어 망치 모양인 것으로 오랑캐 풍속의 하나이다. 여기서는 만주족의 풍속인 변발을 가리킨다.

는 무너지고 예악의 근원은 인몰되었습니다. 오직 우리나라만이 은사(殷師)[102]의 옛 유풍을 이어 받아, 선왕의 풍도를 넉넉히 가지고 있으니 만일 공자의 신령이 천하에 계신다면 필시 중국에서는 즐겁지 않으실 것이고 우리나라를 돌아보며 그리워하실 것이 분명합니다. 그리니 우리가 공자의 사당에서 제기를 잡을 때는 의당 더욱 경건해야 하고 감히 태만하지 않아야 합니다."

그러자 사람들이 모두

"그렇습니다."

라고 응답하였다.

내가 또 말하였다.

"신을 섬기는 자는 신이 없음을 걱정하지 않고 신을 섬길 마땅한 사람이 없는 것을 걱정합니다. 전(傳)에 이르기를 '양양하게 그 위에 있는 듯하며 그 아래에 있는 듯하며 그 좌우에 있는 듯하다.'[103]라고 하였는데 그 덕이 신과 합치되어 신이 강림한 것을 말합니다. 여러분도 물러나서 덕을 닦은 연후에 제사를 거행하지 않으시겠습니까."

사람들이 모두 응답하기를,

"그렇게 하겠습니다."

라고 하였다.

또 내가 말하였다.

102 은사(殷師) : 은(殷)나라 태사(太師)였던 기자(箕子)를 가리킨다. 기자가 동래하여 8교(八敎)를 전했다 한다.

103 양양하게……듯하다 : 《중용장구》 제16장에 귀신이 제사에 왕림함을 말하면서 "양양하게 그 위에 있는 듯하며 그 좌우에 있는 듯하다.〔洋洋乎如在其上, 如在其左右.〕" 라고 하였다.

"성인(聖人)은 신을 섬김에 대개 가르치는 뜻을 붙였습니다. 천지를 섬김은 높음이 있음을 보인 것이고, 종묘를 섬김은 근본에 보답함을 보인 것이며, 사직(社稷)과 악독(嶽瀆)을 섬김은 공(功)에 보답함을 보인 것이니, 가르침 아님이 없으면서 한결같이 공경을 다하였습니다. 공자의 높음은 천지와 같고 공자의 백성 위하심은 부모에게 근본을 갚는 것과 같으니, 공자의 공은 사직과 악독에 족히 비길 수 없습니다. 그러므로 신명께 드리는 제사로는 공자의 제사보다 성대한 것이 없으니 감히 공경하지 않을 수 있습니까? 공경은 전일을 위주로 해야 하니 전일함은 엄숙함을 낳고 엄숙함은 화합을 낳습니다. 화합하면 신명이 이르게 되니 감히 신중하지 않을 수 있습니까? 여러분 따라 야외에서 예용(禮容)을 익히되 시로 노래하고 예양(禮讓)으로 높여 세 번 익힌 연후에 제사를 거행합시다."

사람들이 모두 응답하여 말하기를,

"그렇게 합시다."

라고 하였다.

이에 부학의 남쪽 큰 회화나무 아래에 제위(祭位)를 만들고 향선생(鄉先生)[104]을 세워 실로 그 예를 주관하게 하니 어른 아이 할 것 없이 줄지어서 몸가짐을 깨끗이 하고 신칙하면서 감히 떠들지 못하고 감히 태만한 모습을 보이지 못하였다. 이와 같이 세 번 하고 더욱 스스로 힘쓴 연후에 사당에 제사를 올리니 등강(登降)하고 헌수(獻酬)[105]할

104 향선생(鄉先生) : 치사(致仕)한 뒤 시골에 내려온 중대부(中大夫)를 태사(太師)로 삼고 치사한 선비를 소사(少師)로 삼아 향학에서 자제들을 가르치게 하였는데, 이들을 향선생이라고 하였다. 《儀禮 士冠禮》

때는 화락하고 공경스러웠고, 고요히 있을 때는 조심스러운 듯하였으며, 움직일 때는 노니는 듯하였다. 나아가면 신의 모습을 보는 듯함이 있고 물러나면 신의 음성을 듣는 듯함이 있어 처음부터 끝날 때까지 허물과 흠이 없었다. 부의 선비들이 서로들 말하면서 손뼉 치며 뛸 듯이 기뻐하니 그 기쁨이 온몸에 충만하여 넘치지 않음이 없었다. 일을 다 마치고 그 일을 사당에 써 줄 것을 청하기에 마침내 기문을 쓴다.

105 등강(登降)하고 헌수(獻酬) : 등강은 예식을 진행할 때 계단을 오르내리고 진퇴읍양(進退揖讓)하는 예절을 말하고, 헌수는 술잔을 주고받는 예절이다.

안 문성공[106] 사단기

安文成公祠壇記

내 일찍이 《고려사(高麗史)》를 상고해 보니 안 문성공(安文成公)은 노비 백 명을 태학(太學)에 들여보내 이 때문에 공자에게 종사(從祀)될 수 있었다고 하는데[107] 그 말은 매우 비루한 말이라 하겠다. 문성공에게 진실로 이러한 것이 있기는 하였으나 그가 종사될 수 있었던 것은 전적으로 이것 때문만은 아니다.

왕씨의 세상에서는 불교가 크게 유행을 하였기에 사람들은 400여 년간 학문을 알지 못하다가 문성공을 얻고 나서야 비로소 정학(正學)을 드러내 밝혀 후인을 깨우칠 수 있게 되었고, 또 백년이 지난 이후에 정 문충공(鄭文忠公 정몽주)을 얻어 문물(文物)이 크게 갖추어지게 되었다. 그러므로 두 공은 모두 공덕(功德)으로 공자에게 배향될 수 있었던 것이다. 그러나 문충공이 가르침을 이룬 자취는 쉽게 드러나지만

106 안 문성공(安文成公) : 안향(安珦, 1243~1306)으로, 초명은 유(裕), 자는 사온(士蘊), 호는 회헌(晦軒)이다. 충렬왕 때 원나라를 왕래하며 직접 주자서(朱子書)를 베껴오고, 섬학전(贍學錢)을 설치하는 등 성리학의 도입과 보급에 힘썼다. 고려 말인 충숙왕 6년(1319)에 문묘에 배향되었다.

107 고려사를……하는데 : 전해 내려오는 이야기에 의하면 안향은 국학에 노비 100명을 헌납했는데, 조선의 반인(泮人)들은 모두 그때 헌납한 노비의 후손들이고, 이 때문에 반인들이 반촌(泮村) 북쪽에 제단을 만들어 문성공의 기일이 되면 제사를 올린다고 한다. 이 내용은 《고려사》 등의 기록에는 보이지 않고, 다만 조선 성종 때 도승지 현석규가 올린 상소와 성균 생원 윤속종 등이 올린 상소에서 확인된다. 《성종실록 7년 5월 15일, 8월 3일》

문성공이 도를 창도한 공은 알기가 어렵다. 진실로 연원이 비롯된 바를 살펴서 논하지 않는다면 사씨(史氏)의 오류를 또 누가 능히 분별하랴?

음력 9월 갑자일(甲子日)에 태학(太學)의 복인(僕人)이 희생과 단술을 가지고 와 동무(東廡)[108]에서 문성공을 제사하였다. 태학생(太學生) 황경원(黃景源)이 말하기를,

"공자의 사당보다 엄숙한 곳이 어디 있고 문성공의 제사보다 정결한 것이 어디 있는가. 감히 사적으로 제사를 올리는 것은 예가 아니다. 공도 흠향하지 않을 것이다."

라고 하였다. 복인(僕人)이 말하기를,

"그렇다면 그만둘까요? 반수(泮水)[109] 동쪽과 서쪽 즐비한 집에 사는 사람 중에 누군들 문성공의 사람이 아니겠습니까? 우리들 소인은 감히 공의 덕을 잊을 수가 없어 이 좋지 않은 풀과 채소로나마 무실(廡室) 아래에서 공을 사적으로 모시기를 자손 대대로 하였는데 지금 그만 둔다면 장차 무슨 방법으로 공에게 마음을 다할 수 있겠습니까?"

라고 하였다.

황군이 말하였다.

108 동무(東廡) : 문묘(文廟) 안의 동쪽에 있는 행각(行閣)을 말한다. 여러 유현(儒賢)의 위패를 동무(東廡)와 서무(西廡)로 나누어 모셨는데 동무에는 주돈이(周敦頤)·정이(程頤)·장재(張載) 등과 함께 후열에 설총·안유·김굉필·조광조·이황·이이 등 우리나라 유현들을 모셨다.

109 반수(泮水) : 원문은 '周泮'이다. 주(周)나라 때 제후(諸侯)의 학교를 반궁(泮宮)이라고 했는데, 이 주위를 빙 둘러 파서 물을 채우고 반수라고 불렀다. 성균관을 감돌아 흐르는 물을 이른다.

"어떻게 폐지할 수 있겠는가? 학교가 가르침으로 삼는 바는 사람으로 하여금 그 근본을 잊지 않게 하는 것이다. 이와 같은데 어떻게 폐지하여 사람으로 하여금 근본을 잊게 할 수가 있겠는가? 옛날에 신을 제사할 때는 사당이 아니면 제단에서 지냈으니 제단에서 지내는 것이 어떻겠는가?"

라고 하였다. 사람들이 모두 기뻐하며,

"좋습니다."

라고 하였다. 이에 태학의 동쪽 편에 땅을 골라서 흙을 돋우어 제단을 만드니 한 달 만에 제단이 완성되었다. 사방 한 길 두 자에 높이는 여섯 치로 하였고, 단유(壇壝 제단 주변을 두른 담)는 사방 세 길 한 자 다섯 치로 하였으며 제단 주변에 담을 둘렀고 가운데 담에 문을 달았다. 제사의 시기는 음력 9월을 그대로 따랐다. 황군이 나에게 글을 지어 그 일을 기록해 달라고 부탁하였다.[110]

아! 학교를 닦아 밝혀 후대의 군자를 기다린 분으로 문성공이 계셨다. 복인의 행동은 이른바 "소인이지만 예를 아끼는 자"가 아니겠는가? 황군이 사람을 이끈 것은 화락하고 온후하여 사람의 선을 버리지 않았으니 아마도 인자(仁者)의 마음씀씀이일 것이로다. 대저 한 가지 일로 세 가지의 선이 갖추어졌으니 교훈으로 삼을만하기로 이에 말하노라.

110 황군이……부탁하였다 : 관련하여 황경원의 〈안공사기(安公祉記)〉를 참고해 볼 만하다. 이 글에서는 노비의 후손인 숭교방(崇敎坊) 방인(坊人)이 황경원에게 와서 "금년 여름에 성균관에서 노비들에게 동상(東廂)에서 제사를 지내지 못하도록 하고 다른 곳으로 옮기라고 명한지라, 저희 등은 8월 기사일, 숭교방의 동쪽에 단을 세웠습니다"로 되어 있고 황경원이 이들의 충성심을 치하하며 기문을 써준 것으로 되어 있다. 《江漢集 卷九》

동유소기[111] 아홉

東遊小記 九

병산[112] 屛山

풍수(風水)는 천지가 숨을 들이쉬고 내쉬는 이치이고, 병산(屛山)은 한 덩어리 우뚝 구멍이 있는 돌이라, 만 개의 구멍이 모두 통하고 흙과 나무가 그곳을 덮고 있다.

풍수 사이에 작은 암자를 지어 한벽루(寒碧樓)[113]와 마주하게 하고 시승(詩僧) 한 사람을 불러 살게 하고 싶다. 밤중에 누각 위에서 한번 바라보면 수풀 사이에서 등잔불이 반짝반짝하고 독경 소리가 아득히 강을 건너 들려오리니 응당 첫 번째 기이한 풍경이 될 것이다.

봄물이 밀려오면 작은 배를 타고 풍암(風巖)과 수혈(水穴)[114]을 찾아가고 해거름에는 배를 황양목 아래에 매어 두고 선방에서 잠을 자리니 두 번째 기이한 일이 될 것이다.

111 동유소기(東遊小記) : 남유용의 아버지 남한기가 청풍군수로 있을 때 친구들과 함께 그 일대를 유람하면서 쓴 기행문이다.

112 병산 : 금병산(錦屛山)으로, 청풍군 북쪽에 위치해 있다. 병풍산(屛風山)이라고도 한다. 한벽루에서 강 건너 마주 보인다.

113 한벽루(寒碧樓) : 제천시 청풍면에 있는 누각이다. 1317년(충숙왕4)에 청풍현이 군으로 승격되자 이를 기념하기 위해 세운 관아의 부속 건물이었다.

114 풍암(風巖)과 수혈(水穴) : 풍암은 청풍면 한강변 금병암 밑에 있는 암혈이다. 상부에 정인지가 썼다고 하는 풍암(風巖)이라는 글자가 새겨져 있다. 여기서 150미터쯤 떨어진 지점에 수혈이 있는데 내부는 수십 개의 굴로 이루어져 있고 솟은 물이 큰 못을 이루고 있다.

굵은 밧줄에 방울 하나를 달면 누각에서 강을 가로질러 암자까지 가는데, 시를 지을 때마다 방울 속에다 넣고 밧줄을 끌어당겨 굴려 내려가게 하면 암자 속에 있는 사람이 강을 건너오는 방울 소리를 듣고 얼른 일어나 받는다. 암자 속에 있는 사람이 시를 지어도 역시 그와 같이 한다. 하루 종일 시를 주고받으면서 배로 왔다갔다 하는 번거로움 없이 빠르기는 나는 듯하고 응하기는 메아리 같을 터, 이 또한 하나의 기이한 일이 될 것이다.

월악승(月嶽僧) 체원(體元)에게 이 기이한 것들을 말하였더니 체원이 말하기를 "좋습니다."라고 하였다. 명월루(明月樓)[115] 안에서 쓰다.

학암 鶴巖

학암의 뿌리는 강 속으로 들어가 있는데 이따금 우뚝 솟아 있는 것은 기댈만하고, 돌이 다하는 지점은 물이 돌아나가기 때문에 고기가 많다. 고을 백성들은 그 속에다 밤새 그물을 놓는데 그때마다 대어(大魚) 수십 마리씩을 거두어들인다. 조금 왼쪽으로 가면 부용벽(芙蓉壁)[116] 이라고 부르는 벼랑이 있다. 언뜻 보면 특별히 기이한 것이 없지만

115 명월루(明月樓) : 당시 명월정(明月亭)으로도 불렸다. 한벽루의 동쪽에 있었다고 전해진다.

116 부용벽(芙蓉壁) : 오도일(吳道一)이 청풍부사로 가서 쓴 시 가운데 〈부용벽은 부의 치소 동쪽으로 3리쯤에 있다. 강변에 한 가파른 절벽이 있는데 공중에 떠서 솟아 있고 꼭대기는 매우 뾰족하고 오묘하다. 배를 타고 미륵탄을 거슬러 지나간 뒤에야 비로소 은은하게 그 모습을 드러내는데 완연히 부용을 깎아 세운 듯한 모습이라 내가 부용벽이라고 이름을 지었다……〔芙蓉壁 在府治東三里許 江邊有一峭壁 浮空聳出 上頭甚尖銳端妙 舟行泝過彌勒灘後 方始隱隱呈狀 而宛如芙蓉削立樣 故余以芙蓉壁名之……〕〉라는 시가 있다. 《西坡集 卷之四》

배를 타고 돌아들수록 벼랑은 더욱 변하면서 더욱 기이한 모습을 내며 아스라해지는지라 사람으로 하여금 지나칠 수 없게 하고 지나치고 나서도 안타까이 돌아보다가 눈길이 다하고 나서야 그만두게 만든다. 학암의 배 속에서 쓰다.

옥순봉[117] 玉笋峯

학암(鶴巖)에서 왼쪽으로 배를 타고 20리 동북쪽으로 가니 산의 기운이 순식간에 변하여 안개인 듯 비인 듯한 것이 불며 뿜어내고 들이쉬며 거두는 것 같다. 상투를 틀고 구부정하게 앉아있는 동자가 있어 점점 다가오는데 승려의 가부좌를 하고 있는 모습이더니 더 가까이 오니 너울너울 관복을 입고 손을 모아잡고 있었다. 내가 말하기를 "필시 옥순일 것이다."라고 하니 사람들이 말하기를 "유공(庾公)의 잔치에서 맹만년(孟萬年)을 지적해 낼 사람은 필시 그대일 것이요.[118]"라고 하였다. 옥순으로 가는 배 안에서 쓰다.

117 옥순봉(玉笋峯) : 단양8경의 하나로 일컬어지지만 본래 청풍에 속했던 곳이다. 너댓 개의 석봉(石峯)이 마치 옥순(玉筍)처럼 치솟아 있다.

118 유공(庾公)의……것이요 : 유공은 유량(庾亮)으로 진(晉) 성제(成帝) 때 곽묵(郭默)의 반란을 평정하여 정서장군(征西將軍)에 오른 인물이다. 맹만년은 맹가(孟嘉)로 도잠(陶潛)의 외조부이다. 유량의 벗인 저부(褚裒)가 강주(江州)를 방문하자 유량이 잔치를 열었다. 강주의 관원들과 명인 현사들이 모두 잔치에 오자 저부는 오랫동안 재명(才名)을 들어 알고 있던 맹가가 이곳에 왔는지를 물었다. 유량이 찾아보라고 하자 저부는 오래지 않아 기도(氣度)가 범상치 않아 보이는 맹가를 한눈에 알아보고 찾아내었다.《晉書 孟嘉列傳》《陶淵明全集 권6, 晉故征西大將軍長史孟府君傳》

구담[119] 龜潭

구벽(龜壁)의 아래에서 배를 띄워 산봉우리가 헤어졌다 만나는 변화를 보노라니 천하의 기묘한 경관이다. 나는 구담에 이르러 심경(沈璥)의 주와(舟窩)[120]에서 자고 새벽이 되자 걸어서 강가로 갔다. 뱃사람들이 서로를 베고 자고 있기로 발로 차서 일어나게 하니 머리는 흐트러지고 건도 쓰지 못한 채 노를 잡고 뱃머리에 서서 동북쪽의 구름을 오래 돌아보았다. 일찍이 고장강(顧長康)[121]이 어부의 모습을 그린 것을 본 적이 있는데 이들의 모습이 고인의 그림은 참된 모습을 얻는 것을 귀히 여긴다는 것을 더욱 믿게 해 주었다.

배를 타고 단구(丹丘)의 동문(洞門)[122]으로 내려오니 강가의 묵은 구름이 막 피어오르고 있었고, 곧이어 새들이 꺽꺽 울면서 강을 가로질러 날고 있었다. 자장(子章)이 빨리 거문고를 가져오라 하기에 내가 말하기를,

119 구담(龜潭) : 단양 명승지의 하나이다. 기암절벽의 바위 형태가 거북을 닮았다는 구봉(龜峯)의 주위를 에워싼 못으로, 물속에 비친 바위가 거북무늬를 띠고 있다 하여 붙여진 이름이다.

120 심경(沈璥)의 주와(舟窩) : 심경(沈璥)은 심여휘(沈汝輝)이다. 단구(丹丘) 아래에 부택(浮宅)을 짓고 살면서 이름을 주암(舟庵)이라고 하였다.《立齋先生遺稿 舟庵記》

121 고장강(顧長康) : 진(晉) 나라 화가 고개지(顧愷之)의 자가 장강이다. 특히 초상화와 인물을 잘 그렸다.

122 단구의 동문 : 옥순봉은 원래 청풍군(淸風郡)에 속해 있었는데, 명종 때 단양 군수로 부임한 퇴계가 청풍 부사에게 옥순봉을 단양에 속하게 해달라고 청했으나 이를 허락지 않자, 옥순봉의 석벽에 '단구동문'이라는 글귀를 새겨 이곳을 단양의 관문으로 삼았다는 이야기가 전해진다.

"피리가 어떤가? 천석(泉石)에서는 거문고가 알맞겠지만 배에서는 피리가 적당하지."

라고 하였다. 이에 우성(羽聲)[123]으로 피리를 부니 그 소리가 구름 속으로 들어가 아득해지다가 서서히 내려와 하나하나 옷소매 속으로 들어왔다.

이윽고 배를 끌고 갈선대(葛仙臺) 아래에 이르렀다. 갈선대는 구병(龜屛)의 북쪽에 있는데 대에 올라가 조망해보니 거북 모습이 가로로 있어 기이한지 잘 알지 못하겠으나 동북쪽의 봉우리들은 특별히 빼어나 가슴을 가득 채워주었고 또 거북의 모습에서 얻지 못했던 것을 충분히 얻게 해 주었다. 소나무 아래에 앉아 두 여인에게 거문고를 타도록 하니 자못 맑고 원망하는 듯하면서 그리움이 있었다. 장회(長淮) 가는 배 속에서 쓰다.

도담[124] 島潭

도담의 물빛은 본래 맑게 쏟아지는데	島潭水色本清瀉
하물며 맑은 밤 달빛이 비침에랴	況以晴宵月魄射
유리 발우에 금빛 교룡이 들어 있다가	琉璃鉢貯金蛟龍
파도를 따라 뛰어올라 모습을 바꾸려는 듯하네	隨波騰躍欲變化
공중에 떠서 옷을 나부끼며 빛을 일렁여	汎空翻衣光難定

123 우성(羽聲) : 국악의 오음 중 다섯째 음률의 이름이다. 우리 옛 음악에서 곡조의 웅장하고 장쾌한 성질을 띤 장조(長調) 계통이다.

124 도담(島潭) : 단양 명승지의 하나로, 세 개의 기암으로 된 봉우리의 주위를 에워싼 못이다. 도담과 이 세 봉우리를 아울러 도담삼봉(島潭三峯)이라 부른다.

나의 넋을 움직여 잠 못들게 하는데　使我魄動不得臥
어부와 낚시꾼들은 그저 기이함도 모르고　漁人釣徒不知奇
삼산[125] 아래서 코만 드르렁드르렁 골고 있구나　鼻息齁齁三山下
객이야 삼산을 보고 바로 돌아가겠지만　客見三山便歸去
작은 배에 탄 사람 누군들 달 속을 그냥 지나치려할까
　小舟誰肯月裏過
벼랑에 시를 새겨 유람하는 이에게 주노니　刻詩崖石與遊人
도담을 보려거든 모름지기 달밤이어야 하리라　欲看島潭須月夜

내가 도담의 배 속에서 이 시를 노래하며 피리 부는 사람에게 가락에 맞춰 화답하게 하였다. 삼봉 중 가운데 봉우리에 있는 묵은 버들에 송골매가 깃들었다가 울어대면서 달을 향해 솟아오르니 이 역시 하나의 기이한 경관이다. 삼연(三淵)은 도담의 배 속에 있을 때 한밤중에 달뜨는 것을 보고 마침내 일어나 춤을 추었다고 배 안에 있던 사람 중에 나에게 말을 해 주는 이가 있었다.

석종 石鐘

나는 산을 유람하면서 굴속에 들어가는 것은 좋아하지 않는다. 사람들은 "풍혈(風穴)에는 기이한 경관이 많아 유람하는 자들이 다 몸을 굽히고 횃불을 들고 들어간다"고 말하는데 나는 대략 3번 왔어도 한번도 들어가지 않았다. 사람들은

125 삼산(三山) : 전설 속 신선이 살고 있는 세 군데의 명산인데 여기서는 도담 삼봉을 가리킨다.

"남굴(南窟)에는 종유석(鍾乳石)이 생산되는데 마시는 자는 눈이 밝아진다. 또 동주(銅柱)·금관음(金觀音)·옥마(玉馬)·석록(石鹿)·선인장(仙人掌)·동로(銅壚)·석상(石牀)과 같은 것들이 있는데 모두 인간 세상에서는 볼 수가 없다. 또 강물이 흐르는데 배를 띄울 만하다."

라고 말하며 굳이 나에게 한번 들어가 유람해보라고 권하였으나 나는 고집스레 들어가지 않았다.

그 후에 내가 도담(島潭)을 거쳐 석문(石門) 벼랑에 올라가게 되었다. 뚫어서 동굴로 만든 곳이 있었는데 뱃사람이 말하기를,

"저 속에 석종(石鐘)이 있는데 두드리면 소리가 납니다."

라고 하였다. 내가 동굴 입구에서 살펴보니 마치 돼지 배처럼 부른 한 거대한 돌이 있었고 지팡이로 두드려 보니 쿵쿵하는 소리가 났다. 그제야 비로소 풍혈(風穴)이니 남굴(南窟)이니 사람들에게 기이한 경관으로 일컬어지는 것은 모두 믿을 수 없음이 이와 같다는 것을 알았다. 사람들과 함께 한바탕 웃고 석문에 쓰다.

선암 仙巖

내가 산수에 대해 생각하는 성향은 사람들과 다르다. 세상에서 다들 좋다고 하는 산수가 간혹 성에 차지 않기도 하고, 뭇사람들은 지나가면서 돌아보지 않는 샘물 하나 바위 하나가 나는 간혹 흔연히 마음에 딱 맞기도 한다. 고인 가운데는 오직 한퇴지(韓退之)만이 나와 뜻을 같이하였으니, 저 "무성한 나무 아래에 앉아서 하루를 마치고, 맑은 샘물에 씻어 스스로 깨끗이 한다〔坐茂樹以終日, 濯淸泉以自潔.〕[126]"라는 것은 뭇 사람들은 능히 할 수 없는 말이다.

선암(仙巖)은 본디 깊고 그윽하지만 돌이 너무 무더기로 쌓여 샘의 흐름을 막고 있는지라 나는 매우 싫어했다. 단구(丹丘)에서 선암(仙巖)으로 들어가는 길가에는 기이한 경관이 많다. 한번은 비를 만나 녹암(鹿巖)의 큰 회화나무 아래에서 쉬고 있었는데 바위 밑을 굽어보니 물빛은 맑고 찰랑거리는데, 한적한 모습이 꼭 늙은 도사를 닮은 백로의 그림자가 물에 비치었다. 그러나 백로가 어디 있는지 알 수 없었고, 백로 역시 내가 있는 곳을 알지 못하고 사람 그림자가 물에 비치는 것을 보고는 한번 머리를 들었다. 나도 모르게 한바탕 크게 웃었다.

사인암[127] 舍人巖

사인암(舍人巖)은 물은 얕고 맑고 돌은 적고 깨끗하여 절로 사람을 붙잡게 하는 정취가 있다.

폭포 水簾

나무와 돌이 서로 둘러싸 울창하고, 바위 벼랑은 높고도 험한데 가마 타고 5리, 지팡이 잡고 5리를 왔다. 물러나려고 하니 앞서 왔던 노고가 아깝고 나아가자니 남은 힘이 없던 터에, 홀연 숲 밖 가파른 낭떠러지에서 매우 기이한 폭포 하나가 눈에 들어왔다. 유람하는 사람들이 여

126 무성한……한다 : 한유(韓愈)의〈송이원귀반곡서(送李愿歸盤谷序)〉에 이런 표현이 나온다.

127 사인암(舍人巖) : 단양군 대강면의 남조천에 면해 있는 기암절벽이다. 사인암이라는 지명은 고려 말 우탁(禹倬)이 사인(舍人) 벼슬에 있을 때 이곳에서 자주 노닐었다는 사연에 따라 조선 성종 때 단양 군수 임재광이 붙였다고 전해진다.

기에 이르면 모두 수렴(水簾)을 얻었다고 여기고 기뻐한다고 한다. 그러나 폭포와 이곳의 거리는 그래도 백 보나 멀리 떨어져 있으니 "폭포인지 싶은 폭포〔疑瀑〕"라고 이름 붙일 수 있겠다. 월악(月嶽)의 골짜기에서 쓰다.

내가 수렴(水簾)의 석실(石室) 속에 앉아 있다가 다음과 같은 시를 벽 위에 썼다.

오랫동안 앉아 있으니 이미 폭포는 잊었고	坐久已忘瀑
돌아가려고 하니 그저 비 걱정뿐이라	欲歸但愁雨
괴이하기도 하여라 숲 속의 중은	怪來林中僧
옷 젖도록 일어나 갈 생각을 않는구나	衣濕不起去

이는 아는 자하고만 말을 할 수 있는 것이다. 월악산(月嶽山) 꼭대기에서 쓰다.

문암[128]기

門巖記

도곡(陶谷)[129]에서 조금 서쪽으로 옥류동 길을 놓아두고 가면 오른쪽으로는 토원(兎園)의 길과 합쳐지고 왼쪽으로는 모옥으로 이루어진 한 촌락을 만나는데 산 속 사람들은 이곳을 '검석(黔石)'이라고 한다. 또 왼쪽으로 내려가면 시내를 만나고 시내를 따라 들어가면 콸콸 흐르는 물소리가 더욱 크게 들리면서 흰 돌이 빙 둘러있는데, 돌은 마치 구유와도 같고 엎드린 짐승 같기도 하며 큰 구렁이[130]와도 같다. 대략 다섯 걸음 열 걸음 사이에 한번 휘돌고 한번 부딪히는 물이 나왔는지라, 내가 갓끈을 씻으며 즐거워하면서 무릎을 두드리며 유자가(孺子歌)[131]를 부르니 자업(子業)이 화답을 하였다. 비구를 돌아보며 말하기를,

128 문암(門巖) : 수락산의 명승이다. 한 장석(韓章錫)의 〈유수락산기(遊水落山記)〉 속 묘사를 보면 "길이 끝나려 하는 곳에 바위 병풍이 우뚝하게 솟아 마치 성가퀴 모양처럼 그 삼면을 둘렀고, 입을 벌린 듯 그 가운데는 트여있었다. 큰 바위가 그 꼭대기에 시렁을 얹은 듯 들보 모양을 하고 있고, 높이는 10여 장(丈)인데, 세찬 폭포가 걸려 있었다."라고 하였다. 《眉山集 제8권》

129 도곡(陶谷) : 현 경기 남양주 와부읍이다. 이곳에 남유용의 별장이 있었다.

130 큰 구렁이 : 원문은 '率然'으로, 중국(中國)의 상산(常山)에 있다고 하는 뱀 이름이다.

131 유자가(孺子歌) : 《맹자》 〈이루 상(離婁上)〉에 실려 있는 "창랑의 물이 맑거든 나의 갓끈을 빨 것이요, 창랑의 물이 흐리거든 나의 발을 씻겠다.〔滄浪之水淸兮, 可以濯我纓. 滄浪之水濁兮, 可以濯我足.〕"라고 하는 동자의 노래를 말한다.

"자네들도 나를 위해 노래를 불러주겠나?"

라고 하니 두 승려가 종종걸음으로 나아와 말하기를,

"산 밝고 물 맑아 사람들을 기쁘게 할 만한 것이 천 그루 전단향(栴檀香)보다 낫습니다."

라고 하였다. 묵공(默公)이 말하기를,

"내 고목 같은 몸뚱이를 버려 그대의 무릎 위의 거문고가 되겠소. 그대에게 한 병 국미수(麴米水)[132]를 얻어다 줄 터이니 식은 재 같은 내 마음에 부어주오."

라고 하였다. 내가 피식 웃으며 말하기를,

"술이로구나, 술이야."

라고 하였다.

조금 앞으로 나아가자 길이 더욱 울퉁불퉁해지더니 수락산의 북쪽에 이르러 문암(門巖)을 만났다. 푸른 벼랑이 쌍으로 솟구쳐 두 마리 새매가 번갈아 날개를 치며 일어나는 것 같았고, 거대한 바위가 뾰족하고 뭉툭하게 이어지면서 딱 한가운데가 텅 비어 관문을 만들고는 담담하게 하늘빛을 드러내고 있었다. 폭포가 벼랑 꼭대기를 스치면서 요란한 소리를 내며 공중을 뚫고 벼랑의 남쪽으로 떨어지니 벌써 눈보라가 일고 천둥이 울린다. 또 작은 연못이 그 물을 받아들이니 둥근 무지개가 물을 마신다. 샘에서 갈라져 나오고 연못에서 흘러넘친 물들이 모두

132 국미수(麴米水) : 《주소사(酒小史)》에 '운안(雲安)의 국미주(麴米酒)'라 하였고, 두보(杜甫)의 〈발민(撥悶)〉 시에 "듣자 하니 운안의 국미주는 한 잔만 마셔도 취한다고 하데그려.〔聞道雲安麴米春, 纔傾一盞卽醺人.〕"라고 하였다. 보통 술의 별칭으로 쓰인다.

굽이굽이 앞 시내로 흘러와 노닐고 초목과 뭉게구름은 모두 그림자로 돌아든다. 맑고 잔잔한 것이 마치 가을 하늘 같으니 매우 그윽한 경관이다. 어떤 이는 청한자(淸寒子 김시습)가 낚시하며 노닐던 곳이라고 한다.

장절 신공의 사당[133]기

壯節申公祠記

대저 사람의 일을 전할 때에 신뢰할 만한 일을 들어 말하면 전하지 않은 것도 미루어 알 수 있지만 의심할만한 일을 전하면 이미 전한 것조차도 모두 의심스러워 신뢰를 얻지 못한다. 예컨대 오자서(伍子胥)·관수후(關壽侯) 및 고려(高麗)의 장절(壯節) 신공(申公)은 그 큰 절의가 이미 만세토록 신뢰를 얻었는데도 후세 사람들은 왕왕 의심스러운 설로 그 절의를 어지럽히고 있으니[134] 나는 이를 매우 답답하게 여긴다.

공의 휘는 숭겸(崇謙)이고 그 선조는 곡성(谷城) 사람이다. 후량(後梁) 정명(貞明) 연간에 왕 태조(王太祖)의 기장(騎將)이 되었는데 태

133 장절(壯節) 신공(申公)의 사당 : 장절 신공은 고려 태조(太祖) 때의 무장 신숭겸(申崇謙, ?~927)이다. 춘천에 묘소와 사당이 있다.

134 오자서……있으니 : 세 사람 모두 역사적 사실보다 신이한 일로 유명해진 인물이다. 오자서(伍子胥)는 춘추시대 초(楚)나라 사람으로 오왕(吳王) 부차(夫差)를 섬겨 월왕(越王) 구천(句踐)을 무너뜨리고 패업(霸業)을 이루었으나 태재(太宰) 비(嚭)의 참소를 듣고 칼을 받고 자결한 인물이다. 이따금 조수 물결 속에 백마(白馬)를 타고 출현한다고 하거나 오자서의 영혼이 전당강(錢塘江)의 물귀신이 되어 더욱 거세게 파도를 일으키는가 하면, 가끔 소거(素車)와 백마를 타고 물결 위에 나타나곤 하였으므로, 사람들이 두려워하여 그의 사당을 세우고 제사 지냈다는 일화가 전해진다《吳越春秋 夫差內傳, 句踐伐吳外傳》《太平廣記 卷291 伍子胥條 引 錢塘志》관수후(關壽侯)는 관우(關羽)이다. 관우의 신이한 이야기에 대해서는《뇌연집》권3〈수후묘기(壽侯廟記)〉참조.

조는 그를 매우 신임하여, 태조(太祖)가 궁예(弓裔)를 무찌르고 고려 왕이 되자 여러 장군의 공을 책록하면서 공을 추중(推重)하여 제일로 삼았다.

공은 용맹하면서 활을 잘 쏘았고 외모는 태조와 매우 비슷하였다. 태조를 따라 평주(平州)에서 사냥을 할 때 두 마리 기러기가 말 머리를 스쳐 날아가니 태조의 말이 놀랐다. 태조가 여러 장군들을 돌아보니 공이 나아와,

"신이 쏘겠습니다."

라고 하였다. 태조가 기뻐 활과 화살을 주면서 또 말하기를,

"그대는 오른쪽 기러기의 왼쪽 날개를 쏠 수 있겠는가?"

라고 하였다. 공이 듣자마자 쏘니 그 오른쪽 기러기가 떨어졌는데 화살은 왼쪽 날개에 박혀 있었다. 태조는 크게 기뻐하며 평주(平州)를 공의 관향으로 삼으라 명하고 대대로 기러기 쏜 곳 곁에 있던 밭 300결(結)을 식읍으로 주니 그 자손이 마침내 평주(平州) 사람이 되었다.

당(唐) 천성(天成) 2년에 백제왕(百濟王) 견훤(甄萱)이 신라에 들어가 경애왕(景哀王)을 죽이니 태조가 이 소식을 듣고 노하여 정예병 5000명을 내어 공으로 하여금 견훤을 대구(大丘)의 공산(公山 팔공산)에서 맞이하여 싸우도록 하였다. 크게 싸웠으나 이기지 못하고 견훤의 군사들이 태조를 급하게 에워싸자 공은 태조의 수레에 타서 힘껏 싸우다 진중에서 죽고 상장군(上將軍) 김락(金樂)[135] 또한 죽었다. 견훤은 공의 머리를 잘라 군중(軍中)에 전하여 보여주고는 왕을 죽였다 여기

135 김락(金樂) : 견훤의 군사와 공산(公山)에서 싸울 때 대장 신숭겸(申崇謙)과 함께 태조를 구하고 전사한 인물이다.

고 포위를 풀고 떠났다. 태조는 마침내 말을 달려 군중으로 돌아와서 사람을 시켜 공의 시신을 가져오도록 하고는 나무를 깎아 머리를 만들어 장례를 지냈다. 공의 왼쪽 발에 7개의 사마귀가 있으므로 태사(太師) 유금필(庾黔弼)이 늘 기이하게 여겼었다.[136] 이는 그 본말이 매우 분명하여 속일 수 없는 것이다.

그런데 또 공의 행장을 살펴보니 태조(太祖)가 팔관회(八關會)[137]를 베풀어 신하들과 술을 마시며 얼큰해졌을 때였다. 태조가 홀로 공을 슬피 생각하며 몇 줄기 눈물을 흘리고는 신하들에게 명하여 풀로 허수아비를 엮어 공과 김락(金樂)이 모습을 본뜨게 하고는 상좌(上座)에 앉혔다. 술을 주면 그때마다 다 비워졌고 이윽고 공과 김락이 함께 일어나 춤을 추니 신하들이 모두 울었다. 이로부터 매번 연회를 할 때마다 반드시 이 두 사람의 상을 만들어 놓는 것을 상례로 삼았다.

예종(睿宗)이 서도(西都)에서 신하들에게 팔관회를 베풀 때 두 장군이 자색 옷에 홀을 잡고 말을 탄 채 뜰로 달려왔다.[138] 예종이 괴이하게 여겨 물으니 신하들이 말하기를,

136 유금필이……여겼었다 : 유금필(庾黔弼, ?~941)의 본관은 평산(平山). 고려 태조 왕건을 도와 후삼국을 통일하는 데 큰 공을 세운 인물이다. 신숭겸의 행장에 의하면 머리가 없는 신숭겸의 시신을 유금필이 "왼쪽 발에 북두칠성과 같은 7개의 사마귀가 있다"고 알려 줌으로써 찾았다고 한다.

137 팔관회(八關會) : 고려 때 토속신(土俗神)에게 제사를 지내던 의식이다. 매년 음력 10월 15일은 개경에서, 11월 15일은 서경에서 행하였다.

138 예종이……달려왔다 : 예종이 즉위한 뒤 서경에서 개최된 팔관회에서 허수아비 둘이 관복을 갖추어 입고 말에 앉아 뜰을 뛰어다니는 모습이 연출되자, 왕이 두 장수를 애도하는 시를 지었는데, 그것이 8구체 향가의 형식인 〈도이장가(悼二將歌)〉이다. 《平山申氏壯節公遺事》《大東韻府群玉》《高麗史 申崇謙列傳》

"이들은 태조의 공신 신숭겸과 김락이라는 자입니다."

라고 하였다. 왕이 탄식하며 두 신하의 후손 가운데 생존해 있는 자가 있는지를 물었다. 유사(有司)가 김락의 손자 갑(甲)과 공의 현손(玄孫) 경(勁)을 아뢰니 모두 소견(召見)하고 폐백을 하사하였다.

이 내용은 매우 요상하고 망령되어 족히 믿을만한 것이 못된다. 무릇 신령스럽고 괴이한 것으로 말한다면 정(鄭)나라의 백유(伯有)[139]와 같은 경우가 옛날에도 있기는 하였다. 그러나 반드시 모두 사람이 흉학(凶虐)하고 비명에 죽어 돌아갈 데가 없어서 사물에 의탁하여 여귀(厲鬼)[140]가 된 자들이었다. 공과 같은 어짊이라면 살아서는 충신이요 죽어서는 의당 명귀(明鬼)가 되었을 터, 어찌 귀신을 임금 곁에 보내어 먹고 마시고 날뛰고 했겠는가?

내가 생각하기로는 태조가 공의 죽음을 슬퍼하며 매번 신하들과 연회를 할 때마다 비애에 젖어 즐거워하지 않았기 때문에 신하들이 풀을 엮어서 공처럼 만들고 그 가운데는 비게 하여 사람을 넣어 둔 것 같다. 후세에 이를 이어서 가상희[141]를 한 것이니 어찌 신이라 칭할 수 있겠는

139 정나라의 백유(伯有) : 춘추 시대 정(鄭)나라의 대부인 양소(良霄)의 자(字)이다. 성격이 괴팍하고 사치스러워서 굴실(窟室)을 만들어 놓고 매일 술을 마시다가 쫓겨났으며, 그 뒤에 몰래 들어와서 난을 일으켰다가 피살되었다. 그가 죽은 뒤에 여귀(厲鬼)가 되어 사대(駟帶)와 공손단(公孫段)을 죽이자, 자산(子產)이 그의 아들 양지(良止)를 후사로 세워 재앙을 그치게 하였다 한다.《春秋左氏傳 昭公7年》

140 여귀(厲鬼) : 불행하고 억울한 죽음을 당했거나 제사를 지낼 후손을 남기지 못하고 죽어 돌림병과 같은 해를 일으킨다고 여겨지는 귀신이다.

141 가상희 : 역대 왕들이 팔관회 때 신숭겸을 추모하는 의식으로 가상희(假像戲 가면극)를 했다고 알려져 있다.

가. 그런데 근세의 명유(名儒)들이 그 이치는 깊이 탐구해 보지 않은 채 지레 그 설을 믿고 별도로 전을 지어 징험을 하니 나는 너무도 의혹스러운지라 사기(祠記)를 지어 이를 변증한다.

정백기[142]

淨白記

정방(淨方)이라고 하는 것은 불서에서 나온 것이다. 불자에게 듣기로 불토에는 시방정계(十方淨界)[143]가 있다는데 과장되긴 하지만 고원(高遠)한 곳에 의거하여 청허(淸虛)한 기운을 머금고 산수의 기이함을 두루 둘러볼 수 있는 경지에 이른다면 그런 일컬음을 져버리지 않는 셈이 될 것이다.

을묘년(乙卯年, 1735년, 영조11) 4월 병인일(丙寅日), 나는 네 가지 탈 것[144]을 이용해서 그곳에 갔다. 배를 타고 부의 동문에서부터 문수탄(文殊灘), 미륵탄(彌勒灘)이라고 하는 두 개의 여울을 거슬러 올라가

142 정백기(淨白記) : 청풍에 있는 정방사(淨芳寺-淨方菴이라고도 함)와 백운동(白雲洞) 일대를 유람하며 쓴 기문이다. 아버지지 남한기가 청풍 부사로 있을 때 갔던 것으로 보인다.

143 시방정계(十方淨界) : 시방(十方)은 불가에서 흔히 천하・세계・우주 등의 의미로 사용하는 말이다. 동・서・남・북・의 사방위와 건(乾)・곤(坤)・감(坎)・손(巽) 및 상・하를 말한다. 불(佛) 보살이 거처하는 세계는 장엄하고 교결(皎潔)하여 오탁의 번뇌가 없기 때문에 이렇게 이른다.

144 네 가지 탈 것 : 《서경》 〈익직(益稷)〉에 "홍수가 하늘에 닿아 넘실넘실 산을 감싸고 언덕까지 올라가 백성들이 혼란에 빠지거늘, 내가 네 가지 탈것을 타고서 산을 따라 나무를 제거하고, 익과 함께 백성들이 여러 날고기를 먹도록 하였고, 구주의 냇물을 터놓아 사해에 이르게 하였다."라고 하였는데 《서경집전(書經集傳)》에서 주석하기를 "네 가지 탈 것이란 물에서는 배를 타고 육지에서는 수레를 타고 진흙에서는 썰매를 타고 산에서는 나막신을 신은 것이다."라고 하였다.

사미탄(沙彌灘)에서 배를 놓아두고 말을 탔다. 어떤 이가 말하기를,

"배 속에 있는 사람도 참선을 하시지요. 배 밑도 모두 불토랍니다."

라고 하였다. '배밑〔艙底〕'은 방언으로 '물〔水〕'을 말한다고 한다.

동강(東岡)의 험준함을 아울러 보면서 왼쪽으로 가다 보니 복숭아꽃 핀 계곡[145]의 입구에 이르렀다. 맑고 잔잔한 시냇물이 사랑스러워 떠나지 못하고 모두 말에서 내려 각기 흰 돌에 걸터앉았다. 군첨(君瞻)[146]으로 하여금 거문고를 연주하도록 하니 거문고 소리가 더욱 맑게 멀리 퍼졌다. 군첨이 말하기를,

"제가 거문고를 잘 탄 겁니까? 자못 산수의 힘을 빌려서 그 소리가 맑은 것이겠지요."

라고 하였다. 내가 말하기를,

"어느 것인들 빌려온 것이 아니겠습니까? 물이 맑은 것은 돌이 빌려준 것이고 거문고 또한 물을 빌려서 소리가 맑습니다. 그대는 손을 빌리고 저는 귀를 빌렸을 뿐이지요."

라고 하였다.

술이 한 순배 돌고 나서 일어났다. 돌 비탈이 더욱 높아졌다 낮아졌다 하는지라 앞뒤에 있는 사람이 서로 밧줄을 잡아당기면서[147] 나아갔

145 복숭아꽃……계곡 : 청풍부 정방사로 들어가는 입구에 있는 도화동(桃花洞)을 말한다.

146 군첨(君瞻) : 이원태(李元泰)라는 사람이다. 《뇌연집》 권2에 〈한벽루에서 이생 군첨이 거문고 타는 소리를 듣다〔寒碧樓聽李生君瞻彈琴〕〉이라는 시가 있다.

147 밧줄을 잡아당기면서 : 원문의 '桔槔'는 한쪽 끝에는 두레박을, 한쪽 끝에는 돌을 매달아 물을 퍼내도록 만든 것이다. 여기서는 산에 오르내리기 위해 설치한 밧줄을 의미하는 것으로 보인다.

다. 하방[148]에 이르니 판루(板樓)가 무너져 사람을 받지 않았다. 물가에 심어져 맑은 바람을 보내며 손님을 맞이하는 두 그루 회화나무가 있었는데 여기서부터 말을 두고 가마를 타고 곧바로 상방[149]으로 올라갔다. 사람이 높이 오를수록 길은 더욱 거칠어지고 이따금 발을 내딛을 수 없는 낭떠러지도 나왔다.

또 가마를 놓아두고 산승의 삼신을 얻어서 등나무 가지에 의지한 채 원숭이처럼 민첩하게 빙빙 감아 끝없이 올라가다가 돌아다보니 상방이 그 오른쪽으로 나 있는데 마치 높은 나무를 타고 올라가 까치 둥지를 엿보는 것과 같았다. 상방의 북쪽에 수십 길 되는 철벽이 있는데 그 너비는 백 보이고 벽의 꼭대기는 불룩하게 솟은 것이 맹수가 먹이를 낚아채는 모습 같았다.

용마루를 스치며 샘이 솟는데 떨어지는 물을 받는 터가 세 군데 있었다. 동대(東臺)와 마주하고 있는 것을 동천(東泉)이라고 하고 서대(西臺)와 마주하고 있는 것을 서천(西泉)이라고 하는데 승려의 말이 샘물이 가을바람을 만나면 색이 변하여 누런 장미꽃처럼 된다고 한다. 가운데 있는 것은 중천(中泉)이라고 하였다.[150]

148 하방 : 정방사의 세 암자 중 하암을 가리키는 것으로 보인다.

149 상방 : 세 암자 중 가장 위에 있던 상암을 가리키는 것으로 보인다.

150 등나무……하였다 : 정방암에 올라가기까지의 여정이다. 《여지도서》 〈청풍부〉에 의하면 정방암은 높고 가파른 곳을 기어 올라가야 닿는데 상중하 세 암자가 있고 암자 뒤에는 절벽이 버티고 있으며 바위 아래에는 샘이 있다고 한다. 동대(東臺) 등의 지명과 황금빛 샘물 등도 이 글에서 확인할 수 있다. 현재도 정방사는 오르는 길이 너무 가팔라서 물건은 곤돌라를 설치해서 올려야 하고 사람은 맨몸으로 밧줄을 잡고 조심조심 올라가야 한다. 철벽이라고 한 것은 석벽이 갈색이어서 쇠를 두른 듯한 느낌이

동대(東臺)는 오래된 잣나무가 승경으로, 신라의 승려가 심은 것이다. 황새 두루미가 날아와도 허리춤 정도까지만 올라올 뿐 어깨에도 미치지 못하는데 대개 그 높이가 장(丈)으로는 헤아릴 수 없기 때문이다. 서대(西臺)는 강빛이 승경으로, 높은 데서 기대어 바라보면 온통 강빛이다. 그러나 유독 다급하지 않게 잔잔히 흐르고 굽은 곳 없이 탁 트였으며 맑디맑은 것이 마치 원정(園亭)이 연못을 가지고 있는 것과 같으니 서대의 풍경이 그러해서라, 이것이 승경이 된 이유이다.

돌 무더기 속에 대가 누워있는 모습으로 있는데 매우 청정하였고 작은 소나무가 그늘을 드리우고 있었다. 군첨을 불러 그 위에서 거문고를 타라고 하니 보허사(步虛辭)[151]를 연주하는지라 내가 연주에 맞추어 노래를 불렀다. 노래를 마치고 조금 앞으로 가서 깎아지른 벼랑을 엿보고는 내가

"험준하여라 바위여. 폭포라면 그 위가 의당 더욱 기이하였을 텐데."

라고 하였다. 군첨이

"그대 백운동(白雲洞)에서 구경해보시지 않겠소?"

라고 하며 또 백운동의 폭포가 매우 장엄하다는 것을 말하였다. 자긍(子兢)이 앞으로 달려 나와 말하기를,

"우리 그대가 물이 폭포가 되는 것만 알지 돌이 폭포가 되는 것을 어찌 알겠소?"

나기 때문이고, 벽이 절을 감싸고 있는 모습이 매가 먹이를 품고 있는 모습과 비슷하여 그렇게 묘사한 것으로 보인다.

151 보허사(步虛詞) : 악부 잡곡가사 중의 하나이다. 보허(步虛)는 '공중을 걷다.'라는 뜻으로 가볍게 공중을 날아다니는 신선 세계의 아름다움을 노래하였다.

라고 하였다. 그리고는 문득 관종(官從 관가의 종)과 집의 하인을 부추켜부추겨 큰 돌을 바위 동굴 속에서 파내어 벼랑의 등성이로 굴려서 내려보냈다. 우르릉 쾅쾅 천둥 소리가 나고 튀어나온 곳을 만나 문득 격렬하게 부딪히니 마주보고 있는 절벽까지 도리어 거세게 맞히는지라 숲속의 나무가 우박처럼 흩어지고 비처럼 쏟아졌다. 모두들 처음에는 놀라다가 마침내 웃으며 자긍이 기발한 생각을 내어 사람들에게 펼쳐 보인 것을 영민하다 여겼다.

이날 밤 산이 불타는 것을 보았다. 산불은 낮이라면 연기만 보일 뿐 불을 볼 수 없고 밤에는 불만 보일 뿐 연기를 볼 수 없는 법인데 이때는 달이 없어서 붉은 화염이 더욱 밝았고 동북쪽의 봉우리들까지 번져나가 매우 장관이었다.

정묘일(丁卯日) 새벽이다. 짙은 안개에 원근의 산봉우리들이 온통 잠기었다. 눈 닿는데까지 바라보니 아득하여 보이는 사물은 하나도 없고 절방에 등불 하나만 깜빡거리고 경쇠 소리만 아스라이 새벽 샘물 소리와 합쳐져 하나하나 베개 사이로 들려 왔다. 조금 있으니 해가 떴다. 짙게 끼어있던 안개가 줄어들 듯하면서도 좀처럼 가시지 않다가 이윽고 해를 견디지 못하고 더욱 흔들리면서 이따금 말 같은 것, 목욕하는 오리의 머리 같은 것들이 보였다.

이번 유람은 내가 사실 아버님이 가셨던 곳의 뒤를 밟아 간 것이었다. 서침랑(徐寢郎) 명유(命維)와 이 생원(李生元) 태(泰)-즉 거문고를 탄 첨(瞻)이다-, 유생(兪生) 언유(彦儒), 유생(兪生) 성기(盛基)-즉 돌 폭포를 만든 긍(兢)이다-, 어린 아우 경(敬), 노래를 한 김만언(金萬彦) 모두 청풍부 사람이다. 양식 대출 문제를 아버님께 고하기 위해 노닐던 사람의 반이 부로 가고 나는 두 유생(兪生)과 군첨(君瞻)을 데리고 구불구불 백운동(白雲洞)으로 갔다. 능강(菱江)[152]으로 가는 지름길을 골라 말머리를 조금 동쪽으로 향하게 하니 강이 나오고 조금 서쪽으로 향하게 하니 문득 계곡을 만나고 이렇게 20리쯤 갔다.

백운동에 이르니 한 노인이 울타리를 치고 있었다. 그에게 묻기를,

"폭포가 마르지 않았소?"

라고 하니. 대답하기를,

"예. 벼랑의 소 이름이 '능한(能旱)'인데 전에 비해 물이 10에 4,5는 줄어 있습니다. 대저 폭포는 못이 생겨나는 근원인데 어떻게 물을 얻겠습니까?"

라고 하였다. 두 사람이 듣고는 놀라 서로들 군첨을 책망하니 폭포를 자랑한 것도 군첨의 입에서 나온 것이고 여기 온 것도 첨이 결정한 것이기 때문이었다. 군첨이 자못 견디지 못하여 말하기를,

"일단 나를 따라만 오시오."

라고 하였다. 그리고 나무와 돌이 있는 길로 몇십 보 가서 푸른 절벽 아래서 그 폭포를 만났다. 두 사람은 서로 보고 얼굴빛이 밝아지고 군첨 또한 득의양양하였다.

내가 웃으며 말하기를,

"지혜롭구려, 아까 그 노인이! 우리의 기운이 왕성한 상태로 왔다면 이 졸졸 흐르는 물로 어찌 그 왕성함을 충족시킬 수 있었겠소. 필시 없으리라 여기고 있다가 그 후 만날 수 있었기 때문에 폭포는 비록 보잘것없으나 오히려 장한 뜻을 만족시키고 우리에게 즐거움을 줄 수 있는 것이었소. 지혜롭구려, 아까 그 노인이!"

152 능강(菱江) : 청풍부 관아의 동쪽 15리쯤 있는 작은 강이다.

라고 하였다. 용추(龍湫)[153]에 올라가 신마(神馬)의 자취를 바라보았다. 북쪽 벼랑 위에서 뇌산인(雷山人)이

“못 속에 하얀 갈기가 있는 물건이 있는데 용은 아니고 아마도 말일 것이다.”

라고 말하였다. 돌에 이름을 쓰고 돌아왔다.

153 용추(龍湫) : 청풍부에 있는 용추폭포를 말한다.

월사 이 문충공[154]의 집에 간직되어 있던 사서에 대한 기문

정사년(1737, 영조13)[155]

月沙李文忠公家藏史書記 丁巳

휘황찬란한 왕부(王府)의 문장이요, 천자(天子)가 하사품으로 삼으신 것이라, 이 책은 외국인과 내기를 하여 하루아침의 웃음거리로 충당되어서는 안 될 것이었다. 웅 어사(熊御史)[156]가 준 것은 경솔했고 이 문충이 취한 것은 정도가 지나쳤다. 뭇 사람들은 이에 대해 의혹을 가지지만 달인들은 그것을 믿는다. 아, 천하는 큰 바둑판이고 화이(華夷)는 하나의 사필(史筆)이다. 번복되고 전이되는 기미는 실로 그렇게 되는 줄 모르고 되는 경우가 있으니 이는 지혜롭지 못한 자와는 말할 수 있는 것이 아니다.

사서(史書)란 곧 〈송원강목(宋元綱目)〉[157]으로 웅 어사(熊御史) 화

154 월사 이 문충공 : 이정귀(李廷龜, 1564~1635)로, 본관은 연안(延安), 자는 성징(聖徵), 월사는 그의 호이고 문충은 시호이다. 장유(張維)·이식(李植)·신흠(申欽)과 더불어 이른바 한문사대가로 일컬어진다.

155 정사년(1737) : 남유용의 나이 40세 되던 해이다.

156 웅 어사(熊御史) : 웅화(熊化, ?~?)로, 명나라 관원이다. 1609년(만력37) 선조(宣祖)가 붕어(崩御)하자 조선에 와서 시호(諡號)·부의(賻儀) 등을 전달하였다.

157 송원강목(宋元綱目) : 원제목은 《속자치통감강목(續資治通鑑綱目)》으로 명 헌종(明憲宗)의 지시로 문연각(文淵閣) 학사 상로(商輅), 만안(萬安) 등의 주관 하에 편찬된 책이다. 주희의 《자치통감강목》을 이어서 편찬했다는 뜻에서 이런 제목을 붙였으며 《강목속편(綱目續編)》으로 약칭하기도 한다. 송(宋)나라 태조(太祖) 때부터 원(元)나라 순제(順帝) 때까지 408년간의 기록이다.

(化)가 신종황제(神宗皇帝)에게 하사받은 것이다. 월사(月沙)가 경사에 조회하러 갔을 때 어사와 바둑을 두면서 책으로 내기를 하여 취했다. 이에 두 번 절하고 거기에 다음과 같이 적었다.

"오호(五胡)로부터 송(宋)이 되고 송(宋)으로부터 원(元)이 되었는데 원(元)을 이은 자 누구인가? 이는 천지간에 이미 갖추어진 송원사(宋元史)요, 음양이 시종 한결같음이다. 원(元)으로부터 명(明)이 되고 명으로부터 오늘날이 되었는데 오늘을 이을 자는 또 누구인가? 이는 천지간에 아직 갖추어지지 않은 송원사(宋元史)요, 또 음양이 시종 한결같음이다. 나는 이 책이 비록 미미하지만 그래도 천하의 의사(義士)의 마음을 일으키기에는 족하다고 생각하여 다만 안고 기다리려 하노라. 정사년(丁巳年) 3월 25일에 적다."

이 문충공의 옛 매화에 대한 기문
李文忠公古梅記

웅어사(熊御史)[158]는 천자가 하사한 송원서(宋元書)를 이 문충(李文忠)에게 주면서 또 침실에 있던 옛 매화 하나를 가져다 곁들여 주었는데 그 종자가 호서(湖西)지방에 크게 전파되어 지금까지도 끊어지지 않고 있다. 숭정후(崇禎後) 두 번째 병진년(丙辰年, 1736년, 영조12)에 호사가가 있어 매화 1본(本)을 문충의 사손(嗣孫)인 판원공(判院公)의 집에 보내니,[159] 이에 책과 매화가 200년 동안 헤어져 있다가 다시 합해졌다. 내가 이에 절하고 그를 위해 다음과 같이 기문을 쓴다.

아! 강남(江南)의 초택(草澤) 속에 현황제(顯皇帝 신종)의 운손(雲孫)[160]이 있는 것인가? 아닌 것인가? 정사년(丁巳年, 1737년, 영조13) 3월 25일에 쓰다.

158 웅어사(熊御史): 웅화(熊化)이다. 283쪽 주156 참조.

159 숭정후……보내니 : 채지홍(蔡之洪)의 《봉암집(鳳巖集)》에 〈월사 이상국이 연경에 조회를 하러 갔을 때에……숭정후 정사년에 이상국의 현손인 학사 정보가 비로소 그 매화의 옛 뿌리가 아직도 있다는 말을 듣고 사람을 통해 가져왔으니 느낌이 일어 시를 짓다〔月沙李相國朝燕京時……崇禎後丁巳 李相公玄孫學士鼎輔始聞其古根尚在因人推去 感而作詩〕〉라는 시가 있다 이를 통해 볼 때 판원공은 이정보(李廷俌)임을 알 수 있다.

160 운손(雲孫) : 구름과 같이 먼 자손이라는 뜻으로, 팔대(八代)째가 되는 자손을 이르는 말이다.

남굴 석벽기 경신년(1740, 영조16)[161]

南窟石壁記 庚申

깊고 어두운 것은 군자가 볼 거리가 아니지만 우뚝 빼어난 것은 기사(奇士)의 정취를 불러일으킨다. 경신년(庚申年) 가을날 작은 배를 타고 남굴(南窟)로 들어가 마침내 그 돌에 쓰다.

161 경신년(1740) : 남유용의 나이 43세 되던 해이다.

안변부 향설헌[162] 중수기 경진년(1760, 영조36)[163]

安邊府香雪軒重修記 庚辰

기억하기로 옛날 병인년(丙寅年, 1746년, 영조22)에 내 벗 김치명(金稚明)[164]이 안변(安邊)의 수령으로 나가 나에게 편지를 보내기를,

"내 선조이신 선원공(仙源公)께서 선묘(宣廟) 말(末)에 권력을 쥔 자의 심기를 거슬러 이 부로 출보(出補)되었을 때 동헌(東軒)의 북쪽 정원에 줄지어 배나무를 심고 그 헌(軒)의 이름을 '향설(香雪)'이라고 했지요. 지금 200여 년이 되었는데, 한두 분의 고로(故老)는 그 열매를 먹어 보았고 그밖에 꽃과 잎새가 피어 뜰을 비추는 것이 모두 그 종자들입니다. 헌(軒)은 비록 무너졌지만 재목은 아직도 쓸 만합니다. 그래서 옛 제도에 따라 중수하여 새롭게 하고 선조께서 손수 쓰신 전서(篆書)로 편액을 하였습니다. 그대는 저를 위해 기문을 써 주지 않으시겠습니까?"

라고 하였다. 나는 굳게 응낙을 하고는 쓰지 못하였다. 그 뒤 15년이 지나 치명은 옥서(玉署)의 장관으로 있으면서 정사를 논하다가 성지

162 향설헌(香雪軒) : 안변(安邊) 관아에 있던 누정이다. 선원(仙源) 김상용(金尚容)이 부사(府使)로 재직할 당시에 관아 건물을 짓고, 그 뜰에 배나무를 심고는 향설헌(香雪軒)이라는 이름을 붙였다고 한다.

163 경진년(1760) : 남유용의 나이 63세 되던 해이다.

164 김치명(金稚明) : 김시찬(金時粲, 1700~1767)이다. 김상용(金尚容)의 현손으로, 본관은 안동, 자는 치명(穉明)이며 호는 초천(苕川)이다. 검열·설서·병조 좌랑·지평 등을 역임하였다.

(聖旨)를 거슬러 멀리 해도(海島)로 유배를 갔고, 얼마 있다가 또 장성(長城)으로 양이(量移)되었다.[165] 나 역시 조정에 있는 것이 편치 않아 외직을 청하여 이 부의 부사가 되었는데 치명은 겹겹 고개를 넘어 서신을 보내 앞에 한 부탁을 거듭하였다.

아! 촉(蜀)나라 사람들은 무후(武侯)의 충절을 생각하면서 사당 앞에 있는 오래된 측백나무를 아꼈고[166] 남국(南國) 사람들은 소백(召伯)의 덕을 생각하면서 그가 쉬셨던 감당(甘棠)나무를 아끼었다.[167] 하물며 공의 정일(精一)한 충성과 큰 절개는 실로 나라 사람들이 백세토록 생각하고 있고, 또 이 나무는 손수 심은 것이거늘 그분을 위해 아끼고 애석해 하면서 자르지도 휘지도 말라고 하는 것이 측백나무・감당나무

165 치명은……양이되었다 : 김시찬은 1740년(영조16)에 정언으로서 국옥(鞫獄)에 참여해 조태구・유봉휘・이광좌의 죄를 합사(合辭)한 것으로 인해 흑산도에 위리안치되었다가 그해 가을에 용서받아 돌아왔고, 이후 1759년에 부제학으로 제수되어 차자를 올린 내용이 문제가 되어 다시 흑산도로 정배되었다가 곧바로 장성(長城)으로 양이(量移)된 후 1764년에 석방되었다.

166 촉나라……아꼈고 : 무후는 삼국시대 촉한(蜀漢)의 승상 제갈량(諸葛亮)을 가리킨다. 사천성(四川省) 성도(成都)에 제갈량을 모신 무후사(武侯祠)가 있는데, 이곳에는 오래 묵은 측백나무가 있어 유명하다. 두보의 시 〈촉상〉에, "승상의 사당이 어디에 있는고. 금관성 밖 측백나무 무성한 곳일세.〔丞相祀堂何處尋? 錦官城外柏森森.〕"라고 하였고, 또 〈고백행(古柏行)〉에 "공명의 사당 앞에 오래 묵은 측백나무 있으니, 가지는 청동 같고 뿌리는 철과 같네.〔孔明廟前有老柏, 柯如青銅根如鐵.〕" 하여 오래된 측백나무를 빗대어 지사(志士)의 충정을 읊었다.

167 남국……아끼었다 : 주(周)나라 문왕(文王) 때 남국(南國)의 백성들이 소백(召伯)의 선정(善政)에 감사하여 그가 머물렀던 감당나무를 소중히 여겨 노래하기를, "무성한 감당나무를 자르지도 말고 베지도 말라. 소백께서 쉬셨던 곳이니라.〔蔽芾甘棠, 勿翦勿伐, 召伯所茇.〕" 하였다. 《詩經 甘棠》

와 다름이 있다고 이를 수 있겠는가.

지금 저 공후(公侯)와 귀인의 집에 특별한 나무와 좋은 열매가 몇 종류나 있는지 알지 못하고 왕래하며 완상하는 사람도 몇 명이나 되는지 알지 못한다. 그러나 아름다운 꽃도 한번 시들고 나면 함께 진토(塵土)로 돌아가는 것, 어찌 이 나무가 관령의 황량하고 추운 고장에서 났으되, 한 치의 뿌리, 한 자의 가지도 반드시 지주의 북돋움과 보호를 받고, 성하고 쇠할 때마다 나라 사람들의 읊조림과 탄식을 듣는 것만 하겠는가?

나의 외선조(外先祖)이신 효간(孝簡) 심공(沈公)이 이 부에 수령으로 오셨을 때 청음(淸陰) 김 문정공(金文正公)이 시를 주며 "그대 좋은 나무 심을 뜻이 있거들랑 앞사람이 손수 심던 때의 마음을 잊지 마소〔憑君有意封嘉樹, 莫忘前人手種時.〕[168]"라고 하셨는데 지금까지도 그 시를 새긴 누판(鏤板)이 벽 사이에 있다. 후대의 군자들이 그 시를 외며 그 사람을 그리워하면서 고치고 꾸미는 공을 그만두지 않는다면 '향설(香雪)'이라는 이름은 장차 '문충(文忠)'이라는 이름과 함께 아름다움이 무궁토록 전해져 영원히 한 고을의 미담이 될 것이다. 치명이 나에게 기문을 지어달라고 하는 뜻 역시 여기에 있는 것이리라. 마침내 그를 위해 글을 짓는다.

168 효간(孝簡)……하셨는데 : 김 문정공은 김상헌(金尙憲)이고, 시의 제목은 〈안변 부사 심자순(沈子順)에게 주다. 나의 큰형님께서 이곳을 다스리던 때 새로이 아헌(衙軒)을 지은 다음 빙 둘러서 배나무를 심고는 향설헌이라고 이름하였는데, 지금 이미 25년이나 지나 배꽃이 몹시 무성하게 피었기에 감회가 일어 이 시를 읊다〔贈安邊使君沈子順 我伯氏在政日 新構衙軒 遍植梨樹 命曰香雪 今已二十五 開花甚盛 感懷賦此〕〉라는 작품이다.《淸陰集 제3권》 효간(孝簡) 심공(沈公)은 심집(沈諿, 1569~1644)이다.

세 조정의 어묵에 붙인 기문 을유년(1765, 영조41)[169]

三朝御墨記 乙酉

위 첩자(帖子)는 15폭인데 우리 조정 세 선왕의 어묵(御墨)이다. 대저 하도(河圖) 낙서(洛書)가 경위(經緯)가 되는 것[170]과 규수(奎宿) 벽수(壁宿)[171]의 휘황찬란함은 어리석은 자나 지혜로운 자가 함께 보는 바이나, 장차 이를 형용하고 노래로 부르라고 하면 모두들 위축되어 잘할 수 없음을 스스로 알게 된다. 비록 그러하나 점획의 단정함과 깨끗함을 보고 성학(聖學)이 도달한 경지를 추측하고, 법도의 바르고 순수함을 보고 국풍(國風)이 젖어드는 것을 어렴풋이 알 수 있다면 이는 비록 예(藝)에서 노니는[172] 한 가지 일이지만 세 조정이 베푼 정치의 근본을 연구하고 백세토록 그리워하는 신민의 마음을 기탁할 수 있을 것이다. 아! 아름답도다, 이 첩자여.

현(現) 우규(右揆 우의정) 김공(金公)이 외가에서 얻어 이를 보물처

169 을유년(1765) : 남유용의 나이 68세 되던 해이다.

170 하도(河圖)……것 : 한 대(漢代) 유흠(劉歆)이 말하기를 "하도와 낙서는 서로 경위(經緯)가 되고, 팔괘와 구장은 서로 표리(表裏)가 된다." 하였다. 《易原 卷1 河圖洛書論》

171 규수(奎宿) 벽수(壁宿) : 둘 다 문운(文運)을 주관하는 별로, 화려한 문장을 말한다.

172 예(藝)에서 노니는: 《논어》 〈술이(述而)〉의 "도에 뜻을 두며, 덕에 근거하며, 인에 의지하며, 예에 노닐어야 한다.〔志於道, 據於德, 依於仁, 遊於藝.〕"라는 공자의 말이 있다.

럼 간직하고 있다가 과분하게도 유용에게 기문을 부탁하여 왔다.

신은 일찍이 소식(蘇軾)의 〈어서기(御書記)〉[173]를 읽어 본 적이 있습니다. 거기에 이르기를 "오호(烏號)라는 활을 안고 있는 것이 이 필적을 보관하는 것만 못하고, 곡부(曲阜)의 신발을 보존하는 것[174]이 이 글을 전하는 것만 못하다. 혹 이것을 명산에 보관하고 혹 사방에 유전(流傳)하게 되면, 누구나 이것을 보는 자들이 모두 마땅히 벌떡 일어나서, 서로 충후(忠厚)한 행실을 하도록 권면하고 부박(浮薄)한 짓 하는 것을 부끄러워할 것이다." 하였습니다.

신 또한 말합니다. 세 임금은 하늘에 계시고 어묵(御墨)의 편린이 세상에 나왔는데 문(文)의 정교함과 무(武)의 사려가 필묵에 젖어들고 비단 종이에 교차하여 있는 것은 장엄하기가 곤면(袞冕)과 같고 법도 있는 것이 이정(彝鼎)과 같습니다. 적시면 우로(雨露)가 되고 떨치면 뇌풍(雷風)이 되어 손으로 펼치고 눈으로 보는 사이에 장엄하게 화한 기운이 응하고 사특한 마음이 억제되는 것 같으니 이는 성인(聖人)의 심획(心畫)[175]이기 때문일 것입니다. 이 첩자를 잘 보는 자가 능히 이러

173 소식(蘇軾)의 어서기(御書記) : 〈인종황제비백어서기(仁宗皇帝飛白御書記)〉라는 글이다.

174 오호(烏號)라는……것 : 공자(孔子)와 황제(黃帝)의 유품을 이른 말이다. 오호는 황제(黃帝)가 지녔던 명궁(名弓) 이름이다. 황제가 형산(荊山) 아래에서 솥을 주조하여 완성하자 하늘에서 용이 내려와 황제를 태우고 승천하였다. 이때 신하와 후궁 70여 명이 용을 타고 함께 하늘로 올라가고 나머지 사람들은 용의 수염을 잡으니 수염이 뽑혀 떨어지면서 황제의 활과 함께 떨어졌다. 이에 남은 백성들은 그 활과 용의 수염을 끌어안고 슬프게 울었다고 한다. 곡부는 중국 산동성(山東省)의 현(縣) 이름이다. 이곳 공묘(孔廟)에는 공자의 의관(衣冠)과 금서(琴書)가 보관되어 있다. 《史記 卷28 封禪書》《史記 卷47 孔子世家》

한 것으로 찾는다면 우리 선왕께서 신명(神明)을 덕으로 삼으신[176] 이유를 만분의 일이나마 우러러 헤아릴 수 있게 될 것입니다. 마침내 두 손 맞잡고 머리 조아리며 삼가 쓰나이다.

175 심획(心畫) : 글씨를 이른다. 한(漢)나라 양웅(揚雄)이 지은《법언(法言)》〈문신(問神)〉에 "말은 마음의 소리요, 글씨는 마음의 그림이다. 따라서 소리와 그림으로 나타난 것만 보아도, 그 사람이 군자인지 소인인지 알 수가 있다."라고 하였다.

176 신명(神明)을……이유 : 주자의 〈서자명(書字銘)〉에 "뜻을 함부로 하면 거칠어지고 아름다움을 취하면 미혹하게 된다. 반드시 일삼을 것이 있으니 신명함이 그 덕이라.〔放意則荒, 取姸則惑. 必有事焉, 神明厥德.〕"라고 하였다.

지은이 **남유용(南有容)**

1698(숙종 24)~1773(영조 49). 조선 후기의 문신. 본관은 의령(宜寧). 자는 덕재(德哉), 호는 뇌연(雷淵)·소화(小華), 시호는 문청(文淸)이다. 서울 출신으로, 증조부는 대제학 남용익(南龍翼), 조부는 대사헌 남정중(南正重), 아버지는 동지돈녕부사 남한기(南漢紀), 어머니는 청송심씨(靑松沈氏)이다. 이재(李縡)의 문인이다. 1721년(경종 1) 진사가 되고, 강릉 참봉·영춘 현감 등을 지냈으며, 1740년(영조 16) 알성문과에 급제했다. 정언으로 있을 때 간관은 의리와 시비를 명확히 밝혀야 한다는 상소를 올렸는데, 이것이 탕평책을 펴는 영조의 뜻을 거슬려 해남으로 유배당했다. 1742년 풀려나 홍문관에 등용된 뒤 오랫동안 세자시강원에 있었다. 1747년 응교로 있을 때에는 군덕10조(君德十條)를 진언하여 군주의 성실을 특히 강조했고, 1754년에는 원손보양관이 되어 뒤에 정조가 된 세손을 세살 때 무릎에 앉혀놓고 글을 가르쳤다. 양관대제학·원손사부를 거쳐 예조참판·우빈객이 되었고, 1767년 벼슬에서 물러난 뒤 봉조하가 되었다. 문장과 시에 뛰어났고 글씨에도 일가를 이루었다. 저서로는 《뇌연집》외에도 《명사정강(明史正綱)》·《천의리편(闡義理編)》 등이 있다.

옮긴이

이은영(李恩英)

1965년 충북 음성에서 태어났다. 이화여대 국어국문학과를 졸업하고 동대학원에서 〈조선 초기 제문 연구〉로 박사학위를 받았다. 민족문화추진회 국역연수원 연수부와 일반연구부 과정을 졸업하였다. 현재 이화여대 한국문화연구원 연구교수로 있다. 저서에 《제문, 양식적 슬픔의 미학》·《예와 정의 조화와 변주》, 공역서에 홍길주 문집 《현수갑고》·《표롱을첨》·《항해병함》과 《역주 점필재집》, 《강한집》, 《월곡집》, 《진암집》 등이 있다.

이주해(李珠海)

연세대학교 중어중문학과를 졸업하고 타이완국립대학에서 석사 및 박사학위를 받았다. 현재 이화여자대학교 한국문화원 연구교수로 재직 중이다. 저서로 〈펑쯔카이 만화고시사(豊子凱漫畵古詩詞)〉(공저), 〈집단감성의 계보〉(공저)가 있고, 역서로 〈육구연집〉, 〈파사집〉, 〈한유문집〉, 〈우초신지〉 등이 있다.

권역별거점연구소협동번역사업 연구진

연구책임자 **김동준**(이화여자대학교 국어국문학과 교수)
공동연구원 **조혜란**(이화여자대학교 국어국문학과 교수)
교열 **김동주**(전통문화연구회 국역위원)
책임연구원 **이은영**(이화여자대학교 한국문화연구원 연구교수)
이주해(이화여자대학교 한국문화연구원 연구교수)
선임연구원 **하지영**(이화여자대학교 한국문화연구원 연구교수)
전(前) 책임연구원 **홍학희**(전(前) 이화여자대학교 한국문화연구원 연구교수)

뇌연집 6

남유용 지음 | 이은영 · 이주해 옮김
2024년 12월 31일 초판 1쇄 발행
편집 · 발행 학자원
등록 2011.4.6 제2011-14호
주소 (134-814) 서울시 강동구 천호대로 1121
전화 02-6403-1000 | 팩스 02-6338-1001 | 이메일 hakjaone@daum.net

값 30,000원
ISBN 979-11-6247-344-3 94810
979-11-6247-254-5 (세트)